KB089383

뉴노멀 시대
경제 시스템의
전환

뉴노멀 시대 경제 시스템의 전환

지은이 패트릭 반 데어 피즐, 저스틴 로키츠, 롤런드 와이넨, 마아르텐 반 리에샤우트

옮긴이 노보경

펴낸이 이규호

펴낸곳 북스토리지

초판 1쇄 인쇄 2023년 7월 25일

초판 1쇄 발행 2023년 8월 10일

출판신고 제2021-000024호

10874 경기도 파주시 청석로 256 교하일번가빌딩 605호

E-mail b-storage@naver.com

Blog blog.naver.com/b-storage

ISBN 979-11-92536-83-5   03320

BUSINESS MODEL SHIFTS:
Six Ways to Create New Value for Customers

글로벌 기업들, 변화 이면에서
새로운 전략을 찾다

뉴노멀 시대
경제 시스템의
전환

패트릭 반 데어 피즐, 저스틴 로키츠, 롤런드 와이넨,
마아르텐 반 리에샤우트 지음

노보경 옮김

고객이 승리한다!

프랑스의 언론인이자 평론가, 소설가이기도 한 장 바티스트 알퐁스 카 Jean-Baptiste Alphonse Karr는 이렇게 말했다. "변화를 거듭할수록 본질은 그대로다(The more things change, the more they are the same.)." 지금보다 더 이 말이 사실이고 딱 들어맞는다고 여겨졌던 때는 없었다.

이 책이 마무리되어가고 있는 지금, 전 세계는 코로나19라는 전염병의 창궐로 고통 속에 있었다. 지금의 팬데믹은 사회 구조 자체에 큰 부담으로 작용하고 있을 뿐만 아니라 경제 부문에도 비즈니스(및 비즈니스 모델)를 바꾸지 않으면 살아남을 수 없다는 메시지를 던졌다.

지금 이 시대의 삶이 흥미롭다는 말은 실로 절제된 표현이라 하지 않을 수 없다. 변화는 자기복제를 하듯 훨씬 더 큰 변화를 더 빠르게 만들어가며 (매우 뚜렷하게) 가속화하고 있다. 우리는 이 변화가 선형적이지 않음을 알 수 있다. 이런 변화는 기술 분야에서 목격된다. 몇 년 전까지만 해도 인공지능(AI) 같은 기술들은 검색어 '제안'을 위한 알고리즘을 만드는 소수 집단의 영역이었다. 오늘날, 머신러닝(AI의 하위 집합)의 하위 집합인 딥러닝은 자체 알고리즘을 만들어 내는 데 이용되고 있다. 다시 말해, 불과 몇 년 사이 우리는 다양한 컴퓨터 시스템에서 효율성을 창출해내기 위한 방식을 인간이 고민하고 공표했던 시대에서 벗어나 시스템이 (스스로) 왜 특정 선택을 하는지 인간이 사실상 거의 알지 못하는 시대로 진입했다. 어떻게 보면 AI가 더 나은 AI를 위해 씨를 뿌리고, 다시 그 AI가 또 더 나은 AI를 만들어내는 과정이 반복되고 있는 것이다.

사람들의 태도와 행동도 마찬가지다. 보안, 연결성, 자유 등을 원하고 필요로 한다는 점에서는 우리의 요구와 필요가 여전히 높은 수준에 머물러 있기는 하지만, 기술 변화에 따라 (그로 인한 우리 주변 세상의 변화에 따라) 사람들이 요구와 필요를 성취하는 방식 역시 변하고 있다. 예를 들어 많은 기업들이 새롭게 개방형 사무실 구상을 확정했듯이 우리는 현재 세계적 패러다임 전환 그 한가운데에 서 있다. 팬데믹 탓에 우리는 더 이상 '실제 세상'(물리적 세상)에서는 만날 수 없었다. 그로 인해 '대면 모임'에 대한 사람들의 인식에 급격한 변화가 생겼다. '온라인 대면 모임'이라는 새로운 세상이 등장한 것이다. 이전에는 주로 틈새시장으로서만 여겨지거나 회사 내 소수의 인원 사이에서 가볍게 다뤄지던 시장이었다. 이 책을 쓰고 있는 지금, 사람들은 매주 가족 및 친구들과 가상으로 만나 즐거운 시간을 보내고 있다.

세계 각지의 도시 교통에서도 같은 일이 벌어지고 있다. 2009년 이전에는 택시를 잡기 위해 손을 흔들고 소리를 지르거나 또는 줄을 서는 일이 지극히 정상적인 일이었다. 오늘날 우리는 손에 들고 있는 스마트폰 속 차량 호출 앱을 이용해 우리를 A지점에서 B지점까지 데려다줄 차량을 마법처럼 소환한다. 간혹 서비스가 먹통이 되면 어찌해야 할지 몰라 당황하고 만다.

비록 우리가 근본적 정보를 전부 이해할 수는 없으나 이러한 변화들로 인해 여러 면에서 세상은 더 밀접하게 연관되고 탐색이 쉬워졌다. 이러한 변화 속에서 사람들은 비즈니스 관계를 맺고 있는 회사들이 새로운 패러다임에 적응할 것을 기대한다. 세계 곳곳에서 적응하지 못한 전통적 택시업체들이 도산의 위기에 직면해 있다. 미래 고객의 요구와 필요를 충족시키기 위해 변화하지 않는다면 당신의 비즈니스도 그들과 똑같은 결말을 맞게 될 것이다.

어떻게 대응해야 하는가?

당신의 회사는 고객들이 결국 최신 트렌드에 싫증을 느끼게 될 것이라 예상하고 변화를 거부하는 선택을 할 수도 있다. 대체로 패러다임이 바뀌기 시작할 때 그런 모습이 많이 목격된다. 1970년대 말 소니Sony가 베타맥스Betamax(및 VCR)를 출시하자 유니버설 스튜디오Universal Studios는 소비자가 콘텐츠의 무단 복제를 위해 소니의 기술을 이용할 거라 주장하며 소니를 상대로 저작권 침해 소송을 제기했다. 해당 소송에서 소니가 승소했을 뿐만 아니라, 일단 패러다임 전환이 일어난 후 유니버설 스튜디오를 비롯한 모든 영화 제작사들은 가정용 대여 사업을 위해 영화를 비디오테이프로 출시하지 않을 수 없었다. 그러지 않으면 소비자 관련성이 약화돼 존폐 위기에 몰릴 수 있었기 때문이다.

이와 유사한 사례는 얼마든지 존재한다. 50년 전에는 기업의 평균 수명이 약 61년이었던 것이 지금은 20년 미만으로까지 줄어들었다. 기업들이 더 새롭고 관련성 있는 비즈니스 모델로의 전환을 꾀하기보다 현재의 비즈니스 모델로 승부하려고 집착하기 때문에 관련성을 잃고 도산하는 경우가 대부분이다. 경영진의 사고방식이 기업의 운명을 좌우하기도 하는 것이다.

희소식은 당신은 이 책에서 조언을 얻을 수 있다는 것이다! 당신과 당신 회사의 임원들도 현재 또는 미래의 고객 및 이해관계자와 진정으로 관련된 것에 집중하며 변화에 전념할 수 있다. 혁신에 있어 가장 중요한 것이 바로 그것이다. 성공을 위해서는 탐색을 마다하지 않고 비즈니스, 기술, 규제 및 경쟁 환경 속에서 고객의 (충족되지 못한) 필요와 상황 변화를 끊임없이 조사하려는 사고방식을 채택해야 한다.

더 큰 미래가치를 위해
당신의 과거 가치마저 포기할 정도로
변화를 꾀한다면,
당신은 당신의 비즈니스 및 비즈니스 모델을
경쟁에서 살아남을 수 있는 것으로
전환할 수 있다.

현재의 가치는 어디에 있는가?
그리고 미래의 가치는?

단일 비즈니스 모델

상품 구매, 제조, 중개 및 판매에 종사하는 전통적 비즈니스들은 비즈니스 모델에 관한 한 상당히 정적이다. 역사적으로 안정적이거나 서서히 변화해가는 환경에서 활동했던 기업들의 경우에는 그럴 수 있다. 한번 생각해보자. "소비자 수요를 충족시키려고 전통적 비즈니스들은 지속적으로 생산, 규모, 유통을 늘리기 위한 자본을 조달하며 더 많은 상품을 만들어낸다." 이런 경우, 사업 확장은 상품 개발 및 (또는 인수에 대한) 투자, 그리고 동일한 상품을 팔기 위한 새로운 지역 및 시장으로의 확대로 이어진다. 그들에게 상품 및 기본적 (단일의) 비즈니스 모델은 조직의 생명선이나 마찬가지므로 지적재산권(IP) 보호에 만전을 기한다. 앞서 언급한 유니버설 스튜디오의 사례를 떠올려보자. 콘텐츠 제작 및 배포에 관한 단일 비즈니스 모델(해당 비즈니스 모델이 다양한 고객층과 수입원을 갖고 있다 할지라도)을 가진 유니버설 스튜디오의 입장에서는 더 이상 콘텐츠를 보호받지 못한다는 사실이 곧 비즈니스 모델의 사망으로 여겨질 것이다.

그런 것을 고려하면, 유니버설 스튜디오를 포함해 많은 기업들이 기존의 비즈니스 모델 안에서 새로운 비즈니스 모델 또는 혁신을 위한 별다른 노력도 없이 20세기 대부분을 꽤 잘 버텼다는 것이 놀라운 일은 아니다. 단일 비즈니스 모델로 승부했던 그 시기의 전통적 기업은 종종 자신의 비즈니스 목표와 밀접한 관련이 없는 이질적 활동에 참여함으로써 혁신을 시도했었다. 그런 경우, 그 혁신으로 인한 수익률은 상당히 낮았던 때가 많았다. 기업의 비즈니스 목표와 밀접한 관련이 없는 혁신은 좀처럼 신규 및 기존 고객을 위한 가치 창출로 이어지지 않기 때문이다.

비즈니스 모델 포트폴리오를 확장하라

이제 우리는 기술이 점점 더 빠른 속도로 변화하고 고객의 행동 및 기대가 달라짐에 따라 비즈니스 세계가 끊임없이 전환된다는 것을 확실히 인지했다. 유니버설 스튜디오와 그 경쟁업체들이 관련성을 잃지 않기 위해 새로운 비즈니스 모델을 만들어낼 수밖에 없었듯이 오늘날 기업은 단 하나의 비즈니스 모델에만 집중해서는 안 된다. 진화하는 고객의 요구를 폭넓게 만족시키기 위해서 비즈니스 모델 포트폴리오를 개발, 구축, 확장, 관리해야 한다.

비즈니스 모델 포트폴리오는 현재 현금 흐름을 생성하는 성숙한 비즈니스 모델, (잠재적) 성장 궤도에 있어 미래의 현금 흐름으로 이어질 인접 비즈니스 모델, 타 시장에서 견인력을 얻기에 유용한 아이디어가 배양되고 있는 신흥 비즈니스 모델 및 관련성을 잃고 수익이 감소 중인 쇠퇴하는 비즈니스 모델로 구성된다. 비즈니스 모델 포트폴리오 접근법을 채택한 기업들은 항상 미래가치(특히 그들이 아직 손대지 못한 고객층과 시장에 있어)를 탐색한다. 게다가 포트폴리오 접근법은 기술 및 고객의 요구가 어떻게 진화하고 있는지, 미래가치를 창출, 전달, 포착하기 위해서는 어떤 비즈니스 모델에 주목해 개발하거나 또는 소멸시켜야 하는지에 관한 전략적 의사결정을 강화시켜준다. 포트폴리오는 전략으로서 정체된 것이 아니다. 지속적 혁신을 위한 것이다.

혁신을 위한 재조합… 그리고 전환

새로운 비즈니스 모델 및 그것들이 관리될 포트폴리오가 처음부터 만들어져 있어야 할 필요는 없다. 이미 고객과 시장에 대해 잘 알고 있다면, 최고의 비즈니스 모델 혁신 및 전환 중 일부는 새로운 가치 창출을 위해 기존 비즈니스 모델 속 여러 요소들을 재조합함으로써 탄생한다.

주기율표

마찬가지로, 모든 기업은 현재의 비즈니스 모델을 이루고 있는 다양한 비즈니스 모델 요소들을 보유하고 있으며, 그로 인해 가치를 창출, 전달, 포착한다. 이 책은 비즈니스 모델 전환이 어떻게 이루어지는지 설명하기 위해 실제 사례를 사용하고 있다. 그리고 사례 연구를 위해 '비즈니스 모델 요소 주기율표(Periodic Table of Business Model Elements)' 또는 단순히 특정 기업을 위한 '주기율표(Periodic Table)'라는 것을 보여준다. 이를 통해, 기업이 새로운 비즈니스 모델을 만들어내기 위해 재조합하는(또는 이미 재조합한) 중요 비즈니스 모델 요소들(및 전반적 전략, 문화 요소들)을 쉽게 파악할 수 있다. 주기율표는 네 가지 부문으로 구성된다. 첫째, 기업의 비전 및 야망과 관련된 열망적 요소. 둘째, 직원과 고객 및 파트너 사이의 상호작용 및 참여를 촉진시키는 방식과 관련된 에너지 요소. 셋째, 가치 창출 과정의 일부로서 조직 내 정보 흐름과 관련된 정보 요소. 넷째, 가치 창출에 있어 매우 중요한 비즈니스 모델의 기본 작동을 보여주는 운영적 요소.

이 책에 소개된 각 기업의 주기율표에 그 기업에서 진행되고 있는 모든 것이 반영되어 있는 것은 아니지만, 우리는 비즈니스 모델의 전환

표상	자유	숨 쉬는 도시	모빌리티의 미래 창조	힘들이지 않고도 완전무결하게
	프리미엄, 브랜드에 대한 애착	BMW i (세컨드 브랜드)	RIDECELL 라이드셀 (및 기타 스타트업들)	(다임러와의) 합작 벤처
정보	지식 및 경험	내적 외적 요인들	ICT	사용량 데이터
영양	고품질 제품	서비스 (카투고, 드라이브나우, 파크모바일Park Mobile)	i벤처	다양한 실험들 (BMW 연구소)

〈BMW 사례 연구에 사용된 주기율표 예시〉

등의 전략적 노력을 위해 다양한 요소들이 어떻게 결합되고 연결되는지 명확히 보여주고자 한다. 이 책의 사례 연구를 통해, 미래지향적이고 끊임없이 혁신하는 기업은 새롭고 독특한 가치가 창출되는 방식으로 항상 다양한 요소들을 결합한다는 사실을 깨닫게 되기를 바란다.

결국, 비즈니스 모델 혁신은 기존의 비즈니스 모델 요소, 보다 향상된 요소, 완전히 새로운 요소로부터 새 조합을 찾아내는 것이다. 그리고 더 이상 효과적이지도 않고 성장을 저해하기만 하는 요소들을 제거하는 것 역시 그에 못지않게 중요하다.

비즈니스 모델 전환

더 높은 고객 관련성과 가치를 향한 계획적이고 체계적인 움직임
이 시작되었다.

하루아침에 이루어지는 성공은 없다!

이 책의 사례 연구들에서도 그렇지만, 인터넷이나 언론에서 다루는
성공 스토리 속에서 혁신적 기업들은 아주 근사하게 그려지곤 한다. 마
치 그들이 실수를 모르고 오직 이기는 승부만을 해온 양. 그리고 마치
아이디어를 시장 전체를 파괴할 새롭고 유망한 비즈니스로 탈바꿈시키
는 일이 쉬운 일인 양. 하루아침에 이루어지는 성공은 없다. 실제로 혁
신은 힘든 일이고, 성공을 향한 여정은 길고 험난하다. 지면상 제약과
편집 문제로 상당 부분 생략되기는 했지만, 심지어 이 책에 소개된 사례
들조차 그 배경은 거듭된 실패와 방향 전환으로 점철돼 있다. 다시 말
해, 미래가치를 창출, 전달, 포착하려면 끊임없이 비즈니스 모델 혁신을
위해 시간과 자원을 투자해야 한다.

진화하라! 단, 한 번에 하나씩 전환하라!

비즈니스 모델 전환에 관한 한 성공이 하루아침에 이루어지지 않는
다는 것을 이해하는 것 못지않게, 다면적인 '폭발적', 파괴적 형태의 전
환이 아닌 한 번에 하나의 비즈니스 모델 전환에 집중하는 것 또한 중
요하다. 실제로 비즈니스 모델 전환을 원하는 (또는 필요로 하는) 기업들

대다수의 경우, 무엇이 효과적이고 무엇이 효과적이지 않은지, 그리고 궁극적으로 고객이 원하고 필요로 하는 것이 무엇인지를 누구나 다 배울 수 있도록 단일 비즈니스 모델 전환 계획을 가지고 소규모로 시작하는 것이 보다 유익하다.

성공적인 비즈니스 모델 전환은 매우 힘들고, 근성과 인내가 필요한 일이다. 혁신과 전환은 고객이 필요로 하는 것을 찾고 발견하는 것이자 무엇이 효과적이고 무엇이 더 자주 효과가 없는지 알기 위해 실험하는 것이다. 무엇보다도 전환에 있어 가장 중요한 것은 고객이다. 고객이 없거나 또는 고객을 유지할 수 없다면, 비즈니스 전환이 다 무슨 소용이겠는가?

비즈니스 모델 전환

비즈니스 모델 전환은 더 높은 고객 관련성과 가치를 향한 계획적, 체계적 움직임이며, 결과적으로 기업의 성장으로 이어진다. 비즈니스 모델 전환이 완전히 새로운 비즈니스 모델로의 과감한 움직임으로 나타날 수도 있다. 그러나 대체로 전환은 기존 비즈니스 모델 안에서 작은 움직임으로 시작된다. 그 작은 움직임이 관련성과 가치 창출을 위한 완전히 새로운 방식으로 진화하는 것이다.

새로운 고객 가치 창출을 위한 6가지 방식

　이 책에서 우리는 현재 경제 시스템의 구조적 결함에 대처하기 위한 6가지 유형의 비즈니스 모델 전환을 특정했다. 이들은 각각 특정 비즈니스 모델 양식을 따르는 별개의 전환들이지만, 고유의 사명, 비전, 문화, 자원을 보유하고 있는 한 기업에 특유한 새로운 비즈니스 모델과 고객 가치를 창출해내기 위해서 개별 비즈니스 모델 요소들과 마찬가지로 이 전환들 역시 서로 결합되고 재조합될 수 있음을 기억하는 것이 중요하다. 6가지 유형의 비즈니스 모델 전환은 다음과 같다.

1. 서비스 전환
제품 중심의 비즈니스 모델에서 고객을 위한 업무 수행에 중점을 둔 서비스 중심의 비즈니스 모델로 이동

2. 이해관계자 전환
주주 지향에서 벗어나 보다 광범위한 생태계, 비즈니스 모델과의 관계에서 모든 이해관계자를 위한 가치 창출로 이동

3. 디지털 전환

단편적인 온라인, 오프라인 비즈니스 운영에서 고객 및 고객의 필요와 연결되어 있는 상시 운영 (Always-on) 비즈니스 모델로 이동

4. 플랫폼 전환

불균등한 가치 교환, 그리고 흩어져 있던 비즈니스 생태계에서 질서정연한 가치 교환이 용이하도록 사람과 비즈니스 간 직접 연결 방식으로 이동

5. 기하급수적 전환

한 자릿수 또는 두 자릿수의 비즈니스 및 수익 성장률 개선에서 기하급수적 사고와 열 배의 성장 및 효과로 이동

6. 순환 전환

수취, 제조, 처분에서 복원적, 재생적, 순환적 가치 창출로 이동

이 책의 활용법

비즈니스 모델 캔버스 입문서

가치가 창출, 전달, 포착되는 방법

비즈니스 모델의 작용, 전환 메커니즘을 설명하는 데 있어 비즈니스 모델 캔버스만한 것이 없다. 알렉산더 오스터왈더Alexander Osterwalder가 개발해 예스 피그누어Yves Pigneur와 함께 펴낸 베스트셀러 『비즈니스 모델의 탄생: 상상과 혁신 가능성이 폭발하는 비즈니스 모델 캔버스 활용(Business Model Generation: A Handbook for Visionaries, Game Changers, and Challengers)』(John Wiley and Sons 출판)에서 소개한 이 도구는 기업이 어떻게 가치를 창출, 전달, 포착하는지를 그림을 곁들여 설명해주는 상호 연관된 9개의 박스로 이루어져 있다. 뿐만 아니라 누구나 비즈니스가 어떻게 작용하는지 이해할 수 있도록 비즈니스의 큰 그림을 보여준다. 또한, 비즈니스 모델이 시간이 지나면서 전환되는 것처럼, 비즈니스 모델 캔버스를 마치 Z축을 표시하듯 층층이 겹쳐가며 전환과 시점을 모두 보여줄 수 있다.

이 책의 구성

이 책은 시대에 뒤처지고 비효율적인 전통적 비즈니스 모델이 어떻게 서비스 전환 같은 특정 전환에 존재하는 고유 요소를 강조하는 비즈니스 모델로 바뀌어가는지를 보여주기 위해 구성되었다. 시각적 설명을 위해 높은 수준의 '~에서(from)' '~으로(to)'라는 비즈니스 모델 패턴을

핵심 파트너 Key partners	핵심 활동 Key activities	가치 제안 Value propositions	고객 관계 Customer relationships	고객층 Customer segments
기업이 전반적으로 모든 요소를 개발하지 않아도 비즈니스 모델 유지를 가능하게 해주는 다른 협력사다.	가치 창출을 위해 일상적으로 수행해야만 하는 활동들이다.	가치 제안은 제품과 서비스 및 그와 관련된 약속들로 구성된다. **팁:** 각 고객층에 적합한 제안이 요구된다.	판매 시점을 넘어 고객들과 지속적 관계를 유지하기 위한 방식을 보여준다.	당신이 서비스를 제공하거나 제공하고자 하는 고객은 누구인가? **팁:** 돈을 지불하는 사람만이 고객은 아니다.
	핵심 자원 Key resources		채널 Channels	
	지속가능하고 경쟁력 있는 가치 창출을 멈추지 않기 위해 보유해야 할 자원. **팁:** 인적 자원도 포함된다.		고객들이 물리적이든 디지털적이든 어떤 방식으로 가치 제안을 접하고 기업과 가치를 교환하는지 보여준다.	

비용 구조 Cost structure	수익원 Revenue streams
핵심 자원, 핵심 활동, 핵심 파트너 등 이 비즈니스 모델을 운영하는 데 드는 기본 비용을 보여준다.	기업이 가치 제안으로 나열된 각 제품 및 서비스에 관하여 어떤 방식으로 수익을 내는지(또는 못 내는지) 보여준다. **팁:** '무료'도 수익원에 들어갈 수 있다.

사용했다. 또한 우리는 별도로 낮은 수준의 후속(Successor) 패턴을 확인했는데, 그것은 각 전환 내 다른 비즈니스 모델의 역학을 보여준다.

예를 들어, 서비스 전환의 경우 제품에서 서비스로의 전환이 어떻게 이루어지는지 보다 광범위한 내용을 말해주는 여러 패턴들이 함께 존재한다. 하나의 비즈니스 모델 캔버스에서 일이니는 전환 요소들 간 동적 상호작용은 19쪽 그림과 같다.

이 비즈니스 모델의 가치 제안에서 일반 제품이 고객 편의를 위한 여타의 약속이 더해진 고품질 제품으로 전환되는 것을 알 수 있다. 각 파트에서는 하나의 큰 사례와 두 가지 중간 사례, 그리고 몇몇 간단한 사례들을 연구하며 구체적인 비즈니스 모델 전환을 설명한다. 가치 창출이 어떻게 실현되는지 확인할 수 있을 것이다.

KP	KA	VP	CR	CS

비전을 공유하는 파트너

장비 및 자산 관리

(저품질) 상품

장기적 (데이터 기반)

대중시장

생산 및 마케팅

일회성 거래

우리가 모든
공급 체인을 통제

KR

고품질 상품

기업들

데이터

CH

직접 유통

생산 설비

원활한 경험

소매 유통채널

CS

원자재 → 금융, ICT 및 인건비

RS

사용한 만큼 지불

사용 후
폐기되는 제품

회사가 제품을
소유 및 유지

제품에서 서비스로 전환

제품에서 서비스로 옮겨갈 때 비즈니스 모델에서
예상되는 전환들의 예시.

응용하는 법을 배워라

우리의 목표는 다양한 산업의 크고 작은 수많은 기업들이 어떻게 비즈니스 모델을 전환해왔는지 설명함으로써 독자가 전략적으로 사고하고 행동하게끔 만드는 것이다. 가능한 한 많은 사례들을 담기 위해 최선을 다하긴 하였으나 그렇다고 이 책이 모든 산업의 모든 비즈니스 모델 전환을 보여주는 만능은 결코 아니다.

우리는 당신이 이 책을 통해 배운 것을
응용해 능숙하게
스스로의 비즈니스 모델 전환에
성공하기를 바란다. 즐겨라!
그리고 도움이 필요할 때는 언제든
우리가 여기에 있음을 기억하라.

차 례   Contents

O22   노멀에서 뉴노멀로

코로나19 팬데믹으로 세계가 혼란을 겪고 있다. 수십 년 동안 신뢰해왔던 비즈니스들이 하나둘 사라져가고 있다. 바야흐로 비즈니스 모델의 전환이 필요한 시기다.

O34   **PART 1**   제품에서 서비스로

우리는 제품을 칭찬하는 경향이 있지만, 사실 우리의 칭찬이 제품을 향한 것이 아니라 해당 제품이 제공해주는 여러 이점들을 향한 것임을 내심 알고 있을 것이다. 서비스는 제품의 소유 및 유지의 번거로움 없이 그 일을 완수한다.

O88   **PART 2**   주주에서 이해관계자로

매출을 발생시키고 수익을 내는 행위는 목표 달성에 수반된 결과일 뿐이다. 기업이 고객과 이해관계자를 위해 지속적으로 놀라운 가치를 창출해내지 못한다면, 장기적으로 그것이 결국 주주 가치를 파괴하는 결과로 나타날 것이다.

I46   **PART 3**   물리적인 것에서 디지털로

인간은 물리적이고 촉감을 아는 생물이다. 물체의 물리적 성질 때문에 우리는 그 물체를 더 실감나게 인지할 수 있다. 그러나 우리는 우리가 살고 있는 오프라인 및 온라인 세상을 융합하면서 우리 자신의 하이브리드 버전에 매일 한 발짝씩 더 가까이 다가가고 있다.

코로나19 팬데믹은 현재 진행 중인 비극으로, 이것으로 전 세계적으로 기업들이 실존적 위협에 직면해 있다. 그러나 리더가 자신의 비즈니스 모델에 대하여 새로운 방식으로 사고할 수 있는 계기가 됐다는 면에서는 긍정적인 효과도 있을 수 있다. 수십 년간 우리가 의지해왔던 기업들이 살아남거나 또는 발전하기 위해 새로운 길을 모색하고 있다. 당신의 회사를 비롯해 모든 기업들이 스스로의 비즈니스 모델에 회의를 품고 다시 생각해보지 않을 수 없는 상황이 되어버렸다. 그야말로 이 책이 꼭 필요한 시기라는 것에 우리는 흥분을 감출 수 없다. 우리는 이 책이 당신의 회사가 코로나19 팬데믹 이후의 세상은 물론 장래 또 다른 위협 또는 기회에 직면해서도 열정적으로 적응할 수 있도록 돕는 길잡이가 될 거라고 확신한다.

|←——→|

노멀에서 뉴노멀로

커다란 도전: 나는 지금 당장 무엇을 할 수 있는가?

코로나19로 피해를 입은 (그리고 지금도 여전히 피해를 보고 있는) 기업의 대표 또는 임원인 당신에게 "지금 나는 무엇을 할 수 있는가?"라는 질문이 절실한 때다.

이 질문에 대한 대답으로 다음 네 가지가 있다.

1) 사업을 접고 손을 뗀다. 2) 훗날을 위해 비용을 최대한 절감하며 근근이 버틴다. 3) 상황이 해결될 때까지 기다린다. 그런 날이 오지 않을 수도 있고, 또 설사 온다 해도 당신의 처지가 별반 좋아지지는 않을 거라는 사실은 무시한 채. 4) 단기적, 그리고 장기적 관점에서 지금 당장 자신의 비즈니스 모델을 전환한다.

당신의 짐작대로 이 책은 바로 당신의 비즈니스 모델 전환에 중점을 두고 있다.

전반적으로 이미 돌아갈 수 없는 강을 건넜다는 것이 우리의 생각이다. 패러다임 전환이 이루어지기 시작했으며 우리에게는 우리를 구원해줄 새로운 기술을 기다릴 여유가 더 이상 없다. 이 시점에서 우리는 단기적, 그리고 장기적 관점으로 비즈니스 모델 혁신에 집중해야 한다. 맞다. 그러기 위해서는 현재 부족하다고 생각될 수도 있는 자원들이 필요하다. 하지만 비즈니스 모델 혁신에 대한 투자의 필요성이 지금보다 더 분명하고 절실했던 적은 없었다. 자, 당신은 지금 당장 무엇을 할 수 있는가?

1 비즈니스 모델 혁신을 위해 가장 먼저 해야 할 일은 당신의 현재 (또는 과거) 비즈니스 모델이 어떠한 모습으로 어떻게 돌아가는지 깊이 파고드는 일이다. 가장 좋은 방법은 당신의 회사가 지금까지 어떻게 가치를 창출, 전달, 포착해왔는지 정확히 파악하기 위해 당신의 팀, 비즈니스 파트너, 동료들과 함께 (앞에서 설명한) 비즈니스 모델 캔버스를 철저히 분석하고 활용하는 것이다. 회사가 지금까지 해온 모든 일들을 되짚을 필요는 없다. 오히려 최근, 그리고 비교적 가까운 과거에 집중하라. 무엇이 당신의 비즈니스를 움직이고 있는가(또는 움직였는가)? 당신은 무엇을 어떻게 생산하는가? 당신이 서비스를 제공하는 대상은 누구인가? 이 질문들에 대한 답을 찾기 위한 가장 좋은 방법은 각각 세부 사항이나 요소를 포스트잇에 *끄적인 (또는 그린)* 다음 비즈니스 모델 캔버스 내 해당 항목에 적용해보는 것이다. 중요한 내용을 빠뜨리지 않도록 주의하라. 그리고 낙관적이어서도 안 된다. 당신의 비즈니스 모델을 구성하고 있던 요소들의 총집합을 거시적으로 파악하기 위해 현재 또는 과거 모습을 그대로 옮겨놓는 것이 이 작업의 목적이다. 그동안 자동조종 모드로 운영해온 바람에 자신의 회사가 어떻게 가치를 창출, 전달, 포착해왔는지 모르고 있었다면, 지금이 바로 한걸음 물러서서 자기 성찰이 필요한 때다.

2 일단 비즈니스 모델의 전체적인 모습이라고 생각되는 것을 별도의 종이나 차트, 화이트보드에 그대로 옮겨보았다면, 현재 (또는 과거) 비즈니스 모델의 약점 및 강점을 확인하라. 예전에는 효과가 있었으나 지금은 그렇지 않은 것은 무엇인가? 고객에게 잘 전달되지 않거나 고객이 구매하지 않는 가치 제안은 무엇인가? 활용도가 낮고 유지에 비용이 들어가는 핵심 자원은 무엇인가? 잘하고 있는 것은 무엇인가? 고객이 계속해서 찾는 이유는 무엇인가? 자랑스럽게 생각하는

핵심 자원은 무엇인가? 이때는 더욱 시야를 넓혀 당신의 비즈니스를 현 상태로 만든 바로 그 비즈니스 모델과 관련된 문화적 요소들까지 고려 해볼 수 있다. 이제 당신의 주기율표(당신의 전체 가치 창출의 핵심)를 진 정으로 이해하고 전환을 위해 그것을 활용해야 할 때다. 머뭇거리지 말 라. 단기적이든 장기적이든 태세 전환을 위한 최선의 방법은 이미 가지 고 있는 것을 이용하는 것이다.

3 자기 성찰의 결과 비즈니스 모델의 문제가 (아주 조금의 허점 이라도) 드러났다면, 고객에게 다가가기 위한 새로운 방안을 모색할 수 있다. 이 단계는 대다수 기업들에게 디지털 전환으로 나아 갈 수 있는 절호의 찬스가 될 수 있다. 디지털 전환은 물리적 속성만을 지닌 가치 제안, 자원 및 활동에 의해 방해받지 않는 훌륭한 고객 경험 을 창출, 전달하기 위하여 디지털 기술 사용에 중점을 두는 비즈니스 모 델 전략이다. 당신의 회사가 물리적 제품이나 서비스를 취급하는 곳이 라면, 기술은 가치 제안이 아니라 조력자다. 이 전략은 고객과의 관련성 창출을 위해 기존의 기술이나 신기술(또는 둘 다)을 이용할 수 있다. 가 치를 창출하고 그 창출된 가치를 현재와 미래의 고객층에게 전달하기 위한 디지털 기술 활용법을 이해하는 것이 디지털 전환의 핵심이다.

커다란 도전: 나는 지금 당장 무엇을 할 수 있는가?

기다릴 여유가 없다.
죽을 각오로 미래를 숙고하고 연구하라.
당신은 그렇게 하지 않았었다.
지금 그 사실이 명백해졌다.

코로나19 극복을 위한 베어보틀Barebottle의 대응

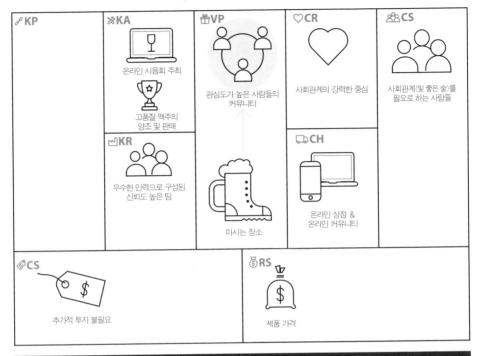

맥주회사에서 온라인 커뮤니티로!

코로나19를 계기로 전략적 자아 성찰을 시도했던 베어보틀은 단지 술을 마시는 장소가 핵심이 아니라는 사실을 깨달았다. 핵심 가치는 좋은 맥주를 사랑하는 사람들에게 커뮤니티를 제공하는 것이었다. 이것이 베어보틀이 시도했던 전환이다.

이 책의 저자인 우리가 경영하고 있는 비즈니스 모델 혁신 및 전략 회사 BMI는 워크숍을 통해 대부분의 비즈니스를 대면적으로 수행하는 것에 익숙한 회사였지만, 회사의 핵심적 가치 제안들을 이행하는 데 편리를 위해 완전한 디지털 전환을 시도해야 했었다. 대다수 기업들과 마찬가지로 마이크로소프트 팀즈Microsoft Teams, 줌Zoom, 뮤랄Mural 같은 온라인 협업 도구를 전면적으로 도입함과 동시에 수일간에 걸쳐 워크숍을 운영하곤 했던 기본적 방침을 바꾸는 일이었다. 우리 회사만의 임시변통이 아니냐고 반문할 수도 있겠지만 절대 그렇지 않다. 우리는 비즈니스 모델과 업무 방식의 완전한 디지털화 과정에서 이전에는 할 수 없었던 새로운 방식으로 고객의 필요에 부응할 수 있음을 알게 되었다.

아마 당신도 다른 많은 이들처럼 지금이야말로 그동안 입었던 은혜를 세상 또는 사회에 되갚아야 할 때라고 생각하고 있을 것이다. 우리는 이것을 이해관계자 전환이라 부르는데, 모든 이해관계자(고객, 직원, 파트너, 사회, 투자자 등)를 동시에 고려한 가치 창출이 목표인 비즈니스 모델 전략을 말한다. 이러한 전환을 시도하는 기업은 이해관계자들이 전부 각자의 목표를 달성할 수 있도록 그들을 적극적으로 끌어들일 수 있는 방식에 대해 고민한다.

이해관계자 전환(대개 디지털 전환과 동시에 일어남)을 경험한 기업들에 관한 사례는 풍부하다. 그 한 예로 베어보틀을 들 수 있다. 베어보틀은 "샌프란시스코 시민들에게서 영감을 얻은 수제 맥주 회사"라고 자사를 홍보한다. 코로나19로 인해 모두가 집에 머물러 있어야만 했던 때에 샌프란시스코 버널하이츠Bernal Heights 지역에 사실상 여러 면에서 커뮤니티센터로 활용하기 좋은 커다란 탭룸이 딸린 양조장을 갖고 있는 베어보틀은 지역사회의 필요를 충족시키기 위하여 스스로 변화해야 한다는 것을 자각했다. 술 마시는 행위가 그러한 필요 중 하나임은 분명하지만, 베어보틀이 가장 먼저 발견한 사실은 사람들이 단지 술을 마시기 위해서만 베어보틀을 찾는 게 아니라는 것이었다. 그건 다른 레스토랑이나 술집도 마찬가지였다. 사람들이 베어보틀을 찾는 목적은 바로 사회적 교류였다. 베어보틀은 그런 사회적 교류가 물리적 장소에서 다시 가능해지기를 기다리지 않고 자사 직원들이 주도하여 가상의 수제맥주 시음회가 열리는 온라인 커뮤니티를 만들었다. 게다가 누구나 무료로 참여할 수 있다. 이것이 바로 베어보틀이 고객, 직원, 파트너, 투자자와 새로운 관계를 형성하는 동시에 지역사회에 보은하기 위해서 선택한 방식이었다.

4 자, 그럼 당신의 비즈니스를 어떻게 전환해야 할까? 새로운 비즈니스 선택지를 마련하기 위하여 현재까지 알려진 여러 방법들 중에서 가장 간단하면서 당장 실행에 옮길 수 있는 방법은 '진원지 기반 아이디어(Epicenter-Based Ideation)'라는 기법이다. 이 기법은 당신이 지금 하고 있는 일의 핵심, 그리고 가치를 전달하고 있는 대상에 집중할 수 있게 함으로써 당신이 현재의 비즈니스 모델을 효과적으로 이용해 미래를 위한 아이디어를 창출해낼 수 있게 해준다. 그 방식은 다음과 같다. 8개의 상자로 이루어진 당신의 비즈니스 모델을 정리해 단 하나의 상자에만 집중하기로 하자. 기존의 모든 요소들(또는 메모들)을 오직 그 하나의 상자만을 위해 보유한다고 하면, 당신은 무엇을 구축할 것인가? 그러니까, 당신 회사의 자원들을 활용해 완전히 새로운 비즈니스 모델을 만들어낼 수 있다면? 코로나19 기간 동안 많은 식당들은 그들의 핵심 자원 중 하나가 그들이 대량으로 구입하는 신선한 재료들임을 깨달았다. 그 핵심 자원에서 새로운 비즈니스 모델들이 탄생했다. 식당들은 사람들이 식료품 가게에서 구할 수 없는 것들을 팔거나 또는 집에서 쉽게 요리할 수 있는 밀키트를 만들기도 했다.

진원지 기반 아이디어를 시도할 때는 당신의 능력이 빛을 발하는 비즈니스 모델 속 요소에 초점을 맞추고 시작하는 것이 가장 좋다. 대부분의 비즈니스에서 그것은 당신의 핵심 가치 제안(상품 및 약속들)일 경우가 많다. 그 부분에 초점을 맞춰 당신의 핵심 가치 제안과 고객을 제외한 대부분의 요소들을 제거해야만 한다고 했을 때, 고객들은 어떠한 새로운 방식으로 당신의 가치 제안(고객이 오늘날 경험하지 못한 것)을 경험할 수 있겠는가? 그동안 지속해온 비즈니스에 대한 전반적 이해 작업을 거친 후 앞으로의 비즈니스 모델을 성공적으로 이끌 수 있는 구성요소를 찾아낼 수 있게 한다는 점이 진원지 기반 아이디어만의 특색이다.

> 비즈니스의 핵심, 즉 당신의 능력이
> 빛을 발하는 비즈니스 모델 속 요소에
> 초점을 맞추고 시작하라!

5 다양한 아이디어들을 생각해내는 작업이 끝났다면, 이제 자신만의 관점에서(또한 기업문화를 고려해) 그것들에 대해 평가한 후 적어도 시도해보고 싶은 것 이상의 그 무언가를 구별해내고 싶을 것이다. 실제로 당신이 적어본 아이디어들 중에서 당신의 미래 비즈니스의 전체 또는 일부로서 적합해보이는 몇 가지를 발견할 수 있을 것이다. 그것들을 가지고, 즉 화이트보드나 메모지에 적어본 것들을 기초로 더 확장시켜라. 새로운 비즈니스 모델 캔버스에 그 아이디어들을 적용해봄으로써 말이다. 이런 식으로 당신은 간단한 용어나 문장을 완전한 비즈니스 모델 안에 포함시킬 수 있다. 이런 작업을 통해서 당신은 새로운 방식으로 가치를 창출, 전달, 포착하려면 무엇이 필요한지를 빠르게 알아낼 수 있을 것이다.

아이디어 단계와 마찬가지로 이러한 원형 설계 단계의 목표는(단순히 비즈니스 모델의 원형에 불과할지라도) 한 가지 이상의 선택지를 구축하는 것이다. 복수의 선택지를 가지고 있으면 고객 또는 핵심 파트너가 당신의 계획에 긍정이든 부정이든 어떠한 반응을 보였을 때 중심을 잡고 빠르게 대응할 수 있다.

6 이제 몇 가지 비즈니스 모델 선택지를 갖게 된 당신은 잔뜩
기대에 부풀어 그것들을 한시라도 빨리 직접 고객들에게 테
스트해볼 수 있는 방법을 찾고 싶을 것이다. 아마도 당신은 새 아이디어
의 실험 대상이 되는 것을 고객들이 싫어할 거라고 생각할지도 모르겠
다. 그러나 사실은 전혀 그렇지 않다. 테스트의 내용과 목적을 고객에게
솔직히 밝히기만 한다면 고객들은 기꺼이 피드백을 제공해줄 것이다.
더 나아가 고객 스스로 자신이 가치 있게 생각하는 기업을 돕고 있다는
소속감을 느낄 수도 있다. 이 과정에서 당신이 할 일은 다양한 주관식
질문을 제시하고 고객들의 솔직한 피드백을 모으는 일이다. 고객이 원
치 않는 뭔가를 팔려는 시도는 금물이다. 그저 고객에게 보여주고 의견
을 들어라.

7 고객들의 피드백을 소화하면서 당신이 사업을 확장할 준비
가 됐다는 확신이 들 때까지 비즈니스 모델 및 원형 설계 작
업을 반복하도록 한다. 굉장히 많은 반복이 필요하다. 이 한 가지는 기
억하라. 이 모호한 시간을 당신만 겪고 있는 것은 아니라는 사실 말이
다. 새로운 선택지를 만들어내 테스트하는 노력을 체계적으로 수행하
다 보면 어느 순간 무언가 새로운 것을 발견해낼 수 있는 가능성이 열릴
것이다. 최소한 기존 고객들과 더 강한 유대를 맺는 데 도움이 될 통찰
력을 얻을 수 있다.

모든 전환의 핵심은 다음과 같다. 친구 및 가족과의 유대, 건강 등과
같은 인간의 기본적 욕구는 우선순위에 변동은 있을지라도 절대 바뀌
지 않는다는 것이다. 당신이 전달하려는 것이 무엇이든 고객 및 사회와
밀접하게 관련돼 있어야 하며 또한 고객의 당면한 요구를 해결할 수 있
는 것이어야만 한다. 코로나19로 인해 사회적 거리두기라든가 손 위생
같은 새로운 요구가 생겨났을 수도 있다. 어떤 식으로든 그런 요구들을

해결해줘야 할 것이다. 가치 제안 및 수익원과 관련해 당신의 비즈니스 모델에서 '무료'가 어떤 의미를 지니는지도 고민해봐야 한다. 현재와 같은 위기 상황이 벌어지면 많은 기업들이 사회와 공동체에 기여하기 위해 무상으로 일정 서비스를 제공하곤 한다. 이는 순수한 이타심에서 하는 일이 아니다. 무료로 서비스를 제공하는 행위는 장기적으로 고객과 더 깊은 유대감을 형성할 수 있는 수단이 된다. 상호관계에 있어 배타적이기만 한 전환은 없다. 당신이 어떠한 전환을 시도하든 디지털 가치 제안을 추가해야 (그것도 속도감 있게) 한다. 디지털 가치 제안 시 특정 코로나19 관련 상품 및 서비스 제공을 고려해볼 수도 있다.

끝으로, 이 모든 것들을 절대로 폐쇄적인 상태에서 진행해서는 안 된다. 고객에게 다가가 새로운 요구가 무엇인지 경청하고 관찰하며 장기적인 협력 관계를 강화하라.

> 미래를 위한 새로운 비즈니스 모델 구축에 대하여 더 자세히 알고 싶다면, 『디자인씽킹, 비즈니스를 혁신하다(Design a Better Business)』, 『비즈니스 모델의 탄생』을 추천한다.

아이픽스잇iFixit, 코로나19에서 비롯된 또 하나의 전환

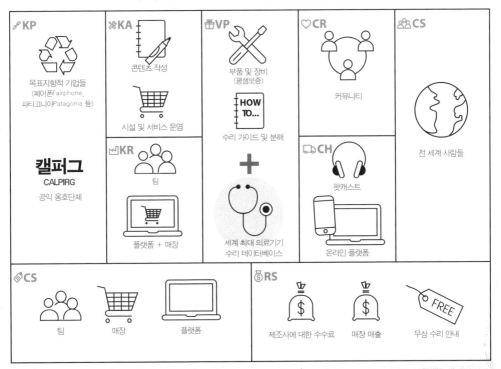

적극적으로 행동에 나선 iFixit

코로나19 발생 초기에 개인용 전자제품 수리 사이트로 유명한 iFixit은 세계에서 가장 큰 의료기기 수리 데이터베이스를 공개했다. 자유롭게 외출할 수도 없고 의료기기 업체나 서비스 담당자와 접촉하기도 어려운 상황에서 iFixit은 적극적으로 행동에 나섰고 그 직원 절반을 문제 해결에 집중하도록 함으로써 의료인들을 포함해 수많은 사람들에게 완전히 새로운 기회를 제공해주었다.

대부분의 사람들이 특정 제품에 매력을 느끼는 이유는 그 제품의 새로움, 기능, 인지된 품질 때문일지 모른다. 우리는 제품을 칭찬하는 경향이 있지만, 사실 우리의 칭찬이 제품을 향한 것이 아니라 해당 제품이 제공해주는 여러 이점들을 향한 것임을 내심 알고 있을 것이다. 서비스가 제품보다 우월한 점은 제품을 소유, 관리해야 하는 번거로움 없이도 고객에게 직접 그러한 이점들을 전달한다는 것이다.

제품에서 서비스로

제품 ▶▶▶ 서비스

미국의 경제학자이자 하버드대학교 경영대학원 교수 시어도어 레빗Theodore Levitt은 제자들에게 "사람들이 원하는 건 0.635센티미터 드릴이 아닙니다. 그들이 원하는 건 0.635센티미터 구멍입니다."라고 말했다. 이 말은 기업이 판매하는 제품이 무엇이든 고객은 제품의 소유와 아무런 상관이 없을지도 모를 어떤 목표 달성 또는 욕구 충족을 위해 해당 제품을 구매한다는 의미다. 서비스 전환은 제품을 주고받는 방식에서 고객의 목적 달성을 돕는 방식, 즉 제품 또는 서비스를 대여하는 방식으로의 이동이다. 고객의 입장에서는 이런 방식이 제품을 완전히 소유하는 것보다 더 편리하다고 여겨질 때가 많다. 그리고 변화의 속도가 빨라짐에 따라서 서비스 비즈니스 모델은 고객들이 이미 가지고 있는 것을 재구매하지 않아도 최신, 그리고 최고의 서비스를 제공할 수 있어 고객 관계 및 고객 생애 가치를 향상시킨다.

전환 사례들

대
／BMW

중
／메드트로닉
／롤스로이스

소
／달러쉐이브클럽

／스왑피츠
／렌트더런웨이

" "우리 소비자들은 새로운 것을 기대합니다. 소유보다 결과가 중요해요. 표준화가 아닌 맞춤화를 선호하죠. 그리고 예정된 노후화 말고 꾸준한 개선을 원하고요. 우리가 원하는 것은 제품이 아닌 서비스예요. 더 이상 보편적 접근 방식은 안 통합니다. 또한 기업이 지금의 새로운 디지털 세상에서 성공하려면 변해야 합니다." **"**

티엔 추오 Tien Tzuo, 「**구독과 좋아요의 경제학**(Subscribed: Why the Subscription Model Will Be Your Company's Future—and What to Do About It)」

소유가 아니라 접근

당신이 무엇을 생산하든 궁극적으로 고객은 자신의 목적 달성에만 관심을 가진다. 당신의 제품이 고객의 요구를 어느 정도 충족시킬 수 있다 해도 당신은 점점 더 많은 제품을 팔기 위해 끝도 없는 무한 경쟁에 휘말릴 가능성이 크다. 하지만 모든 전환이 구식 비즈니스 모델에서 시작되는 것은 아니다. 수많은 전환이 고객의 요구를 충족시키는 것에서 시작된다.

> 당신이 (영원히) 고객을 위해 보유하고 있는
> 무언가를 고객이 이용하도록 허용하면서
> 고객에게 더 나은 서비스를 제공해줄 수 있는가?

그렇게 함으로써 당신은 고객의 욕구 충족을 도와줄 더 독창적이고 더 나은 가치 제안을 할 수 있고 고객과의 연결을 지속시켜줄 새로운 기회를 만들어낼 수 있다. 고객을 더 행복하게 만드는 일이며, 결국 모두를 위해 더 큰 가치를 창출할 수 있다!

전략적 질문들

고객이 바라는 것이 무엇인가? 고객의 바람이 이루어질 수 있도록 돕는 동시에 고객의 어려움도 해결하기 위하여 어떠한 서비스를 제공해줄 수 있는가? 서비스와 함께 새로운 가치를 창출하기 위한 자원으로서 당신의 제품 포트폴리오를 어떻게 사용할 수 있는가? 여전히 당신에게는 제품이 필요한가? 아니면 고객에게 순수한 서비스만을 제공하고 있는가?

이러한 전환을 시도 중인 기업들 또는 이미 전환을 완료하고 이전 모습으로 회귀할 생각이 전혀 없는 기업들을 보고 당신이 배우고 활용해야 할 점은 무엇인가?

제품에서 서비스로

제품 비즈니스 모델은
특히 효율적 제품 개발 및 제조를 위해 설계된다.
제품을 출시하고 고객의 수요를 확보하는 일이
마케팅 및 판매 팀의 역할이다.

고객의 품으로

제품을 구매한 고객이 만족할 수 있어야 한다. 고객과의 관계는 상당히 거래적이다. 당신은 자신의 고객이 정확히 누구인지 또는 고객이 당신의 제품을 어떻게 사용하는지 모를 수도 있다. 특히 간접적 경로로 제품을 판매하는 경우에는 더욱 그러하다. 고객이 제품을 업그레이드하거나 후속 버전을 구매하도록 유도하려면 새로운 기능들로 유혹해야 한다. 고객이 이전 버전에 만족해 기꺼이 사용을 지속하고자 한다면 수익원이 상당히 위축될 수 있다.

마케팅 및 판매

공세적 판촉 전략 및 대규모 출시는 새로운 고객에게 즉시 구매를 설득하기 위해 사용되는 방식이다. 기존의 고객에게는 최신 버전 구매를 유도한다. 경쟁 제품과의 차별화에 브랜드가 중요한 역할을 할 수도 있다. 제품 디자이너와 엔지니어는 더 나은 신제품 개발에 힘써야 한다. 고객의

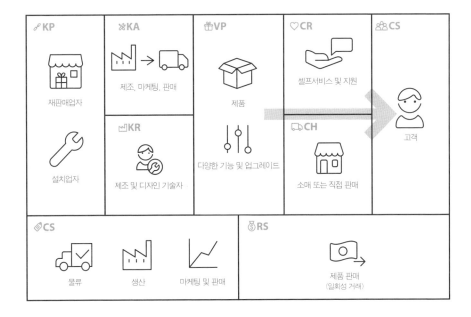

지속적 구매를 보장하기 위해 일정 부분에서 제품에 관한 무상 서비스를 도입하기도 한다. 훨씬 더 많은 제품의 판매(박스 이동)나 제품 이용에 관한 부가가치 추가를 목적으로 재판매업자를 파트너로 참여시킨다.

고객의 목표가 성취되도록

전반적으로 가치 제안은 고객이 스스로에게 중요한 것에 집중할 수 있게끔 고객을 계속 '움직이도록' 하는 것이다. 서비스 비즈니스 모델이 그 중요한 역할을 맡아 성공적으로 이루어질 수 있도록 해준다. 매번 일관성 있는 결과를 제공한다. 종료일에 갱신 또는 재협상되는 합의 계약에 따라 고객은 제공된 서비스에 대하여 구독, 소비, 또는 성과를 기준으로 비용을 지불한다. 고객에게 유익하도록, 또 고객이 '충분히 서비스를 제공받도록' 하는 것이 고객 관계에서 가장 중요하다.

서비스 비즈니스 모델은 특히 고객의 목표 성취를 위해 설계된다. 서비스 비즈니스 모델에서 중요한 점은 고객의 삶을 이해하고 시간이 흘러도 지속적으로 고객의 요구를 충족시켜줄 수 있어야 한다는 점이다.

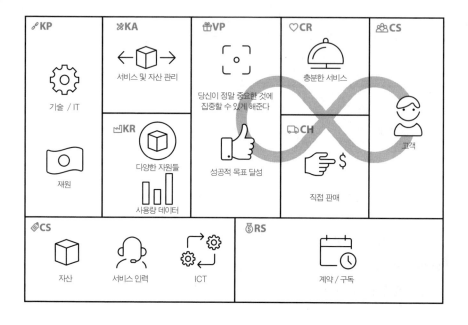

참여를 위한 관리

고객이 원하는 바에 접근하여 완전히 이해하기 위해서는 고객이 지속적으로 참여하게 해야 한다. 고객이 원하는 서비스를 제때 접근할 수 있게 하려면 제대로 된 자산 관리가 이루어져야 한다. 서비스 제공을 위한 핵심 자원으로서 고품질의 제품 및 설비가 요구된다. 사용량 데이터는 새로운 고객 요구에 부응할 서비스 혁신을 위한 입력 및 자산 관리를 위하여 중요하다. 파트너는 기술 및 IT 시스템의 제공과 자산 조달을 위해 필요하다.

패턴들

 **제품
더하기
서비스**

설치, 유지관리, 조언 등과 같은 서비스는 전반적 경험, 성능 및 제품 사용의 여러 이익을 향상시키는 가치 제안의 핵심 부분이다. 이러한 비즈니스 모델은 제품의 사양, 기능보다 이익에 초점을 둔다. 서비스는 그 자체 수익원을 가지고 있을 수도 있지만, 보통은 이미 상품화된 제품에 추가되어 고객의 지속적 구매를 유인하도록 하는 경우가 많다.

예: BMW

 소모품

이 패턴은 빈번히 사용되는 소모품의 정기적 배송에 초점을 둔다. 구독 계약 시 배송되는 제품의 유형이나 수량은 고객의 의사에 따라 융통성 있게 조정이 가능하다. 소모품은 고객이 일상생활에서 필요로 하는 품목이기 때문에 일관성 있는 배송이 생명이다.

예: 달러쉐이브클럽, 헬로프레시HelloFresh

서비스 구독

이 패턴은 주로 고객이 사용량에 따라 또는 정액제로 구독료를 지불하는 공익사업 또는 기타 시설에 해당된다. 핵심 서비스의 지속적 공급과 신뢰성이 이 패턴의 생명이다. 고객이 서비스의 일부로 어떤 시설을 이용하는 경우에는 서비스 소유자뿐만 아니라 고객에게도 타당하다고 여겨지는 시간 동안 해당 시설이 유지되어야 한다.

예: 메트로마일 Metromile, **클래스패스**ClassPass

 정보 상품 및 서비스

이 패턴은 고객이 신뢰하는 미디어나 정보에 대한 접근을 제공하는 일과 관련된다. 정보 기반 비즈니스 모델은 프리미엄 혜택 및 (또는 부가적 정보나) 콘텐츠에 대한 접근을 제공하는 유료 구독 패키지를 활용하는 경우가 많다. 끊김 없는 서비스 보장을 위한 견실한 인프라의 설계, 개발 및 유지관리가 이 패턴의 생명이다.

예: 뉴욕타임스 New York Times, **애플**Apple

렌털 또는 임대

이 패턴은 (유연하게) 사용될 수 있는 제품에 대한 접근을 제공하는 일과 관련된다. 리스는 제품에 대한 배타적 접근으로 이루어질 수도 있고, 또는 그와 달리 공유 제품군에 대한 공유 접근 방식으로 이루어질 수도 있다. 전 제품의 소유 주체는 이 사업 모델을 채택하고 있는 회사이며, 회사는 전 제품을 효율적으로 관리해야 한다. 제품의 유지관리, 수리 및 통제에 관한 책임은 서비스 제공자에게 있다.

예: BMW 드라이브나우BMW DriveNow, 스왑피츠, 질록Zilok, 렌트더런웨이, 르토트Le Tote, 러브홈스와프 LoveHomeSwap

 관리형 서비스

이 경우는 몇 가지 중요한 임무의 수행에 초점을 둔다. 심지어 미리 정해진 관련 제품이 없는 경우라 할지라도 특정 수준의 성능을 보장해야 하는 경우가 많다. 계약은 성과를 중심으로 성립될 수 있으며, 그 내용 안에 특정 운영 활동(예: 청소), 제품의 출력(예: 복사기가 아닌 인쇄물), 또는 기능적 결과(예: 쾌적한 온도) 같은 것들이 들어갈 수 있다. 수익원은 고정된 것으로 하거나 또는 위험 공유를 기반으로 할 수도 있다.

예: 메드트로닉, 롤스로이스, BMW 유어나우BMW YourNow

BMW의 시작은 다양한 용도의 엔진 제조업체였다. 지금은 순수한 운전의 즐거움을 (당신이 운전하는 것이 자동차든 오토바이든) 전파하기 위해 혁신하는 기업으로 진화했다. BMW가 보여줄 다음 진화는 사람들에게 쾌적하고 지속가능한 방식으로 이동할 자유를 제공하는 것이다.

BMW

현황

설립자 카밀로 카스틸리오니Camillo Castiglioni, 프란츠 요제프 포프Franz Josef Popp, 카를 라프Karl Rapp	**총 매출액** 1,040억 유로 (2019년)
설립년도 1916년	
산업 자동차 모빌리티	**규모** 14개국에서 생산 네트워크 운영 140여 개국에 영업망 구축 직원 수 13만 3,778명 (2019년)

1916-1952

설립

1916년에 바이에른 항공기 제작회사 (Bayerische Flugzeugwerke AG) 라는 명칭으로 설립돼 1922년에 바이에른 원동기 제작회사(Bayerische Motoren Werke, BMW)로 명칭을 변경했다. 1933년에 자체 개발한 신차 BMW 303 출시, 1952년에 BMW 501 출시.

1953-1959

도산의 위기

너무 비싼 탓에 대부분의 사람들은 고급차를 살 수 없었다. 라이선스를 받아 제작된 초소형차인 이세타setta를 도입했다. 1954년부터 1962년까지 16만 대 이상 판매된 이세타는 지금까지도 세계에서 가장 많이 팔린 단일 실린더 자동차로 남아 있다.

1960-1971

틈새시장에 집중

BMW는 자동차 시장에서 양산차와 수제차 사이에 들어가는 품질 생산 살롱이라는 새로운 부문을 개척했다. 이로 인해 스포츠카 제조의 선두주자로서 명성을 얻었다.

운전의 즐거움을 위한 혁신

"

미래를 상상하는 것은 흥미진진하면서도 도전적입니다. 사회와 경제, 생활 환경, 그리고 이동수단은 또 어떻게 변하게 될까요?

BMW 웹사이트: 다음 100년

"

BMW의 기원은 항공기 엔진을 팔았던 바이에른 항공기 제작회사(Bayerische Flugzeugwerke, BFW) 였다. 그런 역사가 맑은 푸른 하늘을 가로지르는 프로펠러를 상징하는 회사의 로고에 아직도 반영되어 있다. BMW는 1928년에 자동차 제조, 판매를 시작했다. 제2차 세계대전이 끝났을 때 고급 자동차를 살 정도로 여유가 있는 사람들은 드물었고, BMW는 달리 수익을 창출할 수 있는 방법을 고민해야만 했다. 그렇게 해서 찾아낸 것이 이탈리아의 초소형 자동차 이세타였고, BMW는 라이선스를 얻어 독일 내 자체 공장에서 이세타를 생산하기 시작했다. 모토쿠페 Motocoupé 또는 크누치쿠겔Knutschkugel이라고도 불렸던 이세타는 합리적 가격의 완벽한 도시 주행차로 당시 사람들의 생활양식에도 딱 들어맞는 자동차였다. 하지만 이세타를 통해 얻은 수익이 크지 않았

1972-1989   **1990**

궁극의 드라이빙 머신   연구혁신센터

5시리즈(1972년), 3시리즈(1975년), 6시리즈(1976년), 7시리즈(1978년) 같은 쿠페 및 고급 세단 모델들을 추가함으로써 운신의 폭을 넓혔다. "궁극의 드라이빙 머신"이라는 슬로건은 1974년 미국에서 시작됐다.

연구혁신센터를 설립했다. 1994년에 로버Rover를 인수했다. 이 인수는 성공적인 것이 아니었고 막대한 재정적 손실로 이어졌다. 2000년에 미니MINI를 제외한 나머지 대부분을 매각해버렸다. 1995년에 로드스터 Z3를 출시했다. 1999년에는 SUV 시장에 진출했다.

가장 지속가능한 브랜드

1999년에 다우존스 지속가능경영지수(Dow Jones Sustainability Index)에 의해 가장 지속가능한 브랜드로 인정받았다. 그 뒤로 매해 같은 지수에 이름을 올리고 있다.

고 고급차 판매 역시 지지부진했던 탓에 BMW는 1959년에 도산 직전까지 갔다. 경영진이 다임러-벤츠Daimler-Benz에게 회사를 매각하자는 제안을 내놓았었으나 직원들과 노조의 반대로 결국 무산되기도 했다. BMW의 초기 투자자 중 한 사람이었던 헤르베르트 크반트Herbert Quandt는 은행의 만류에도 불구하고 BMW에 대한 자신의 지분을 50퍼센트까지 늘렸는데, 이 투자금이 큰 성공을 거둔 클래식카 BMW 700을 위한 자금으로 사용되었다.

스포츠카 제조의 선두 주자라는 명성을 얻게 된 것은 1962년 BMW 뉴 클래스New Class 콤팩트 세단이 출시되면서부터였다. 지금도 마찬가지지만 당시에도 BMW는 정교한 기술력과 브랜드를 사용해 틈새시장을 개척했다.

궁극의 드라이빙 경험

BMW는 소위 궁극의 드라이빙 머신을 제공한다. 현재 700여 개의 BMW모터클럽에는 자신의 경험을 다른 이들과 공유하는 것을 좋아하는 20만 명 이상의 회원이 가입해 있다. BMW는 탁월한 디자인과 기술을 통해 운전의 즐거움을 높여주고 제시간에 편안하게 목적지에 도착하게 해준다. 성능 개선을 향한 선구자적 정신은 지속가능성과도 연결돼 있다. BMW는 1996년 자동차에 긴급 호출 기능을 탑재시킨 이후로 고객에게 다양한 서비스를 꾸준히 제공해오고 있다.

궁극의 드라이빙 경험

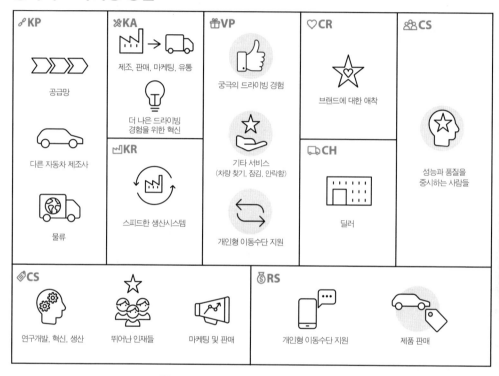

제품 더하기 서비스

1962년부터 BMW는 품질을 추구하는 사람들에게 "궁극의 드라이빙 경험"을 선사하면서 스포츠카 제조에 있어 선두주자로 명성을 이어가고 있다.

2001	2004	2007	2011

UN 환경

유엔 환경 계획(United Nations Environment Programme), 유엔 글로벌 콤팩트UN Global Compact, 청정생산 선언(Cleaner Production Declaration)에 헌신하기 시작했다. 26년이나 앞선 1973년에 자동차 업계에서 가장 먼저 환경책임자를 선임했던 회사이기도 하다.

1시리즈

콤팩트 클래스를 위한 운전의 즐거움. 중국 선양Shenyang에 첫 번째 공장을 설립했다. 2005년에는 라이프치히Leipzig 공장이 생산을 시작했다.

넘버원 전략

"개인형 이동수단을 위한 프리미엄 제품과 프리미엄 서비스를 제공하여 세계적 선도기업이 되는 것"을 2020년까지의 사명으로 명백히 선언했다.

드라이브나우

부속 브랜드 BMW i를 출범시키며 뮌헨에서 차량 공유 서비스를 시작했다. 전 세계 기업 및 개인을 대상으로 액티브EActiveE 테스트를 시작했다.

BMW는 자동차 업계에서 혁신적 기업으로 인정받고 있다. 이 회사는 미래를 어떤 자동차가 주도하게 될지, 그리고 사람들의 요구가 어떻게 변화하게 될지에 대한 고민과 이해를 위해 수많은 자원을 투자한다. BMW의 디자이너와 전략가는 내부적으로는 회사의 콘셉트 카 등에서, 그리고 외부적으로는 다양한 분야의 지식인, 전문가 등으로부터 정보를 수집한다.

2009년에 BMW는 BMW i의 Future Thought 시리즈를 통해 미래를 탐구하기 위한 여정을 시작했다. 이러한 일련의 이벤트는 앞으로 사람들의 삶을 변화시킬 최대 트렌드에 대한 답을 찾기 위한 목적에서 마련된 것이었다. 점점 더 많은 사람들이 도시로 모이게 되면 도시는 어떻게 발전하게 될까? 2050년까지 지구 전체 인구의 3분의 2가 도시에 살게 된다면 어떤 문제가 발생할 것인가? 이러한 물음들을 통해 BMW는 현대사회에서 도시화는 새로운 문제들을 발

우리 주변에서 일어나는 어떤 조짐이나 변화를 해독하는 능력이야말로 우리가 21세기라는 불확실성의 바다를 헤쳐나아갈 때 사회와 비즈니스를 이해할 수 있는 열쇠가 됩니다.

미래의 도시. BMW I Future Thought 시리즈 – 파트1

샌프란시스코에서
서비스 시작

BMW i3

샌프란시스코에서
서비스 중단

드라이브나우가 전기차로만 이루어진
액티브E 차량들과 함께 샌프란시스코
에서 시작됐다.

철저하게 지속가능성을 염두에 두고
디자인되었으며, 도시 주행에 완벽하
게 어울린다. BMW i3는 전기 이동수
단의 새로운 시대를 열었다.

샌프란시스코의 BMW 드라이브나우
가 중단됐다. 엄격한 주차 규정들이
BMW 드라이브나우의 확장 가능성에
방해가 됐다.

생시키지만 또 새로운 기회도 불러올 수 있는 가장 중요한 사회적 변화
임을 인지했다.

도시는 점점 더 많은 차들로 붐비게 되고, 그것은 주차 공간의 부
족과 환경오염으로 직결된다. 무엇보다도, 많은 도시인들, 특히 젊은
세대는 더 이상 차량 소유로 인한 번거로움을 감수할 생각이 없다. 이
동하고 싶을 때 간단하게 모빌리티 서비스를 이용할 수 있다면 그만
이다. 이런 현상은 우버Uber의 서비스 같은 새로운 형태의 운송 수단
의 등장을 이끌었다. 이러한 변화가 한창인 지금을 BMW 역시 소형차
와 전기차, 심지어 BMW 드라이브나우 같은 차량 공유 서비스를 위한
기회로 보고 있다.

BMW 드라이브나우는 번거로움 없는 이동수단을 제공했다. 그리
하여 BMW가 약속한 대로 사람들이 궁극의 전기 차량을 운전하는 즐
거움을 분 단위로 누릴 수 있었다. 앱을 통해 가까운 곳에 있는 차량의
위치를 파악해 주행을 시작할 수 있었다. 주차에 관한 기능도 파크나우
ParkNow 앱을 통해 서비스에 포함돼 있었다.

라이드셀RideCell

BMW의 벤처 i벤처iVenture가 시리즈 A 라운드를 주도하며 멀티모달multi-modal 운송을 가능하게 하는 운송 소프트웨어 추가 개발을 위해 1,170만 달러를 모금했다.

리치나우Reach Now

미국 10개 도시로 확대 실시하여 미국에서 차량 공유 서비스의 탄력을 얻기 위한 새로운 시도가 시작됐다.

100만 명의 고객

드라이브나우가 8개 국가 13개 도시에 걸쳐 100만 명에 이르는 고객을 확보했다.

BMW 드라이브나우(샌프란시스코)

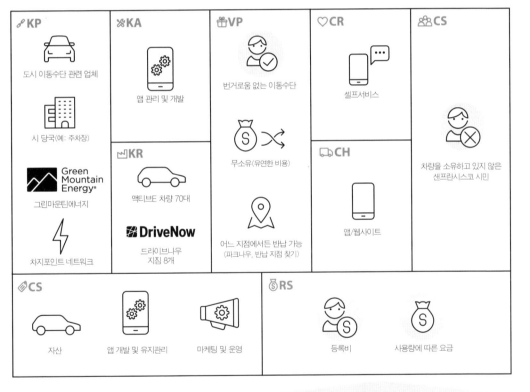

🔑 **KP**
- 도시 이동수단 관련 업체
- 시 당국(예: 주차장)
- Green Mountain Energy® 그린마운틴에너지
- 차지포인트 네트워크

⚙ **KA**
- 앱 관리 및 개발

📈 **KR**
- 액티브 차량 70대
- **DriveNow** 드라이브나우 지점 8개

🎁 **VP**
- 번거로움 없는 이동수단
- 무소유(유연한 비용)
- 어느 지점에서든 반납 가능 (파크나우, 반납 지점 찾기)

♡ **CR**
- 셀프서비스

🚚 **CH**
- 앱/웹사이트

👥 **CS**
- 차량을 소유하고 있지 않은 샌프란시스코 시민

✏ **CS**
- 자산
- 앱 개발 및 유지관리
- 마케팅 및 운영

💲 **RS**
- 등록비
- 사용량에 따른 요금

렌털 또는 리스

최고의 전기 차량을 분 단위로.
필요할 때마다 언제든 이용 가능.

합작 벤처

BMW와 다임러가 사상 처음으로 협력하며 이동수단의 미래를 만들어갈 것임을 발표했다.

모빌리티의 새로운 모습을 위해 14개 서비스를 통합하여 5개 사업으로 구성된 유어나우를 출범시켰다. 31개의 도시에 걸쳐 400만 명의 고객, 2만 대의 차량으로 새로운 모빌리티 서비스를 구축하기 위하여 10억 유로를 투자했다.

"

BMW i는 우리의 이동수단에 대한 사고방식을 변화시켜 창의적이고 개척자적인 아이디어를 창출해내기 위해 존재합니다.

BMW그룹 디자인 수석 부사장 아드리안 반 호이동크 Adrian van Hooydonk

"

이 서비스가 샌프란시스코에서 처음으로 승인된 데는 시장이 배기가스를 감소시켜 주는 모빌리티 서비스를 환영했다는 게 상당 부분 작용했다. 고객이 직접 어느 장소에서든 차량을 픽업하고 반납하는(Free Floating) 방식이었지만, 이는 현지의 주차 및 차량 공유 규정에 직접적으로 반하는 내용이었다. 2015년에 샌프란시스코에서 이 서비스가 중단되었다.

함께 만드는 미래

이동수단의 미래에서 가장 중요한 것은 편리함이라는 사실은 분명하다. 그 편리함에는 A지점에서 B지점으로 이동할 때의 여러 가지 선택에 대한 가능성, 서비스에 대한 신속한 접근성, 번거롭지 않음, 정시 도착 등이 포함돼 있다. 이러한 목표들은 환경에 대한 영향을 증가시키지 않으면서 달성되어야 한다.

그러한 미래를 만드는 일은 결코 쉽지 않다. 많은 도시들이 그러한 서비스의 보편화를 원하고 있기는

2019	2020	미래
철수	전기화	전기로 가다

2020년 초에 셰어나우는 미국 시장에서 철수했다. 또한 런던, 브뤼셀, 피렌체에서도 서비스를 중단했다.

유어나우 차량을 전기화하고 수익을 두 배로 늘리는 것을 목표로 삼았다.

BMW는 2025년까지 25대의 전기 자동차 모델을 출시할 계획이다. BMW의 차량은 제품으로서뿐만 아니라 서비스를 위한 요소로서 사용될 예정이다. 쉽게 타고, 쉽게 내린다. 편안히 앉아서 휴식한다. 주행을 즐긴다. 제시간에 목적지에 도착한다.

BMW와 다임러의 유어나우

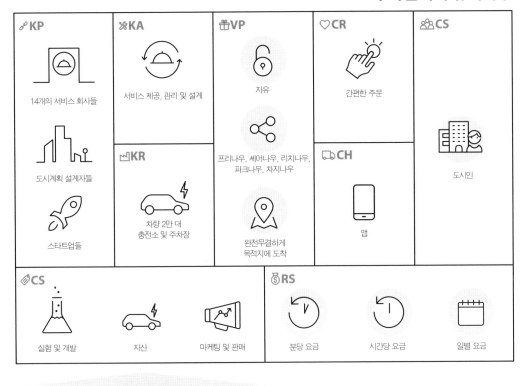

관리형 서비스

당신이 원할 때, 당신이 원하는 서비스를 이용하라. 궁극의 자유를 만끽하라!

해도 기존의 규정들이 사람들이 원하는 유연한 서비스의 실행에 큰 장애물이 되고 있기 때문이다. 우버, 리프트Lyft, 공공 서비스 주체, 초소형 이동수단 공급자 사이의 경쟁도 치열하다. 항상 어느 것이 최선인지, 선택의 주체는 사실상 고객이다. 그리하여 BMW는 또 다른 경쟁 상대를 늘리는 대신 사상 처음으로 다임러Daimler AG와 손을 잡았다.

두 회사는 모두가 즉시 간편하고 자유롭게 이동할 수 있는 완벽한 미래에 대한 비전을 공유한다. 그들은 사람들에게 자유를 되찾아주고, 또 도시에는 숨 쉴 수 있는 공간을 만들어주고 싶어한다. 두 회사의 지식, 경험 및 기술이 합쳐짐으로 사용자와 사회 모두에게 가치를 창출하는 더 나은 해결책이 도출될 수 있다. 두 회사는 그러한 미래에 있어 "우리들 회사의 자동차가 결코 덜 중요하다는 것이 아닙니다. 우리가 운전하는 차에 관한 문제가 아니라 사실 우리가 가고자 하는 곳으로 가기 위한 자유에 관한 문제이기 때문이죠."라고 주장한다. BMW와 다임러 모두 택시 서비스에 적합한 전기 자동차를 출시하지 않았기 때문에 두 회사의 차량호출 서비스 프리나우FreeNow의 장비 보강을 위해 테슬라Tesla 차량이 활용되고 있다.

유어나우가 약속하는 것은 늘 가까운 곳에서 쉽게 이용 가능한 주문형 모빌리티다. 그것은 차량 그 이상의 서비스를 의미한다. 궁극적인 계획은 전기 자동차, 전동 스쿠터, 전기 자전거, 차량 공유 및 대중교통 확대를 통한 전기화에 초점을 맞춘 광범위한 모빌리티 앱을 만드는 것이다. 유어나우는 각각의 서비스를 제공하는 5개 사업 부문으로 구성된 엄브렐러 컴퍼니다. 셰어나우ShareNow는 카투고Car2Go와 드라이브나우를 통합한 차량렌털 서비스고, 프리나우는 차량호출 서비스, 리치나우는 목적지에 도달하는 가장 편리한 방법을 찾아주고, 이동 중

포부	자유	숨 쉬는 도시	모빌리티의 미래 창조	힘들이지 않고도 완전무결하게
에너지	프리미엄, 브랜드에 대한 애착	BMW i (세컨드 브랜드)	라이드셀 (및 기타 스타트업들)	(다임러와의) 합작 벤처
정보	지식 및 경험	내적 외적 요인들	ICT	사용량 데이터
역량	고품질 제품	서비스 (카투고, 드라이브나우, 파크모바일Park Mobile)	i벤처	다양한 실험들 (BMW 연구소)

티켓 구입을 도와준다. 파크나우는 현금 없이도 간편하게 주차할 수 있게 해주는 모바일 주차 서비스며, 차지나우ChargeNow는 손쉬운 차량 충전을 도와주는 서비스다.

품질 중시

BMW는 늘 더 나은 드라이빙 경험을 위해 혁신해왔다. 그러면서 동시에 그룹 전체의 환경 성과 개선을 위한 노력도 쉬지 않았다. 품질을 중시하는 회사의 정신은 회사가 하는 모든 일에 반영돼 있다. 또한 BMW가 고객과 사회를 이롭게 하면서 만들어가고자 하는 모빌리티의 미래에 관하여 명백하게 표현돼 있기도 하다.

BMW i는 다임러와 라이드셀 같은 스타트업들과 함께 기존의 고객은 물론 특히 새로운 고객을 위한 미래를 만들어가는 일에 전념하는 세컨드 브랜드다. BMW는 방대한 지식과 경험을 바탕으로 성장을 지속할 수 있으나 여전히 현상 유지를 어렵게 하는 내적, 외적 요인에 굉장히 개방적이다. BMW의 모빌리티 서비스는 언젠가 사용량 데이터와 똑똑한 차량 내 탑재 클라우드 기반 컴퓨터로 구동될 수 있을 것이다. BMW가 그리는 미래는 높은 품질의 제품, 그리고 회사가 이미 제공 중인 여러 서비스를 뛰어넘어 더욱 발전하는 것이다. BMW가 올바른 실험에 투자를 멈추지 않는 한 그 발전은 계속될 것이다.

BMW는 모빌리티의 미래에 대하여 명확한 비전을 가지고 있다. 이 회사는 고객이 운전석에 앉아 있다는 사실을 그 어느 때보다도 더 잘 이해하고 있다. 고객은 다른 어떤 것보다도 제품 및 서비스에 대한 원활하고, 손쉬운, 또 즉각적인 접근성을 원한다. 사람들은 단지 한 곳에서 다른 곳으로의 이동이라는 목적이 달성되기만을 바란다. 유어나우가 보유하고 있는 서비스들은 최선의 방식으로 그 목적이 달성될 수 있도록 긴밀하게 연결되어 있다. 자율적으로 충전, 주차하고 기타 운송 수단과 상호 연락 가능한 완전한 전기 자율주행 차량으로 그 일을 더욱 쉽게 만드는 것이 궁극적 목표다.

밀레니얼 세대와 그보다 더 젊은 세대에서 차량 공유가 인기를 끌고 있다. 그 결과로 자동차 리스 역시 그 선호도가 계속 증가하고 있다.

사람들이 점점 차량 소유의 번거로움에서 멀어지고 있는 것이다. 이런 현상이 지속된다면, 공유차량 1대가 8~20대의 차량을 대체할 수 있어 교통 혼잡과 주차 공간이 줄어들어 도시의 삶이 극적으로 변하게 될지도 모른다.

그렇지만 행동의 변화는 거시적으로 볼 때 오히려 느리기만 하다. 때문에 투자자들과 자동차 제조사들은 통합 교통 서비스(Mobility-as-a-Service)보다는 전기화에 대한 투자를 늘려왔다. 사실 유어나우가 미국 및 일부 유럽 도시에서 철수했던 이유는 다시 집중하기 위함이었다. 교통수단의 디지털화는 주문형 모빌리티 서비스에 대한 수요를 더욱 촉발시킬 수 있었다. BMW의 모빌리티 서비스 사용자는 이미 몇몇 앱을 사용해 목적지에 도달하는 최선의 방식을 선택할 수 있다. 여행 중에 자신의 휴대폰을 이용해 실시간 정보라든가 티켓 구매, 차량 예약 및 잠금 해제 등의 안내를 받으면서 말이다. 운전은 확실히 진화하고 있다. 그리고 BMW에서는 그런 진화가 "미래에 우리는 어떻게 이동하게 될 것인가?"라는 큰 질문을 중심으로 일어나고 있다. BMW에서는 자동차가 줄곧 자동차로만 머물러 있지 않을 것이다. 그리 머지않은 미래에 자동차는 스스로 운전하고 모든 것과 연결되는 전기 자동차가 될 수 있다. 그리고 그러한 전환의 일환으로 우리가 자동차라고 알고 있는 것이 그저 사람들을 한 곳에서 또 다른 곳으로 데려다주는 역할에 그치지 않고 훨씬 더 많은 일을 해주는 서비스 제공 주체로 변신할지도 모를 일이다.

BMW는 완전한 모빌리티 서비스를 제공하는 기업으로 서서히 변모하고 있다. 정점에 도달했다고 하기에는 아직 이르다.

메드트로닉

Medtronic

메드트로닉은 전자장비 수리업체로서 출발했다. 병원의 의료기기를 유지보수하는 일이 생명을 살리는 제품, 즉 심장박동기의 발명으로 이어졌다. 현재 메드트로닉은 제품과 서비스 모두를 제공하는 기업으로서 헬스케어 산업의 미래를 이끌고 있다.

현황

설립자	총 매출액
얼 바켄Earl Bakken	306억 달러
설립년도	
1949년, 미국 미니애폴리스Minneapolis	
산업	**규모**
의료기기	150여 개국
헬스케어	78개의 생산시설
	직원 수 9만 명
	21개의 연구개발시설

얼 바켄은 1949년에 처남인 파머 허먼슬리Palmer Hermundslie
와 함께 의료기기 수리점으로서 메드트로닉을 설립했다. 두 사람은 차고
에서 심장 수술 장비를 정비, 수리하는 일을 했는데, 병원 입장에서는 유
지관리 부서를 따로 두지 않아도 되었으므로 매우 이상적인 서비스였다.

처음 몇 해는 매우 힘든 시간이었다. 첫 달 수입이 고작 8달러에 불
과해 다른 수리 일까지 맡아가며 버텨야 했다. 바켄과 허먼슬리는 수리
가 필요한 장비들을 받으러 꽤 많이 돌아다니면서 지역 대학병원 의사
들과 긴밀한 관계를 맺기 시작했다. 그들 중에는 미니애폴리스 의과대
학의 심장외과의로 개심술의 아버지인 월턴 릴러하이Walton Lillehei
박사도 포함돼 있었다. 그와의 만남으로 두 사람은 전환점을 맞이하게
되었다.

1950년대에는 심장박동기가 무거워서 그것을 구동시킬 만한 충분
한 전력 공급을 위해 벽에 붙어 있는 전원에 연결시켜야만 했다. 그래서
번거로울 뿐만 아니라 늘 위험성을 가지고 있을 수밖에 없었다. 그러던
중 1957년에 발생한 정전으로 릴러하이 박사의 어린 환자 한 명이 사
망하는 일이 벌어졌다. 두말할 나위 없이 매우 절망적인 사건이었다.

이 일을 계기로 릴러하이 박사는 자신과 친밀한 관계에 있으며 의

료기기에 전문지식을 보유하고 있었던 바켄에게 심장박동기에 건전지로 전력을 공급할 수 있는 방법을 고민해달라고 부탁했다. 이미 수백 번 넘게 다양한 전자장비를 수리해왔던 바켄은 아이디어와 해결책을 고민하던 중 잘 보이지 않는 것을 포착할 수 있었다. 그는 「파퓰러 일렉트로닉스Popular Electronics」라는 잡지에서 가능성 있어 보이는 해결책을 발견했는데, 바로 메트로놈 회로도였다. 이 회로도에 착안해 바켄은 건전지로 작동되는 최초의 체외형 심장박동기를 만들었고, 1958년에 릴러하이 박사는 그것을 자신의 한 환자에게 연결시켰다.

바켄과 허먼슬리는 심오한 도덕적 목적은 물론 자신들의 과학적 지식과 기업가적 역량을 타인을 돕기 위해 사용하고자 하는 내적 욕구까지도 공유하고 있었다. 그러나 획기적인 심장박동기를 발명했음에도 불구하고 사업 성장을 위해서는 돈을 빌려야만 했다. 메드트로닉의 사명이 무엇인지 묻는 은행들에게 두 설립자는 "통증을 완화시키고 건강을 회복시키며 생명을 연장시켜주는 각종 장비의 연구, 설계, 제조 및 판매에 생체공학을 적용함으로써 인류의 복지에 기여하는 것"이라고 대답했다. 오늘날 메드트로닉은 매초마다 두 명의 삶을 개선시키고 있다.

최초의 이식형 심장박동기는 1960년에 윌슨 그레이트배치Wilson Greatbatch와 윌리엄 차댁William Chardack에 의해 발명되었다. 이 분야에 관하여 방대한 지식을 갖고 있었던 것이 힘이 되어 메트트로닉이 이 새 발명품의 제조 및 판매에 관한 독점권을 획득했다. 이 계약을 통해 메드트로닉은 심장 관련 장비 수리업체에서 독자적 장비 개발업체로 전환했다. 물론 항상 환자를 염두에 두고 말이다.

그러나 심장박동기처럼 정교한 기기조차도 상품이 될 위험성이 있다. 때문에 특별히 헬스케어 서비스 분야에서 비즈니스 모델의 새로운 전환을 고려하고 있던 메드트로닉은 상품 그 이상의 것을 고민하게 됐다. 메드트로닉은 언제나 환자를 비즈니스의 중심에 두었다. 이 말은 곧 메드트로닉의 직원이 병원이 매일 직면하고 있던 각종 어려움을 함께 접하고 있었다는 얘기다. 이것은 메드트로닉이 헬스케어 서비스 전담 사업부인 통합 헬스 솔루션(Integrated Health Solutions, IHS)을 시작하는 계기가 됐다.

새로운 IHS팀이 처음으로 한 일은 메드트로닉의 제품 과정을 따라가는 일이었다. 그들은 메드트로닉의 장비를 구매한 고객들을 방문해 각 첨단 장비들이 어떻게 사용되고 있는지를 확인했다. 러시아에서는 모니터링 장비가 부족해 심장 센터에서 치료받을 수 있는 환자의 수가 극히 적다는 사실을 발견했다. 또 다른 곳에서는 공급 과잉으로 재고가 쌓여 있는 상태였고, 그중에는 사용하지도 않은 상태로 사용 기한이 만료된 것들도 있었다. IHS팀은 여러 지역에서 운영의 효율성 및 성과가 낮다는 결론을 내렸다.

IHS는 병원 및 기타 의료 서비스 제공자들과 함께 일하며 그들이 환자의 치료 결과와 수술 성과를 향상시키고, 또 비용을 절감하고 관리할 수 있도록 돕기 시작했다. 현재 메드트로닉은 IHS 서비스를 통해 수백 곳의 병원 및 의료기관과 파트너십을 맺고 있다. 그리고 이 회사의 비즈니스 모델에서 가장 독특한 점은 전통적인 공급자와 고객 관계를 확장시켰다는 점이다. 메드트로닉의 IHS팀은 고객들과 함께 헬스케어 시스템을 발전시키는 데 있어 적극적 역할을 하고 있다.

통증을 완화시키고, 건강을 회복시키며, 생명을 연장시키다

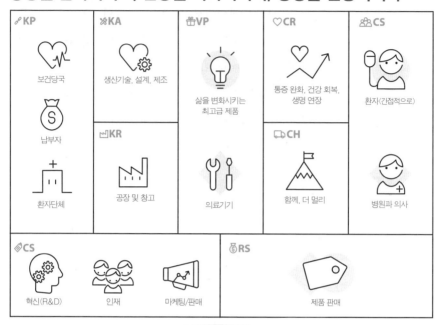

제품 비즈니스 모델

메드트로닉은 사명을 중시하는 제품 비즈니스 모델을 가지고 있다. 이 회사는 30가지 이상의 만성질환 치료에 필요한 의료기기와 치료법을 개발, 마케팅, 판매한다.

설립 이래 줄곧 매우 성공적인 제품 비즈니스 모델을 가지고 있었음에도 메드트로닉은 새로운 가치 창출을 위해 서비스 비즈니스 모델에 투자했다. 전 CEO 오마르 이쉬락Omar Ishrak은 회사의 서비스 및 솔루션 사업이 장기적으로 성장을 지속할 "장기의 노력"이라고 언급하기도 했다. (출처: '함께 더 멀리 2015년 통합성과보고서', 7쪽) 메드트로닉의 비즈니스 모델의 핵심은 양보다는 가치와 환자의 결과로 보답하는 헬스케어 시스템으로의 전환이다. 메드트로닉은 모든 사람의 이익을 위한 이러한 새로운 형태의 가치 창출을 촉진시킬 수 있는 의료기술 개발에 매우 강하다.

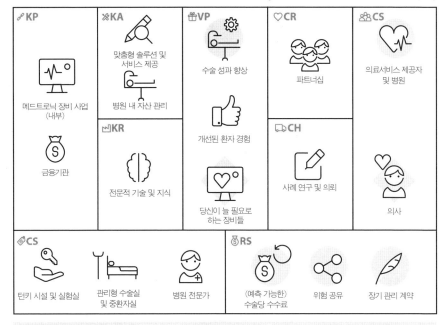

목표 달성!

IHS팀이 병원의 특정 부문을 관리함으로써 의사와 의료 전문가가 중요한 본업에 집중할 수 있다. 즉, 환자를 치료하고 최선의 경험을 제공해주며 그들이 건강하고 활동적으로 계속 삶을 영위할 수 있도록 하는 일 말이다. 제공되는 서비스는 병원 내 자재 관리에서부터 전체 수술실이나 심장 수술 실험실 운영에 이르기까지 다양하다.

관리형 서비스

환자와 기업 모두에게 더 나은 결과를 보장해주는, 맞춤형으로 설계된 관리형 서비스를 제공한다.

롤스로이스 에어로스페이스

Rolls-Royce Aerospace

1904년 이래 롤스로이스는 중요한 동력의 개척자로서 사람들이 제시간에 목적지에 도달할 수 있도록 돕는 일을 하고 있다. 이 회사는 보다 효율적, 안정적, 지속가능한 항공 여행을 가능하게 해줄 최첨단 기술 발견을 위하여 혁신을 거듭하고 있다.

현황

CEO 워런 이스트Warren East	총 매출액 165억 달러 (2018년)
설립년도 1904년	설립자 찰스 롤스C. Rolls, 헨리 로이스H. Royce
산업 자동차, 항공	규모 2만 9,000대 이상의 항공기 엔진 1억 시간 이상의 비행시간
기타 정보 세계 2위 (1위는 제너럴 일렉트릭)	

" 끊임없이 변화하는 세계적 요구에 발맞추기
위해서는 우리의 미래 세대 엔진이 지속적이
고 사려 깊은 혁신에 의해 주도되어야 한다
는 것을 잘 알고 있습니다.

롤스로이스 **"**

1904년 이래 롤스로이스 에어로스페이스는 항공 및 여타 산업을
위한 동력 장치를 설계, 제조, 보급해오고 있다. 보잉 747이나 에어버
스 A380 같은 광동체 항공기를 타본 적이 있다면 당신은 이미 롤스로
이스 제트 엔진에 실려 하늘을 날아본 경험이 있는 것이다. 그러니 롤스
로이스의 고급 자동차에 단 한 번도 발을 들여놓은 적이 없더라도 당신
은 자신도 모르는 사이 이미 '롤스로이스를 타보았을지도' 모른다.

초창기부터 줄곧 항공산업은 까다롭고 (또 경쟁이 심한) 산업이었다.
항공사는 엄격한 환경 및 항공교통 규정을 준수하면서 합리적인 비용
으로 승객을 제시간에 안전히 목적지까지 데려다주어야 한다. 항공산
업 내에서 롤스로이스는 단순히 선두주자인 것만은 아니다. 세계 항공
운송 시스템을 작동시키는 터보팬 항공기 엔진 같은 획기적인 기술들
을 지난 수십 년 동안 계속 개발해왔다. 지금까지 롤스로이스의 엔진을
사용해온 항공사가 17곳도 넘는다. 앞으로 수년 안에 전 세계 광동체
항공기의 절반 이상에 롤스로이스의 엔진이 탑재될 것으로 예상된다.
10년 전만 해도 이 회사의 시장 점유율이 22퍼센트에 불과했던 것을
생각하면 그야말로 대약진이라 할 수 있다.

롤스로이스가 생산하는 것과 같은 항공기 엔진을 설계, 제조, 구매,
관리하는 일은 결코 쉬운 일이 아니다. 그러한 엔진이 얼마나 정교한 것

고성능 제품

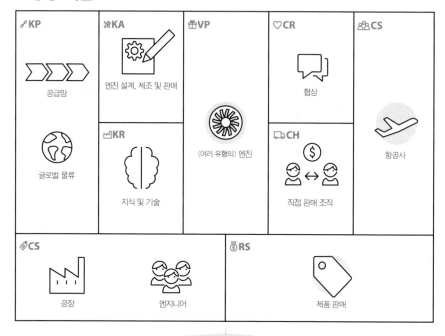

제품 비즈니스 모델

고성능 제품은 협상 과정을 통해 보증과 일정한 유지보수 및 지원 서비스와 함께 고객에게 판매된다. 고객에게는 제품을 정확하고 효율적으로 사용해야 할 책임이 있다.

인가 하면, 단 하나의 엔진을 제조하는 데만 대략 20일이 소요된다. 그리고 물론 그 제조된 엔진의 우수한 작동 상태 유지를 위해서도 전문 지식 및 장비에 의한 세심한 유지관리가 필요하다.

항공기를 최상의 상태로 유지하는 것은 항공사와 항공업체의 의무다. 최근까지 그러한 의무는 최상의 상태를 유지하지 못하는 경우 기업과 고객에게 직접적인 영향을 미칠 수 있는 복잡한 항공기 엔진을 유지관리하는 행위를 의미했었다.

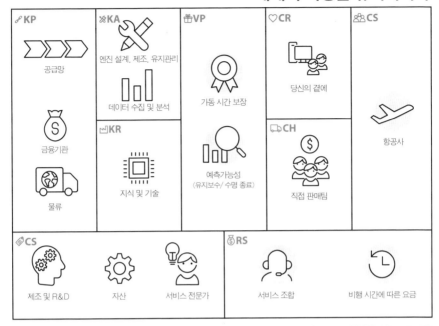

목표 달성!

항공사의 가장 큰 관심은 승객과 화물을 항상 제시간에 목적지까지 데려다주는 것이다. 기술적 측면을 신경 쓰지 않아도 되며 효율성에 집중할 수 있어야 한다는 점이 가장 중요하다. 고객들은 엔진의 성능 유지에 필요한 최상의 서비스 조합인 케어스토어CareStore를 통해 롤스로이스의 혁신적 서비스를 제공받는다.

관리형 서비스

엔진 건전성 관리(Engine Health Management, EHM) 기술이 항공기 엔진 데이터를 지상의 운영센터로 전송해준다. EHM은 가동 시간 및 성능을 보장해준다.

"그래서, 그 일이 이제는 항공사의 몫이 아니라는 건가요?"라는 의문이 생길 것이다. 사실 그 일은 항공사에게 큰 부담으로 작용한다. 어쨌든 항공사의 본업은 운송 사업이지 엔진을 유지, 수리, 점검하는 일이 아니기 때문이다. 그리고 롤스로이스는 이 사실을 잘 알고 있다.

엔진을 판매하는 일은 직접적 판매 전담 조직이 요구되는 까다로운 과정이다. 거래 시에 엔진과 관련된 다양한 기술적 측면이 고려되어야 한다. 항공사는 엔진 성능에 관한 사항 외에도 보증, 약속, 유지보수 및 지원에 관한 모든 것을 알고 싶어한다. 제조사가 추가적인 유지보수 및 지원 서비스를 판매할 수도 있지만, 그것이 장기적 관계를 보장해주지는 않는다.

1962년에 영국의 또 다른 항공기 엔진 제조사 브리스톨 시들리 Bristol Siddeley는 '파워 바이 아워(Power by the Hour)'라는 서비스를 시작했다. 일반적으로 비즈니스용 항공기에 설치되는 바이퍼Viper 엔진을 비행 시간당 고정 요금을 받고 전체 또는 부속품 교체 서비스를 제공하는 것이었다. 덕분에 항공사는 보유 항공기의 비행 시간을 근거로 정확한 비용을 예측할 수 있게 됐다. 무엇보다 더 이상 항공사가 수리 작업이나 새로운 엔진 및 그 부속품 구입 같은 문제에 에너지를 낭비할 필요가 없다는 점이 장점이었다. 엔진과 관련된 모든 것이 브리스톨 시들리의 '파워 바이 아워' 계약으로 관리되는 것이었다. 이 서비스가 인기를 끌게 되자 1980년대에 롤스로이스는 동일한 서비스를 제공하기 시작했고, 항공사에 고정된 엔진 관리 비용으로 장기간에 걸친 서비스를 제공함으로써 제품에서 서비스로의 전환에 성공한 시장 선도기업으로 빠르게 변신했다. 비록 롤스로이스가 '파워 바이 아워'를 상표로 등록하긴 했지만 오늘날 이 용어는 제너럴 일렉트릭과 프랫&휘트니 Pratt & Whitney도 채택한 이 비즈니스 모델의 통칭으로 여겨진다.

오늘날 롤스로이스 수익의 50퍼센트 이상이 이 회사의 서비스 지향적 비즈니스 모델에서 나온다. 또한 롤스로이스의 비즈니스 모델은 고객의 목표 달성을 돕는 가장 좋은 방법이기도 하다. 항공사의 입장에서는 이제 비용과 신뢰성이 예측 가능해지고 엔진 전문 파트너인 롤스로이스에게 성능 보장을 받을 수 있음을 의미한다. 게다가 '파워 오브 아워' 비즈니스 모델은 엔진 및 부품의 비축 필요성을 제거해줌으로써 고객과 공급업체의 목표를 일치시켜준다. 롤스로이스와 그 고객이 함께 비가동 시간을 최소화하고 비용을 통제하는 일에 집중하게 된다.

롤스로이스의 입장에서는 이 비즈니스 모델을 통해 고객과의 관계를 거래 관계에서 보다 진정한 파트너십에 가까운 관계로 변화시킬 수 있었다. 만약 엔진이 고장을 일으킨 경우라면, 가능한 한 빨리 비행기를 하늘로 복귀시키는 것이 롤스로이스와 항공사 모두에게 최선이다.

그 밖의 사례들

다른 사람이 당신의 집에 머무는 동안 당신은 그 사람의 집에서 지내세요.

휴가지에서 지낼 호텔이나 기타 숙소를 예약하지 않아도 된다. 러브홈스와프LoveHomeSwap는 당신과 정반대의 여행을 계획하고 있는 사람들을 당신과 연결시켜준다. 당신이 그들의 집에 머물고, 그 기간 동안 그들은 당신의 집에 머문다.

유럽에서 비행기를 자주 타나요?

여기 당신을 위한 KLM의 플라이트 번들Flight Bundle 서비스가 있다. KLM이 제공하는 이 서비스를 통해 당신은 탑승권을 사전에 예약해놓고 원하는 어느 때든 자유롭게 이용할 수 있다. 올해 세 번 이상 비행기를 탈 예정이라는 것을 미리 알고 있다면 탑승권을 묶어 한 번에 예약함으로써 많은 금액을 아낄 수 있다.

저녁거리를 사기 위해 슈퍼마켓을 방문해야 하는 문제를 헬로프레시HelloFresh가 도와준다. 헬로프레시의 서비스에서 그 주의 다양한 저녁 먹거리 중에서 당신이 먹고 싶은 것을 집까지 배달되도록 할 수 있다.

질록Zilok은 당신이 떠올릴 수 있는 모든 걸 대여할 수 있게 해준다. 개인 렌털부터 비즈니스 렌털에 이르기까지 질록에는 없는 게 없다. 온라인에서 각종 장비, 전자기기는 물론 온갖 명품들을 한 시간이든 하루든 일주일이든 심지어 한 달까지도 대여가 가능하다.

자동차 보험료는 종종 너무 비싸다. 특히 차를 자주 운행하지 않는 사람들에게는 더 그렇다. 메트로마일Metromile 고객이 이용한 만큼만 비용을 지불하는 것이 정당하다고 믿는다. 그래서 페이 퍼 마일Pay-per-Mile 자동차 보험으로 업계에 파문을 일으켰다. 고객이 자신이 운전한 거리를 토대로 보험료를 내기 때문에 한 사람당 일 년에 평균 741달러를 절약하게 된다.

임부복을 서비스로!

패션 구독서비스 르토트Le Tote가 임신한 여성들을 위해 그녀들에게 딱 어울리는 옷을 제공해주는 새로운 서비스를 시작했다. 이 렌털 의류들은 임신 기간 동안 변화하는 체형에 맞춰 디자인된다.

한 번의 구독으로 3만 개의 헬스장을!

똑같은 헬스장에서 똑같은 운동만 계속해서 반복할 필요가 없다. 클래스패스ClassPass는 그 고객들에게 전 세계 2,500개 도시 내 3만 곳의 헬스장을 방문할 수 있는 기회를 제공하고 있다. 각각 다른 활동을 위해 여러 곳에 따로따로 가입할 필요 없이 구독서비스를 통해 당신이 해보고 싶은 경험을 자유롭게 선택할 수가 있다.

세 가지 간단한 사례 연구

간단하고, 신선하고, 빠르고, 명확하다

	설립자	총 매출액	설립년도	규모
1 달러쉐이브클럽 Dollar Shave Club	두빈Dubin, 러빈Levine	2억 달러 이상	2011년, 미국	구독자 320만 명
2 스왑피츠 SwapFiets	버거Burger, 위텐타위스 Uitentuis, 오버스Obers, 더브루인de Bruijn	2,000만 유로	2014년, 네덜란드 델프트Delft	구독자 12만 4,000명
3 렌트더런웨이 Rent the Runway	하이먼Hyman, 플라이스Fleiss	10억 달러 (2019년)	2009년, 뉴욕	고객 900만 명

달러쉐이브클럽: 망가진 경험을 고치다

" 우리는 산업을 혁신하고, 파괴하며, 또 재창
조하기 위해 존재합니다. 그러기 위해서 우
리는 다양하고 뛰어난 인재가 필요합니다.
우리와 함께 갑시다. 재미있을 겁니다.

구인 광고의 홍보 문구
"

마이클 두빈Michael Dubin이 면도날 때문에 좌절한 경험은 한두 번이 아니었다. 면도날은 거의 매일 사용되는 물건인데다 며칠에 한 번 정도는 꼭 갈아줘야 하는 물건이기도 하다. 하지만 면도날은 세상에 발명된 이래로 편의점 또는 약국에 들어가 직접 점원에게 돈을 지불하고 구입하는 것 말고는 다른 좋은 구입 방법이 없었다. 누구나 다 알고 있듯 면도날은 작은 사이즈에 고가라는 이유로 대부분의 가게들이 개방되어 있지 않은 장소에 보관해놓고 있다.

사람들이 공통적으로 느끼는 좌절감은 모임 등에서 좋은 토론 주제가 된다. 그래서 더빈이 친지들과의 어느 모임에서 마크 러빈Mark Levin이 창고에 면도날 몇 박스씩을 쟁여놓고 있다는 사실을 알게 되었고, 두 사람은 자신들의 좌절감을 달러쉐이브클럽 탄생의 계기로 승화시키기로 마음먹었다. 각자 가지고 있는 자금에 스타트업 인큐베이터 사이언스(Science Inc)에게 받은 투자금을 가지고 두빈과 러빈은 고객이 정말 원하는 것이 무엇인지 알아보기 위해 달러쉐이브클럽을 우선 실험적으로 시작했다.

2012년 3월에 두 설립자가 유튜브에 올린 "우리의 칼날은 끝내주게 훌륭합니다!"라는 동영상이 입소문을 타고 퍼져나갔다. 달러쉐이브클럽의 약속은 간단했다. "한 달에 1달러만 내면 고품질의 면도날을 여러분의 현관 앞까지 보내드립니다." 동영상 속의 마이클은 면도에 굳이 필요하지 않은 다른 추가 요소들(면도날 10개, 손전등 등)을 언급하며 자신들의 제안을 확실하게 차별화시켰다. "시간도 깎고, 돈도 깎으세요." 이 아이디어는 곧바로 크게 인기를 끌었다.

결국, 고객들은 배송받은 새로운 면도날을 사용함으로써 더 편하게 면도를 할 수 있었고 그것은 대개 좋은 기분으로까지 이어졌다. 상점을 방문해 점원이 따로 면도날을 꺼내올 때까지 기다릴 필요가 없어졌기 때문에 정말로 시간도 아끼고 일석이조가 아닐 수 없었다. 번거로움 없이 돈도 절약되고 또 늘 깔끔한 모습을 유지할 수 있으니 다량으로 구매해야 해 비싼데다 사러 가기도 힘든 제품에서 어떻게 눈을 돌리지 않을 수 있겠는가. 게다가 면도날 구독은 고객이 매주 면도날을 바꿀 수 있게끔 해주기 때문에 직접적으로 고객 경험을 향상시키는 효과도 있다.

달러쉐이브클럽의 유튜브 동영상이 굉장히 효과가 좋아서 첫날에 벌써 1만 2,000명이 '클럽'에 가입 및 구독할 정도였다. 달러쉐이브클럽은 몇 차례 벤처캐피털의 투자를 받아 빠르게 사업을 확장시켰다. 2014년에 세 번째 자금 조달 시에는 12개의 남성용품을 추가시키며 제품 라인을 확장한다고 밝혔는데, 남성들의 욕실을 '장악'하고자 하는 창업자들의 야망이 반영된 것이었다.

2016년 7월 19일, 유니레버가 달러쉐이브클럽을 10억 달러에 인수했다. 개인 생활용품 회사인 유니레버는 고객과 직접적 연결을 맺어본 적이 없었지만 달러쉐이브클럽의 사업 구상을 신뢰했다. 달러쉐이브클럽에게 이 인수는 남성용 케어 제품 사업에 관한 글로벌 지식 및 경험에의 접근이자 세계화에 대한 야망 성취를 도와줄 재정적 지원을 의미하는 것이었다.

마케팅이 아니라 품질과 편리함에 돈을 쓴다

KP
- 제조업체
- 유통업체
- 유니레버 Unilever

KA
- 스토리텔링
- 비스, 창고 관리, 약속 이행

KR
- 브랜드
- 인재

VP
- 항상 깔끔하게 보이기
- 면도날 구입을 깜빡할 일이 없다.
- 고품질 면도날을 현관 앞까지

CR
- 1달러에 면도날을 사용해볼 수 있다. (무료 배송)

CH
- 웹사이트 및 앱

CS
- 고객(주로 남성)

CS
- 창고 및 유통
- 공장
- 마케팅 및 체험 마케팅

RS
- 추가 물품 판매
- 월 구독

목표 달성!

달러쉐이브클럽은 고객이 중요하고도 자주 해야 하는 일의 성취를 도와준다. 그럼으로써 고객이 최상의 상태로 하루를 시작할 수 있도록 보장해준다.

달러쉐이브클럽은 사업 범위를 확장해 지금은 면도날 이외에도 여러 가지 물품을 제공하고 있다. 현재 400만 명이 넘는 구독자를 보유하고 있는데, 각각의 구독자가 매일 최상의 몸단장을 할 수 있도록 개인화된 서비스를 제공한다. 고객들이 가장 근사해보이고, 가장 좋은 향기를 내며, 또 가장 좋은 기분을 느낄 수 있도록.

소모품

몸단장에 필요한 물품을 의식적으로 떠올려 구입을 위해 점포를 방문해야 하는 상황에서 고객이 필요로 하는 모든 것을 곧장 고객의 현관 앞까지 배달해주는 서비스로.

스왑피츠: 다시는 지각할 일이 없다

> **"** 매달 정해진 요금으로 스왑피츠를 가지세요.
> 우리는 당신의 스왑피츠가 늘 제대로 작동한
> 다는 것을 보장합니다.
>
> **스왑피츠 웹사이트에 게재된 약속**
>
> **"**

델프트에서 한 동료 학생이 금방이라도 고장 날 것 같은 고물 자전거를 타고 지나가고 있었다. 그 모습을 지켜보고 있던 몇몇의 학생들은 기회를 포착했다. '만약에 말이야, 제대로 작동하는 자전거를 늘 쉽게 손에 넣을 수 있다면 어떨까?' 학생들이 찾아낸 답은 자전거가 필요한 사람들에게 자전거와 그 관련된 서비스를 제공하는 구독 비즈니스 모델이었다. "우리는 자전거를 구입하고 또 항상 좋은 상태를 유지할 수 있도록 관리해야 하는 번거로움을 경험해봤습니다. 자전거 고장은 항상 큰 골칫거리죠." 그리하여 그들은 남들보다 빠르게 이 문제를 해결할 수 있었다.

거리의 푸른 물결

2015년 1월, 그들은 도시민들에게 매달 15유로에 자전거를 제공해주면서 스왑피츠 서비스를 시작했다. 만약 자전거가 고장 나면 우선적으로 스왑피츠의 직원이 고객이 있는 곳으로 출동해 바로 수리를 해주고, 그것이 불가능하면 하루 안에 새 자전거로 교환해준다. 스왑피츠의 자전거를 도둑맞은 경우에는 고객이 40유로를 지불하고 즉시 새 자전거를 제공받을 수 있다.

스왑피츠를 시작할 당시 학생 사업가들은 마르크트플라츠Marktplaats(네덜란드의 이베이eBay)에서 중고 자전거와 부품들을 구입, 수리해 1세

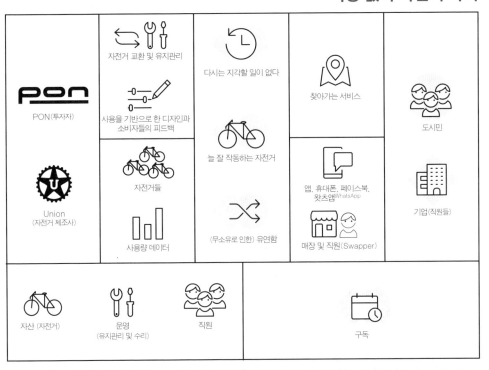

목표 달성!

중고 자전거가 100유로 정도인 것을 고려하면 매월 15유로의 요금은 적지 않은 금액이다. 그러나 많은 사람들이 매달 기꺼이 이 금액을 지불하고 있다. 그 대신 그들은 유연함을 얻고 유지관리의 번거로움으로부터 해방된다. 또한 초기에 큰 지출 없이 바로 자전거를 탈 수 있다는 장점도 있다. 늘 제대로 작동하는 스왑피츠의 자전거가 있으므로 다시는 강의나 데이트 또는 술 약속에 늦을 일도 없다. 하지만 스왑피츠 회사는 고객들과 입장이 다르다. 고객들에게 자전거 서비스를 제공해주기 위해서 초기에 많은 돈을 투자해야 했다.

렌털 또는 리스

스왑피츠는 통근용 자전거의 소유 및 유지관리 주체로서 고객을 위하여, 그리고 고객의 연속적인 자전거 사용을 위하여 열심히 노력한다.

대 스왑피츠 자전거로 탈바꿈시켰다. 특히 앞바퀴를 델프트블루 색상으로 페인트칠했는데, 그것이 오늘날 네덜란드, 벨기에, 독일, 덴마크의 여러 도시에서 거리마다 푸른색 물결이 넘실대는 이유다.

고객과 가까이

스왑피츠는 고객과 밀접하게 연결돼 있는 서비스 회사이다. 이 회사는 고객이 항상 안전하고 잘 작동하는 자전거를 탈 수 있도록 특별한 노력을 기울이고 있다. 고객에게 어떤 불편함은 없는지 직원들이 매일 고객에게 확인한다. 이러한 고객과의 일상적 연결을 통해 고객 경험과 자전거를 설계하는 직원이 계속해서 직접적 피드백을 얻게 된다. 스왑피츠의 디자인팀은 고객을 가까이에 둠으로써 자전거뿐만 아니라 서비스를 끊임없이 향상시킬 수 있었던 것이다.

자전거가 계속 사용될 수 있도록

자전거로 출퇴근이 가능한 도시라면 어디든 방치되거나 부서진 자전거를 쉽게 발견할 수 있다. 도둑맞은 자전거도 많다. 다른 자전거 공유 서비스와 달리 스왑피츠의 고객들은 매일 여기저기 다니며 스왑피츠의 자전거를 사용하기 때문에 '소유'라는 느낌을 공유한다. 그리고 롤스로이스의 '파워 바이 아워' 같은 서비스 비즈니스 모델에서처럼 자전거가 잘 작동하는 상태를 유지해야 할 의무가 스왑피츠에게 있다. 또한 스왑피츠는 디자인 및 제조 파트너인 유니언Union과 협력 관계를 맺고 더욱 견고하고 사용자 친화적인 자전거 설계를 위해 지속적인 업데이트를 시행함으로써 고객들에게 더 나은 서비스를 제공한다. 그리고 스왑피츠는 확실히 보여주고 있다! 고객 중심의 서비스 비즈니스 모델을 통해 학생들에게만 국한되지 않고 고객층을 대폭 확장시켰다. 비록 시작은 겸손하게 150명의 학생들을 대상으로 서비스를 제공했으나 이제는 4개국 60여 곳이 넘는 도시에서 12만 4,000여 명의 고객을 확보할 정도로까지 성장했다. 스왑피츠의 미래는 아주 밝아보인다.

렌트더런웨이:
당신이 입은 만큼만 지불하세요

> 렌트더런웨이 덕분에 패션을 가지고 실험하
> 고 놀 수 있게 됐어요. 이전에는 이 가격에
> 꿈도 꿀 수 없었던 일이에요.
>
> **웹사이트에 올라온 어느 고객의 후기**

근사한 파티에 초대를 받았다. 야호! 하지만 그것도 잠시, 곧 비상이
걸린다. '뭘 입고 가지?' 많은 이들이 '아무리 옷장에 옷이 가득해도 정
작 입을 게 없다는' 불안감에 대해 잘 알고 있다. 2008년에 제니 하이
먼 Jenny Hyman과 제니퍼 플라이스 Jennifer Fleiss가 렌트더런웨이
를 시작하게 된 이유도 바로 그 문제를 직접 겪어봤기 때문이었다. 렌트
더런웨이는 파티 드레스 대여에 초점을 맞춘 서비스다. 하이먼과 플라
이스가 채워주고자 했던 사람들의 욕구는 그들이 생각했던 것보다 훨
씬 더 큰 것이었다. 렌트더런웨이는 현재 다양한 종류의 옷들로 가득한
꿈의 옷장을 제공하고 있다. 심지어 어린이용 파티 드레스도 빌릴 수 있
다. 또한 웨스트엘름West Elm과 파트너십을 맺고 홈인테리어 상품도
대여 중이다.

영리한 옷장

렌트더런웨이가 제공하는 영리한 옷장은 여성들이 세련된 옷을 입
고 자신감을 갖고 외출할 수 있게 해준다. 이 옷장은 여성들이 살고 싶
어하는 삶의 모습에 따라 그녀들의 인생 단계, 취향, 분위기에 맞춰 함
께 변화한다. 렌트더런웨이는 서비스 이용을 극대화시킬 수 있는 철저
한 검수 과정을 갖추고 있다. 고객이 반납한 의복에 얼룩이나 손상이 있

늘 인상적인 옷으로

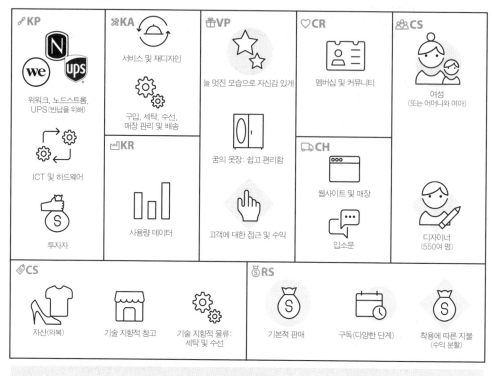

🔑 KP	♻ KA	🎁 VP	♡ CR	👥 CS
위워크, 노드스트롬, UPS(반납을 위해)	서비스 및 재디자인	늘 멋진 모습으로 자신감 있게	멤버십 및 커뮤니티	여성 (또는 어머니와 여아)
ICT 및 하드웨어	구입, 세탁, 수선, 매장 관리 및 배송	꿈의 옷장: 쉽고 편리함	**CH** 웹사이트 및 매장	
투자자	**KR** 사용량 데이터	고객에 대한 접근 및 수익	입소문	디자이너 (550여 명)

📝 CS			💰 RS		
자산(의복)	기술 지향적 창고	기술 지향적 물류: 세탁 및 수선	기본적 판매	구독(다양한 단계)	착용에 따른 지불 (수익 분할)

목표 달성!

큰돈 들이지 않고도 필요할 때마다 내가 원하는 옷을 내 마음대로. 무엇보다, 더 이상 옷을 사러다니지 않아도 된다. 또한 많은 남성들의 큰 고민을 해결해줌으로써 그들에게 삶을 즐길 수 있는 여유를 선사하는 일이기도 하다. 디자이너들에게도 그들이 직접 최신 스타일을 테스트해보고 의상의 핏이라든가 마감, 가격 등을 최적화할 수 있어 훌륭한 가치 제안이 된다.

렌털 또는 리스

데이터를 기반으로 디자이너 브랜드를 직접 소비자와 연결시켜 브랜드와 소비자 모두에게 한 차원 높은 경험을 제공하는 플랫폼.

는지 검사한 후 또 다른 고객에게 대여될 수 있도록 세탁하고 수선한다. 이 회사가 하는 모든 일은 옷을 사는 것보다 빌리는 쪽이 더 쉽고 더 저렴하도록 만드는 일에 초점이 맞춰져 있다. 고객이 바쁠 때 편리하게 물

품을 반납할 수 있도록 위워크WeWork와 노드스트롬Nordstrom에 반
납함을 두고 있다. 또한 여러 곳에 매장을 마련함으로써 고객의 옷장을
더욱 확장시켰다. 둘러보고, 마음에 드는 것을 골라가면 된다.

실사용자를 위한 디자인

제이슨 우Jason Wu나 데릭 람Derek Lam 같은 유명 디자이너들이
렌트더런웨이와 협력하고 있다. 렌트더런웨이는 축적된 데이터를 통해
획득한 지식을 활용해 고객 개개인을 만족시킬 수 있는 방식으로 옷의 핏
이나 스타일 등의 디자인에 변화를 주기도 한다. 전통적 의류업체는 옷이
팔려 나간 뒤 어떻게 사용되는지에 대해 전혀 정보를 얻지 못했었다. 요
즘 점점 더 많은 업체들이 구독 서비스를 도입하는 이유가 이 때문일까?

공유 경제 실천

여성들이 옷을 소유하는 대신 매월 고정된 요금으로 좋아하는 디자
이너의 옷을 입을 수 있다. '클라우드 속 옷장(Closet in the Cloud)'은
여성들이 어떤 장소에서든 근사해보일 수 있게, 또 자신감을 가질 수 있
게 도와준다. 뿐만 아니라 옷이 사실상 여러 번 착용되는 데 큰 역할을
하고 있다.

고객인 여성들이 마치 걸어다니는 광고판과 같은 역할을 함으로써
이 회사는 유기적이고 기하급수적으로 성장했다. 이러한 성장 속에서 렌
트더런웨이는 합리적 운영 능력을 발휘하여 항상 최신 유행 의상을 갖
추고 점점 높아져가는 고객의 요구를 충족시키기 위해 열심히 노력했다.
렌트더런웨이는 여러모로 패션 산업의 지도를 바꾸고 있다. 수십 년 동안
고급 소매점에 집중해왔던 대다수 패션 브랜드들이 오히려 지금은 선지
불 방식이 아닌 착용에 따른 요금제를 수용하며 렌트더런웨이에 의상을
공급해주고 수익을 나눠갖고 있다. 결국 가장 중요한 것은 모든 여성이
각자가 원하는 디자이너의 옷을 입고 빛나보일 수 있다는 것이다.

스스로에게 질문해보기

당신의 제품을 상품화하기에 앞서 당신은 어떤 유형의 프리미엄 서비스 제공자가 될 것인가?

BMW는 스스로를 프리미엄 모빌리티 서비스 제공자로 간주한다. 이미 역사적으로 BMW는 고객이 자동차를 충분히 활용하는 데 도움이 되는 다양한 차량 관련 서비스들을 제공해왔다. BMW와 다임러의 모빌리티 브랜드 유어나우는 현재 6,000만 명 이상의 고객을 확보하고 있다.

고객을 성공적으로 만드는 전담 서비스 비즈니스 모델을 시작함에 있어 어떤 부분에 기회가 있다고 생각하는가?

메드트로닉은 연간 약 300억 달러의 매출을 기록하는 심장박동기로 유명한 기술 회사이다. 얼 바켄은 통증 완화, 건강 회복, 생명 연장이라는 사명을 품고 이 회사를 설립했다. 이 회사는 다양한 서비스로 그러한 사명을 완수하기 위해 통합 건강 솔루션이라는 전담 비즈니스 조직을 갖추고 있다.

어떤 식으로 고객의 사업 운영에 참여해 그 사업이 원활하게 진행될 수 있도록 기여할 수 있을까?

롤스로이스는 고객의 필요와 고객이 성취하고자 하는 목표를 진정으로 이해한다. 항공산업에 있어 제품과 서비스는 떼려야 뗄 수 없는 밀접한 관계다. 디지털 기능의 발전이 모든 고객으로부터 수집된 데이터를 기반으로 비즈니스 모델 및 성과를 지속적으로 개선하면서 한 번에 한 명의 고객에게 서비스를 제공해줄 수 있는 환경을 가능하게 만들고 있다.

교훈 얻기

무엇을 사야 할지 고민할 수밖에 없는 고객의 고충을 해결하기 위해 당신은 클라우드 서비스를 통해 어떤 제품을 제공해줄 수 있는가?

렌트더런웨이는 디자이너 의상 대여 회사로 900만 명의 회원들에게 최신 유행 의상들을 제공해준다. 이 회사의 회원들 중에는 의류 구매 행위를 아예 중단해버린 사람들도 있다.

지독하게 망가져 있는 상태의 고객 경험을 고치기 위해 당신은 어떤 클럽을 만들 수 있는가?

달러쉐이브클럽은 개인적 좌절감을 계기로 시작됐다. 그리고 남성의 욕실을 확 휘어잡을 수 있는 기회를 포착했다. 기억하라, 이 회사의 서비스에서 중요한 건 제품을 고객에게 배송해준다는 것이 아니다. 가장 중요한 건 '클럽 회원들'이 근사해보이고, 좋은 향기를 풍기며, 또 즐거운 기분을 느껴야 한다는 것이다.

고객의 입장에서 소유하기보다 교환받기를 더 원할 것 같은 제품은 무엇일까?

스왑피츠는 단순한 관찰에서 시작되었다. 자전거가 고장 나면 학생들은 큰 불편을 겪는다. 강의 또는 친구들과의 약속에 늦을지도 모른다. 알고보니, 매월 요금을 지불하더라도 고장 난 즉시 교체받을 수 있는 자전거 대여 서비스를 원하는 사람은 (학생들 말고도) 아주 많았다.

과감한 서비스
실행 단계들

1 서비스 정신으로 무장하라

고객은 서비스 회사에게 더 많은 것을 기대한다. 그러므로 끊임없이 더 나은 고객 경험을 위한 방법을 (과감하게) 고민 또 고민해야 한다.

진정으로 고객에게 봉사하라. 고객을 만족시킬 수 있는 서비스를 제공하고 약속을 지키기 위해 필요한 모든 것을 행하라.

2 목표 달성에 집중하라

고객이 본업에 집중할 수 있도록 보장하라. 당신은 고객의 또 다른 중요한 업무 처리를 위해 고용된 것이나 마찬가지다.

고객이 원하는 일에 집중하고 그 일을 아주 성공적으로 해내라. 그리고 당신이 고객을 위해 무엇을 하고 있는지 고객과 소통하라.

3 자산에 투자하라

더 이상 자산 판매는 유효하지 않다. 당신의 회사는 자산에 투자하고 고객은 당신의 서비스에서 이득을 얻는다.

재무 상태를 따질 때 제품 관점에서 보지 말라. 올바른 지표를 참조하고 장기적으로 서비스 전달에 자산을 투자하는 길을 고민하라.

이 전환을 이끌어갈
고도의 전략적 선택들

4 관계를 맺어라

서비스를 판매하고 전달하는 데 긴밀한 관계를 맺는 것은 매우 중요하다. 그래야만 당신이 고객의 업무와 그 구조를 상세하게 이해할 수 있다. 단지 서비스만 전달하지 말라. 인간적인 관계로 고객을 사로잡아라. 고객과 자주 교류하라. 고객이 필요로 하는 또 다른 서비스를 발견하게 될지도 모른다.

5 다양한 파트너와 협력하라

서비스 비즈니스 모델에는 유동적인 부분이 많다. 모든 것이 잘 조화되고 또 서비스가 합의된 수준에서 제대로 이루어지고 있는지 확인할 필요가 있다.

핵심적인 것과 그렇지 않을 것을 파악하라. 핵심적이지 않은 부분을 해결할 수 있는 파트너들과 협력하라. 최고의 결과물을 고객에게 전달하는 일에 온 신경을 집중시켜라.

6 늘 갱신하라

서비스 계약에는 종료일이 있다. 또는 계약이 해지되는 경우도 있을 수 있다. 전체 계약 기간 동안 고객과 늘 연결된 상태를 유지하는 것은 중요하다. 현재 제공 중인 서비스를 정기적으로 평가하라. 늘 갱신된 서비스로 고객과의 연결을 잃지 않기 위해서 당신이 피드백을 얻을 수 있는 방법이다. 그리하여 얻게 된 통찰력을 바탕으로 당신의 서비스를 혁신하라.

매출을 발생시키고 수익을 내는 행위는 결과일 뿐이지 결코 목표가 될 수 없다. 기업이 고객 가치를 저하시키거나 일관성 없이 행동함으로써 이해관계자를 등한시한다면 그것이 장기적으로는 주주 가치를 파괴하는 결과로 나타날 것이다.

주주에서
이해관계자로

주주 ▶▶▶ 이해관계자

이해관계자 전환은 고객, 직원, 파트너, 사회, 투자자 등 모든 이해관계자의 가치가 동시에 창출되도록 하는 것을 목표로 삼는 비즈니스 모델 전략이다. 이 비즈니스 모델은 모든 이해관계자가 한 명도 빠짐없이 각자의 목표를 달성할 수 있도록 적극적으로 그들을 참여시킨다. 그 결과 고객은 훨씬 더 큰 만족감을 얻게 되며, 직원은 고객에 대한 서비스와 고객의 장래 요구를 충족시킬 수 있는 혁신에 전념하게 된다. 또한, 파트너는 비즈니스의 성장을 이끌 협력 사업에 투자하게 되고, 사회는 이러한 전환을 수용하는 기업을 환영한다. 그러한 기업이 공동체에 긍정적 영향을 미치기 때문이다. 마지막으로, 하지만 절대 과소평가할 수 없는 효과로, 이해관계자 전환에 성공한 기업은 투자자들에게도 사랑을 받는다. (『위대한 기업을 넘어 사랑받는 기업으로』에 따르면) 장기적으로 볼 때 그러한 기업이 이익을 추구하는 기업보다 5~8배는 더 성공적이기 때문이다. 여기에 소개된 기업들을 보면 알 수 있듯이, 주주들을 위한 단기적 이익을 우선시하는 기업에서 모든 이해관계자를 위한 장기적 가치를 우선시하는 기업으로의 전환은 끊임없는 노력을 필요로 한다.

전환 사례들

대
/ 유니레버

중
/ 블랙록BlackRock
/ 탐스슈즈TOMS Shoes

소
/ 시플라Cipla
/ WE.org
/ 토니스 초코론리
  Tony's Chocolonely
/ 스타벅스Starbucks

장기 증권 거래소(Long-Term Stock Exchange)는 주식 거래의 장 그 이상입니다. 장기적 비전을 가진 회사와 그 비전을 신뢰하는 이해관계자들 간의 새로운 관계를 구축할 수 있는 기회입니다. … 지금의 기업들은 미래를 포용하는 그들의 현명한 선택(직원들에 대한 투자, 미래 성장의 씨앗, 혁신 등을 위한 선택)에 대한 보상으로 공모 시장을 누릴 자격이 충분합니다.

출처: longtermstockexchange.com

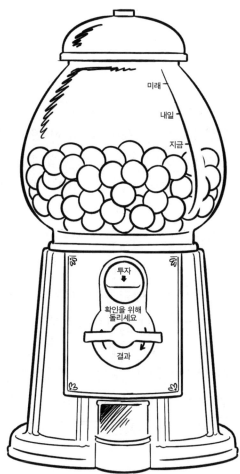

단기주의

상장 기업 대부분은 그 어떤 목표보다 주주의 이익을 우선으로 생각한다. 그리고 대부분의 주주들은 당장 아니면 적어도 다음 분기 안에는 결과와 보상을 확인하고자 한다. 그러한 단기주의적 재무성과 요구는 가치 지향적 사업 성장에 전혀 도움이 되지 않는다.

단기주의하에서는 고객에게 유리한 결정과 가치가 탄생할 수 있는 견고한 기반이 자리 잡을 수가 없다. 또한 단기주의는 현재 비즈니스(모델)의 점진적 개선을 뛰어넘는 혁신을 죽이는 경향이 있다. 단기적 사고(및 행동)가 종종 사회에게 부담을 지우는 환경 파괴와 같은 외부비용을 수반한다는 사실은 더 말할 것도 없다. 반면에 장기적 관점에서 혁신과 성공할 수 있는 여건 조성을 위해 과감히 분기별 보고서를 포기하는 상장 기업도 적지 않다. 당신은 주주들에게 "제 방식이 마음에 들지 않으면 다른 곳에 투자하시면 됩니다."라고 말할 수 있는 용기가 있는가?

전략적 질문들

당신은 경영진 또는 이사회의 일원으로서 고객과 직원, 파트너 및 사회의 이익보다 주주의 이익을 우선시하는가? 그런 편협한 관점이 당신의 기업 운영 자격을 유지시켜줄 수 있다고 생각하는가? 그런 시각이 고객 응대 방식과 직원들의 업무 자세에 어떠한 영향을 미치고 있다고 생각하는가? 어떻게 개선할 생각인가? 당신의 이해관계자는 누구이며, 그들 모두를 위한 가치는 어떻게 창출할 수 있는가? 당신의 이해관계자를 관심 밖에 두지 말고 그들 모두에게 이익이 되도록 (비즈니스의) 범위를 확장시키면 어떨까? 이러한 전환을 시도 중이거나 이미 전환에 성공한 기업으로부터 무엇을 배우고 응용할 수 있을까?

주주에서 이해관계자로

주주 비즈니스 모델은 주주에게 돌아가는 이익을 극대화하는 방향으로 설계된다. 대체로 외부비용에 대한 고려 없이 고객에게 가능한 한 많은 제품을 최고의 마진에 판매하는 효율적 운영이 경영진의 최고 관심사다.

> **"**
> 이해관계자 비즈니스 모델은 기업의 모든 이해관계자 (및 사회 전반)에게 가능한 한 많은 가치를 창출하도록 설계된다. 모든 이해관계자가 한 사람도 빠짐없이 완전하게 참여하도록 만드는 일이 경영진의 역할이다.
> **"**

마진율 높은 판매

고객들은 일반적이거나 구체적인 욕구를 가지고 있고, 그들이 구매하는 제품이 그러한 욕구를 만족시킨다. 고객과의 관계는 충성도가 부족하다. 주주 비즈니스 모델에서는 제품 판매가 누가 그 제품을 구매하는지 아는 것보다 더 중요하다. 이 비즈니스 모델은 무조건 높은 마진에 제품을 판매하는 것이 전부나 마찬가지다. 수익은 주주에게 환원되고 그 일부가 더 많은 고객 확보를 위한 공격적 마케팅에 투자된다.

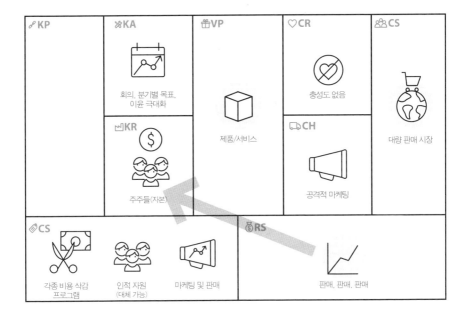

이윤 극대화

주주 비즈니스 모델에서 핵심 활동은 분기별 목표를 설정하고 매번 반드시 그 목표를 달성하는 일이다. 기업은 단지 수익 목표 달성을 위해 고객과의 거래를 성사시키는 것에 집착한다. 만약 매출액만으로 재정적 목표 달성이 불가능한 경우에는 회사의 재무 건전성이 좋아보일 수 있도록 각종 비용 삭감 프로그램이 발동된다. 이 비즈니스 모델을 가진 기업들이 목표 달성을 위해 이용하는 또 다른 방법이 있는데, 바로 대차대조표를 좋게 보이려는 목적에서 다른 회사를 인수해 그 수익을 자신의 것으로 흡수하는 방법이다.

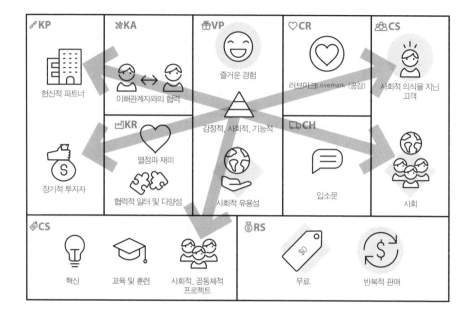

고객 서비스 그 이상을 위해

이해관계자 비즈니스 모델은 고객에게 제품 또는 서비스를 제공함으로써 동시에 기능적, 사회적, 감정적 욕구를 충족시켜준다. 고객 관계는 공감이라는 단어로 특징지어지는데, 그 결과 고객이 회사에 감정적으로 애착을 느끼게 된다(종종 기업의 '러브마크'로 일컬어짐). 대체로 판매가 반복적으로 발생하며, 고객 유치 또한 주로 입소문을 통해 이루어진다.

모든 이해관계자들의 참여

이 비즈니스 모델의 핵심 활동은 고객을 기쁘게 하는 일이다. 이러한 목표를 위하여 직원들은 고객에게 공감하고 또 고객을 행복하게 만들기 위해 필요한 모든 자질을 갖출 수 있도록 지속적으로 교육과 훈련을 받는다. 또한 그들은 평균 이상의 연봉을 받으며 다양한 파트너와의 협업을 즐긴다. 파트너들은 가치를 창출하고 전달하는 과정에 완전히 참여하고 있으며, 그럼으로써 각자의 비즈니스를 성장시킬 수 있다. 투자자들은 혁신 및 공동체적 프로젝트에 대한 투자가 장기적으로 높은 자본 수익으로 이어질 거라는 믿음과 인내심을 가지고 있다.

패턴들

 ## 도움이
절실한
이들에게
서비스하라

도움이 절실한 이들을 위한 서비스는 현재 시장의 서비스가 충족시켜 주지 못한 사람들의 욕구를 해결해준다. 이 패턴은 가치를 창출하고 전달하는 데 혁신적인 접근법을 사용함으로써 다른 기업 또는 정부가 소홀히 취급하는 고객층을 노리는 방식이다.

예: 시플라

 ## 개발
도상국을
부양하라

이 패턴은 개발도상국의 지역사회 및 소비자들에게 더 나은 미래를 선사한다. 이 패턴을 도입한 기업들은 소비자들에게 저렴하면서도 고품질의 제품 및 서비스에 대한 접근성을 제공한다. 이들 기업은 그 지역사회에 속한 주민들에게 시장 접근성뿐만 아니라 훌륭한 소득의 기회도 제공해주게 된다.

예: 유니레버, 힐넷Hilnet, 지속가능한 사우스브롱크스Sustainable South Bronx

원 포 원
One for One

이 패턴은 비즈니스 모델의 중심에 기부라는 개념을 끼워넣는 것이다. 어느 한 유형의 고객(주로 부유한 고객층)이 제품을 구입하면 그 판매된 제품의 가치가 또 다른 유형의 고객(도움이 필요한 사람들)에게도 나눠지게 된다.

예: 탐스슈즈, 레모네이드Lemonade, 워비파커Warby Parker

선행을 강요하라

이걸 사서 날 도와줘요!

이 패턴은 공동의 목적을 위해 사람들의 적극적 행동을 유도하는 것과 관련 있다. 이 패턴이 제시하는 가치 제안은 사람들이 사회적 기업의 사명에 참여하도록 동기를 부여한다. 이러한 가치 제안에 필요한 자금은 기부자, 후원자, 기업들에 의해 조달된다. 또한 이 패턴을 도입한 기업들은 사회를 변화시키는 사명을 지닌다.

예: 블랙록, We.org, 스타벅스, 토니스 초코론리, 더바디샵The BodyShop, 브라우니스앤다우니스Brownies and Downies

유니레버는 공동 번영의 가치를 기반으로 설립되었다. 그동안 유니레버는 사회를 이롭게 하는 수많은 제품들을 출시해왔다. 10년 넘게 과감히 다중 이해관계자 비즈니스 모델을 발전시켜온 유니레버는 지속가능성 부문에서 선도기업으로 자리 잡았다.

유니레버

Unilever

현황

설립 기업 마르하리너 위니Margarine Unie, 레버 브라더스Lever Brothers	총 매출액 520억 달러 (2019년)
설립년도 1929년, 영국	
산업 분야 소비재 사업	규모 400개 브랜드, 190개국, 직원 수 15만 5,000명 (2019년)

1929	1930-2000	2004
설립	해외 확장	활력

유니레버는 네덜란드 기업 마르하리너 위니와 영국 기업 레버 브라더스의 합병으로 탄생했다.

일부 브랜드를 처분하는 한편 브랜드 포트폴리오의 확장 및 다양화에 힘썼다. 2000년에 사회적 기업 벤앤제리스 Ben & Jerry's를 인수했다.

'삶에 활력을 불어넣다'라는 생각을 중심으로 발전시킨 유니레버의 브랜드 아이덴티티는 회사의 다양한 브랜드와 가치를 대표하는 25가지 상징을 의미한다. 유니레버의 브랜드 도브Dove가 인종, 체형을 불문하고 모든 여성에게 초점을 맞추는 리얼뷰티Real Beauty 캠페인을 시작했다.

> "
> 우리가 방향을 바꾸지 않으면 2050년까지 소비재 부문 전체의 이익이 소멸될 수 있음을 여러 모델들은 시사하고 있습니다.
>
> **파울 폴만Paul Polman, 리우+20 정상회의에서**
> "

공동 번영

유니레버는 4개의 마가린 제조회사가 합쳐진 마르하리너 위니와 질병 예방 및 개인 위생 증진에 기여할 목적으로 비누 사업을 시작했던 레버 브라더스, 이 두 회사의 결합이다. 두 기업 모두 사회의 이익 창출이라는 야망을 품고 있던 회사들이었다. 실제로, 레버 브라더스는 사회의 이익이 회사의 직원들에게서 시작된다는 믿음을 갖고 있었다. 공장이 가동되기도 전인 1887년에는 직원들에게 높은 삶의 질을 제공하기 위해 포트 선라이트Port Sunlight라는 마을을 조성했다. 또한, 주 6일 근무제를 위해 투쟁했으며 영국에서 연금제도를 선도적으로 실시했다. 1929년에 마르하리너 위니와 레버 브라더스가 합병해 유니레버가 탄생했다.

1996년에 세계 자연 기금(World Wide Fund for Nature, WWF)과 유니레버는 어류 자원의 감소 및 남

2007	**2008**	**2009**	**지속가능한 삶 계획**

열대우림동맹
Rainforest Alliance

2015년까지 립톤Lipton과 피지팁스PG Tips를 위해 지속가능한 차 공급이 이루어지도록 하기 위한 파트너십이다. 3만 8,000곳 이상의 소규모 소작농가로 하여금 열대우림동맹 인증을 획득하도록 함으로써 차를 재배하는 노동자 17만 5,000명의 작업 환경 개선에 기여했다.

그린팜
Green Palm

2015년까지 모든 팜유를 지속가능한 공급원에게만 공급받기로 결정했다.

파울 폴만
Paul Polman

파울 폴만이 회사 외부에서 영입한 첫 번째 CEO가 되었다.

2010년 11월에 지속가능한 삶 계획이 시작되었다. 이 계획에는 2020년까지 달성해야 할 3대 지속가능성 목표가 제시되어 있다.
1) 10억 명 이상의 건강과 복지를 향상시킨다.
2) 환경에 미치는 영향을 절반으로 감소시킨다.
3) 수백만 명의 생계를 증진시킨다.

주주 비즈니스 모델

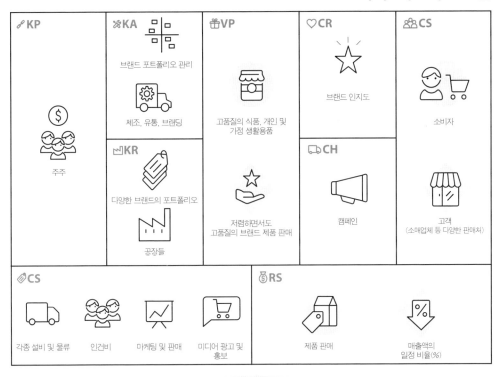

주주 비즈니스 모델

2000년대에 유니레버를 전반적으로 지배했던 재무적 성과 중심의 비즈니스 모델로 주주 이익의 극대화를 목표로 다수의 합병, 인수, 매각이 진행되었다.

2010

공정무역

벤앤제리스가 2013년까지 공정무역 인증 원료만을 공급받기로 약속했다.

2011

닭장 밖에서 풀어놓고 키운 닭이 낳은 달걀

유니레버는 마요네즈, 벤앤제리스의 아이스크림 등 전 제품에 닭장 밖에서 풀어놓고 키운 닭이 낳은 달걀만을 사용하기로 약속했다. 이 약속은 업계 전반에 파급 효과를 일으켜 닭장 밖에서 풀어놓고 키운 닭이 낳은 달걀의 이용 증대로 이어졌다.

2012

플라스틱

2015년까지 개인 생활용품에서 미세 플라스틱 사용을 점진적으로 줄여나가기로 결정했다.

> **"**
>
> 우리 사회가 직면한 여러 문제들은… 해결이 시급하고 복잡합니다. 우리 회사만의 변화로는 충분하지 않아요.
>
> 유니레버 CEO (2009–2018)
> 파울 폴만
>
> **"**

획 문제를 해결하기 위해 해양 관리 협의회(Marine Stewardship Council)를 설립했다. 해양 관리 협의회는 지속가능한 어업 계획을 수립하기 위해 다양한 어업 및 수산업 주체들과 협력하는 단체로 그린피스 Greenpeace와 공동으로 천연냉매를 사용하는 아이스크림 제조기를 개발하기도 한다. 이러한 협력 관계는 물론 스스로의 진취적 노력으로 유니레버는 선도기업으로 우뚝 자리 잡았다.

이렇듯 사회적 책임 및 환원 의식을 기반으로 설립된 유니레버도 2000년대 중반까지 장기적 가치 창출이 아니라 단기적인 분기별 성과에 집중하는 관행에 빠져 있었다. 2009년에 새로 CEO에 취임한 파울 폴만은 그러한 관행에 제동을 걸었다. 폴만은 분기별 보고에 치중하는 관행이 단기주의로 이어진다고 믿었다. 그는 그러한 관행을 끊고, 앞을 내다보는 혜안과 탁월한 지도력을 발휘해 유니레버에 변화를 허용했다.

2015

유엔 지속가능 발전 목표

유엔에서 지속가능 발전 목표를 공표했다. 유엔이 설정한 지속가능 발전 목표 17개 중 15개가 지속가능한 삶 계획에 내포돼 있는 것으로 유니레버를 비롯한 그 자회사들은 2030년까지 탄소 포지티브 실현이라는 대담한 목표를 제시했다.

지속가능한 삶을 표방하는 브랜드

유니레버 성장은 절반이 지속가능한 삶을 표방하는 브랜드들 덕분이다. 이들 브랜드는 다른 사업 부문에 비해 성장 속도가 빠르다. 어린이들이 주체가 되어 벌인 1일 2회 양치를 위한 구강 건강 캠페인에는 7,100만 명이 참여했다. 수백만 명의 소비자들이 식품이 어떻게 지속가능한 원료를 공급받고 있는지(헬만스Hellmann's 마요네즈, 브라이어스Breyer's 아이스크림), 수십억 리터의 물이 어떻게 절약되는지(OMO 세탁 용품들) 등을 확인하기 위한 다양한 캠페인에 참여했다.

유니레버의 농촌 지역 소비자들

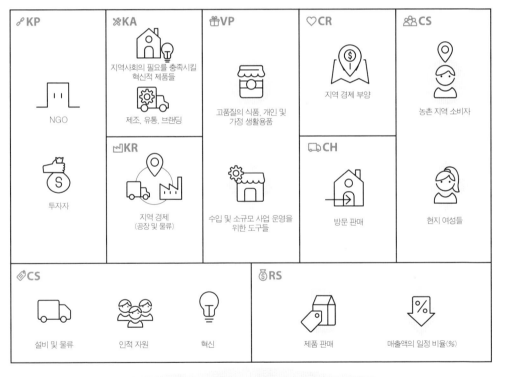

개발도상국 경제 부양

여성들이 방문판매 같은 소규모 사업 운영으로 지역 경제에 이바지할 수 있게 함으로써 유니레버 브랜드에 대한 접근성을 제공한다.

달러쉐이브클럽 포트폴리오 업그레이드

유니레버는 달러쉐이브클럽을 10억 달러에 인수해 고객과의 직접적 채널 및 관계를 가지고 있는 브랜드 포트폴리오에 추가했다.

허브티 제조업체 푸카 허브Pukka Herbs를 인수하고, 마가린과 스프레드 사업부를 68억 유로에 투자회사인 KKR에 매각했다.

유니레버는 브랜드 포트폴리오 비즈니스 모델의 관리하에 사회적 이익을 가져다주는 다양한 제품들을 출시함으로써 공동 번영을 꾀한다는 생각을 기반으로 설립되었다. 유니레버의 다양한 브랜드에서 개발된 제품들이 유니레버의 수많은 고객들, 즉 소매업체나 기타 여러 판매처를 통해 판매된다.

유니레버의 주요 활동은 식품, 개인 및 가정 생활용품 분야의 다양한 브랜드 포트폴리오를 관리하는 일이다. 각 브랜드의 핵심 활동은 브랜딩, 판매, 유통, 그리고 고품질 제품의 개발, 제조 업무로 나누어진다.

지속가능한 삶 계획

폴만의 리더십 아래 유니레버는 전 사업 부문에 걸쳐 혁신을 불어넣기 위해 사회적, 환경적, 재무적으로 공격적인 목표들을 공언했다. 그러한 목표들은 비누나 치약, 안전한 식수 같은 제품들 그 이상의 원대한 포부를 내포하고 있다. 폴만은 하루 두 번의 양치라든가 더 건강한 음식의 섭취, 운동 등 유니레버가 사람들의 습관 변화를 이끌어낼 수 있다고 믿는다. 여러 가지 면에서 폴만의 이상은 단순히 사람들이 더 쉽게 손을 씻을 수 있게 함으로써 전 세계의 건강 및 위생에 기여하겠다는 목적에

2017

●

크래프트하인즈
Kraft-Heinz

유니레버는 크래프트하인즈의 1,430억 달러 인수 제안을 거절했다. 규모로 볼 때 유니레버에 한참 못 미치는 크래프트하인즈는 비용과 재무적 성과만을 중시하며 온전히 주주 이익의 극대화에 집중하는 기업이었기 때문이다. 유니레버가 표방하는 모든 것과는 정반대였다.

서 개발된 비누로 시작됐던 유니레버의 초창기 사명과 통한다.

신흥 시장들

유니레버의 제품 개발은 항상 소비자의 필요를 이해하려는 노력에서 시작한다. 예를 들어, 유니레버의 제품 매니저들은 인도의 농촌 지역에 거주하는 여성들도 전 세계 다른 여성들과 마찬가지로 뷰티 제품에 똑같이 관심을 가지고 있음을 발견했다. 하지만 여러 면에서 농촌 지역에는 뷰티 제품들에 대한 접근성이 부족한 게 사실이다. 또한, 농촌 지역의 시장은 꼭 점포가 아닌 개인에 의해서도 제품의 판매가 이루어진다는 점에서 선진국 시장과는 다르게 작동한다.

유니레버의 제품 매니저들은 그러한 농촌 지역에 머물면서 현지 여성들을 해당 지역의 방문 판매원으로 교육시켰다. 시시한 사업이나 작은 시장이 결코 아니었다. 2015년에 인도의 마을 16만 5,000곳에서 활동 중인 방문 판매원의 수는 7만 명으로까

> "
> 우리는 지속가능한 비즈니스가 뛰어난 성과를 가져올 뿐만 아니라 장기적으로 우리의 모든 이해관계자를 위한 가치를 창출하는 유일한 방법이라고 믿습니다.
>
> **유니레버 홈페이지에 소개된 전략**
> "

100퍼센트 재생 가능　　　나침반 전략

오대륙에 존재하는 유니레버의 시설들
이 100퍼센트 재생 가능 전력망에 의
해 작동하게 되었다. 2020년까지의 목
표를 일찍 달성했다.

지속가능성 및 이해관계자 중심의 정
신은 유니레버가 진행하는 전 사업 영
역에 내재돼 있다.

지 늘어나 있었다. 해당 여성들은 유니레버로부터 재고 관리 등 기타
사업적 편의를 도와줄 스마트폰 앱뿐만 아니라 돈을 벌고 또 지역 경
제에 이바지할 수 있는 새로운 기회를 제공받은 것이다. 이러한 개념
은 방글라데시, 베트남, 스리랑카, 이집트 등 기타 여러 국가에서도 다
양한 모습으로 실현되어왔다.

　이 비즈니스 모델은 필요와 예산에 맞는 고품질의 식품, 개인 및
가정 생활용품을 필요로 하는 개발도상국 시장 내 소비자들에게 초점
을 두고 있다.

　고객이자 판매 채널로서 기능하는 현지 여성들이 방문판매로 제
품을 유통시키면서 제품 판매당 일정 수수료를 번다. 농촌 사회와 소
비자들의 지역적 필요를 충족시켜줄 수 있는 혁신이 핵심 활동이다.
이 모델에서 파트너인 NGO들은 지역 경제 부양을 돕는 한편 이 비즈
니스 모델을 다른 지역에 전파하는 역할을 한다.

업계를 변화시키다

　세계 최대의 식품 기업 중 하나인 유니레버가 취급하는 원재료의
절반가량은 농업에서 나온다. 즉, 홍차, 토마토, 말린 양파, 마늘 같은 농

미래

탄소중립

2030년까지 전 영역에서 탄소중립
을 달성하는 것이 유니레버의 목표이
자 비전이다.

다중 이해관계자 비즈니스 모델

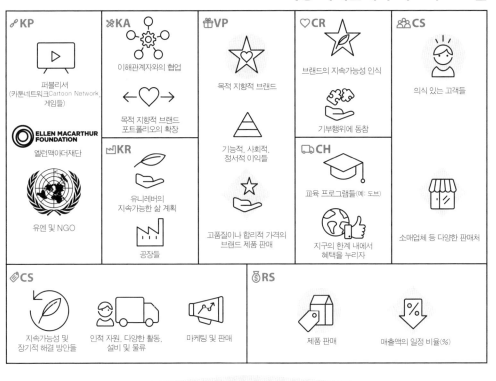

⚲ KP	✳ KA	🎁 VP	♡ CR	👥 CS
퍼블리셔 (카툰네트워크Cartoon Network, 게임들) ELLEN MACARTHUR FOUNDATION 엘런맥아더재단 유엔 및 NGO	이해관계자와의 협업 목적 지향적 브랜드 포트폴리오의 확장 ⚲ KR 유니레버의 지속가능한 삶 계획 공장들	목적 지향적 브랜드 기능적, 사회적, 정서적 이익들 고품질이나 합리적 가격의 브랜드 제품 판매	브랜드의 지속가능성 인식 기부행위에 동참 🚚 CH 교육 프로그램들(예: 도브) 지구의 한계 내에서 혜택을 누리자	의식 있는 고객들 소매업체 등 다양한 판매처

✎ CS			🔔 RS	
지속가능성 및 장기적 해결 방안들	인적 자원, 다양한 활동, 설비 및 물류	마케팅 및 판매	제품 판매	매출액의 일정 비율(%)

선행을 강요하다

이윤을 추구하면서도 경제, 사회, 환경에 광범위한 영향력을 발휘하
고자 하는 전 세계 사회적 기업들에게 영감을 주고 있는 지속가능한
비즈니스 모델의 신유형이다.

작물을 가장 많이 구매하는 회사들 속에 유니레버가 포함돼 있다. 또한 유니레버는 플라스틱을 가장 많이 사용하는 기업이기도 하다. 하지만 폴만이 이끄는 유니레버는 유니레버를 현상 유지만을 꾀하며 정체돼 있는 회사로 보고 있지 않다. 유니레버의 지속가능한 삶 계획은 자사뿐만 아니라 업계 전반을 변화시키고자 하는 대단한 야망이다.

고객의 습관을 변화시키다

또한 유니레버는 더 우수하고 더 지속가능한 제품을 만듦으로써, 그리고 소비자들이 그 제품을 다르게 사용하도록 권장함으로써 환경에 미치는 영향을 감소시키는 데 기여할 수 있다고 믿는다. 예를 들어, 의류 세탁에 사용되는 제품들이 환경에 엄청난 악영향을 미치는 것이 사실이기는 하나 유니레버는 물 부족 지역을 위해서 컴퍼트 원 린스Comfort One Rinse 섬유유연제 같은 제품들을 개발 중이다. 물이 부족한 곳에선 보통 손세탁을 많이 하는데, 컴퍼트 원 린스를 사용하면 세탁 시 원래 물 세 통이 들어갔던 것을 단 한 통으로 줄일 수 있다.

순환 경제

이해관계자 지향의 지속가능한 비즈니스 모델을 채택하고 있는 유니레버가 엘런맥아더재단(Ellen Mac Arthur Foundation, EMF)의 글로벌 파트너로서 순환적 전환 또한 주도하고 있다고 보는 것은 당연하다. 환경에 미치는 영향을 절반으로 줄이겠다는 목표를 달성하기에 앞서 유니레버는 지속가능성을 순환성으로까지 확장시켜야 한다. 유니레버의 계획은 25억 명에 이르는 일일 사용자들이 보다 지속가능한 삶을 살 수 있도록 지원하는 동시에 자사의 글로벌 공급망을 더욱더 지속가능하게끔 바꿔감으로써 그 지속가능성 목표를 달성한다는 것이다. 그것이 굉장히 어려운 일임은 더 말하지 않아도 알 것이다.

포부	지속가능한 비즈니스의 선두	10억 명이 넘는 사람들의 건강 및 복지 향상	수백만 명의 생계 증진	환경에 미치는 영향을 절반으로 감소
에너지	한 차원 높은 목적	직원들	협업	소비자 및 고객
정보	지속가능한 삶 계획	발전상에 대한 보고	독창적 캠페인	스토리텔링(전도)
운영	지속가능한 공급망 실천	표준 설정	장기적 투자자들	신흥시장들을 위한 혁신

　다중 이해관계자 비즈니스 모델에는 두 가지 고개 유형이 있다. 첫 번째 고객 유형은 지속가능성에 대한 염려에서 제품 구매 시 보다 신중한 선택을 하려고 하는 의식 있는 소비자다. 또 다른 유형은 전 세계에서 유니레버의 제품들을 판매 중인 소매업체 등 유니레버의 다양한 고객처들이다.

　이 비즈니스 모델의 왼편은 지속가능한 삶 계획이라는 목표 달성을 위해 이해관계자와의 협력에 중점을 두고 있다.

단기주의에 마침표를 찍다

기업을 이끄는 것은 목적이 될 수도 또는 이윤이 될 수도 있다. 파울 폴만에 의하면 이윤 극대화를 위해 주주의 필요만을 좇는 기업은 스스로를 지탱할 수 없으며 오래 지속되는 차이를 만들어낼 수도 없다. 2019년 4월에 YPO(Young President's Organization: 전 세계 최고경영자들의 리더십 커뮤니티-옮긴이)의 사회적 참여 네트워크에 의해 500여 명의 비즈니스 리더들을 대상으로 개최된 한 회의에서 폴만은 다음과 같이 주장했다.

"저는 사회봉사에 기여하기 위해서 우리 같은 기업들이 사회 곳곳에 존재하는 거라고 늘 생각합니다. 결과적으로 우리가 사회를 위해 긍정적으로 하는 일이 무엇인지 설명하지 못한다면, 사회가 우리를 곁에 둘 필요가 있을까요? 기업은 무엇보다도 전 세계 시민의 필요에 부응할 수 있는 해결책을 발견하기 위해서 탄생된 겁니다."

때문에 유니레버는 다중 이해관계자 비즈니스 모델을 표방하며 지속가능한 비즈니스에서 선두주자가 되려는 야심찬 목표를 설정한 것이다. 해를 거듭할수록 유니레버의 브랜드 포트폴리오는 점점 더 많은 목적 지향적 브랜드들로 채워져가고 있다. 반면 지속가능성이란 야망을 충족시키지 못하는 브랜드들은 그 포트폴리오에서 사라지고 있다. 유니레버는 계획과 발전상을 명확히 설정하고 다양한 청자에게 스스로의 목소리를 끊임없이 공유하면서 다른 기업들의 모범이 되고 있다.

목적이 이익을 가져오도록

세계 인구의 3분의 1에 해당하는 사람들이 매일 유니레버의 제품을 사용한다. 기업 내에서 '이해관계자 우선'이라는 비전을 더욱 촉진하기 위해 유니레버는 이사회 차원 논의의 핵심 내용으로서 "목적이 이익을 가져오도록"이란 표어를 도입했다. 덕분에 유니레버의 다중 이해관계자 비즈니스 모델의 발전이 더욱 수월해졌다. 게다가 그러한 변화는 또 다른 면에서도 회사에 이로운 일이라는 사실이 증명됐다. 그 이로움은 직원, 소비자, 기타 공급망 파트너들에게만 미치는 것이 아니다. 『위대한 기업을 넘어 사랑받는 기업으로』에 따르면 투자자들도 더 높은 수익(S&P 500 기업들의 평균보다 5~8배)으로 보상받는다.

> 기업의 궁극적 목적은
> 그와 관계된 모든 이해관계자와 고객을 위해
> 놀랄 만한 가치를 창출하는 것이다.
> 그렇게 창출된 가치가 장기적으로 보면
> 회사에 더 큰 이익을 가져다준다.

나침반 전략

파울 폴만이 설정한 방향은 책임감 있게 행동하며 지속가능한 비즈니스 모델 개발에 앞장서는 세계적 기업으로 나아가는 길이다. 지속가능한 삶 계획이라는 목표는 이미 어느 정도 달성되었다. 그러나 건강, 기후, 평등에 관한 여러 위기들로 몸살을 앓고 있는 지구상에서 유니레버가 가야 할 길은 아직 멀기만 하다. 지속가능성과 이해관계자 중심 사고가 유니레버의 전 사업 영역에서 뿌리내리는 작업은 여전히 계속되고 있다. 유니레버에게 있어 이해관계자 지향주의는 전략을 위한 나침반이다.

블랙록

Blackrock

재무적 성과와 사회의 건강은 서로 연결돼 있다. 기업은 이윤을 추구하는 과정에서 모든 사람과 주변의 모든 것에 미치는 부정적 영향을 외면해서는 안 된다. 블랙록은 기업들이 모든 이해관계자에게 가치를 창출시켜주는 지속가능한 비즈니스 모델 구축에 힘써야 한다고 주장한다.

현황

설립자	총 매출액
핑크Fink, 카피토Kapito, 와그너Wagner, 노빅Novick, 골럽Golub, 프레이터Frater, 슐로스타인Schlosstein, 앤더슨Anderson	145억 달러 (2019년)

설립년도	
1988년	

산업 분야	규모
투자관리	30개국 70개 사무소 세계 최대(그림자) 은행

> **"** 목적은 단순한 선전 문구 또는 마케팅 캠페인
> 이 아닙니다. 그것은 기업의 근본적 존재 이
> 유, 즉 기업이 그 이해관계자들을 위한 가치
> 창출을 위해 매일 하는 것입니다. 이윤 추구만
> 이 유일한 목적은 아닙니다. 그 목적이 달성될
> 수 있게끔 하는 추진력 또한 목적입니다. **"**

래리 핑크Larry Fink가 2019년에 CEO들에게 보낸 연례 서한 중

존재의 이유인 목적

블랙록은 고객의 필요와 이익을 최우선으로 삼자고 결심했던 8명
의 설립자들에 의해 시작되었다. 그들은 고객들의 자산을 심도 있는 이
해와 리스크 관리를 통해 더욱 포괄적으로 관리할 수 있다고 믿었다. 설
립 당시의 블랙록은 대다수 자산운용사와 마찬가지로 직원 수를 늘림
으로써 서비스 및 리스크 관리 역량을 확장시키는 데만 집중했었다. 그
러다가 1999년부터 달라지기 시작했다.

설립된 지 10년이 지났을 때 블랙록은 알라딘Aladdin이라는 혁신
적 리스크 관리 소프트웨어를 개발해 출시했다. 알라딘은 블랙록이
그 한계를 뛰어넘는 계기가 됐을 뿐만 아니라 블랙록을 기업공개에
유리한 위치에 안착시켰다. 실제로 블랙록은 알라딘이 출시된 바로
그해에 상장됐다. 같은 해 말 블랙록의 운용 자산은 1,650억 달러까
지 증가했다.

업계 최고의 소프트웨어로 무장한 블랙록의 투명성 덕분에 더 많
은 고객들을 유치했다. 그리고 2000년에 블랙록은 알라딘 기반의 블
랙록 솔루션BlackRock Solutions을 분리시킴으로써 기술 제공업체로

거듭났다. 이 회사는 메릴린치 자산운용(Merrill Lynch Investment Management)과 바클레이즈 글로벌 인베스터스Barclay's Global Investors를 인수하면서 2000년대까지 엄청난 성장을 이어갔다.

위기 아니면 기회?

세계 경제가 붕괴됐을 때 많은 기업들이 (때로는 국가조차도) 무너졌다. 수천만 기관을 대리하는 투자신탁회사로서 블랙록은 수많은 고객들에게 어려운 시기를 어떻게 헤쳐나가야 할지에 대해 조언했다. 실제로, 블랙록은 자산운용사로서 신망이 두터워 세계 최대 경제 대국인 미국 정부도 블랙록과 계약을 맺고 경제적 난간 극복에 필요한 도움을 얻었다. 어려운 시기를 벗어나며 블랙록은 4조 3,000억 달러를 운용하는 세계 최대의 자산운용사로 거듭났다.

블랙록은 고객에게 재무적 안전성 및 건전성에 대한 완벽한 통제를 약속한다. 블랙록의 고객은 모든 유형의 투자자들로 개인, 기관 및 금융 전문가로 세분된다. 핵심 활동은 리스크 관리, 고객 자문, 리스크 관리 소프트웨어 개발이다. 이 모델은 이윤 추구와 함께 계속 고객을 미소 짓게 만들고 또 계속 고객의 호주머니를 두둑하게 만들기 위한 모든 것에 중점을 둔다.

세계 최대의 자산운용사라는 사실은 반드시 좋은 것만은 아니다. 적어도 모든 사람에게는. 돈을 끌어모으는 행위는 세계의 많은 사회경제적 문제의 주요 원인이라는 비판을 받기 쉽다. 그리고 세계 주식시장에 지대한 영향력을 발휘하고 있는 블랙록 같은 거대 기업이라면 더더욱 늘 세간의 주목을 받고 있기 마련이다.

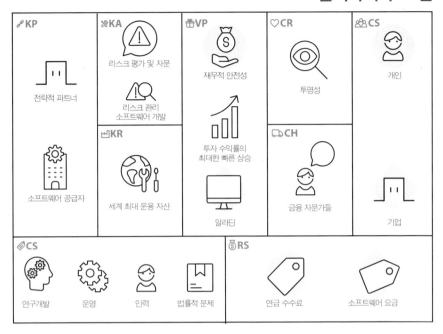

✎ KP	✻ KA	🎁 VP	♡ CR	🖧 CS
전략적 파트너	리스크 평가 및 자문	재무적 안전성	투명성	개인
소프트웨어 공급자	리스크 관리 소프트웨어 개발	투자 수익률의 최대한 빠른 상승		
	⚈ KR		🚚 CH	
	세계 최대 운용 자산	알라딘	금융 자문가들	기업

✐ CS				§RS	
연구개발	운영	인력	법률적 문제	연금 수수료	소프트웨어 요금

주주 비즈니스 모델

상당한 비용을 지불하는 고객의 자산을 관리하고 투자 수익을 배당한다.

블랙록의 신 모델

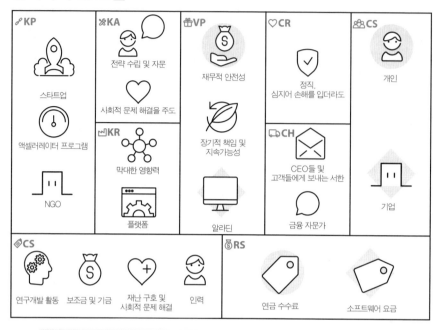

공유 가치!

블랙록은 모든 이해관계자를 중시하는 방향으로 전환하면서 그 비즈니스 모델의 전부를 바꾸지는 않았다. 설립될 당시의 약속과 오늘날의 약속은 전혀 다르지 않다. 즉, 사람들의 재정적 건전성에 대한 투자를 돕는다는 것이다.

선행을 강요하다

최첨단 기술과 업계를 선도하는 지식으로 모든 이해관계자에게 적극적으로 서비스를 제공한다.

이윤이 아닌 장기적 가치

몇몇 최고 비평가들에 의해 '극도로 위험한 존재'로 낙인찍히게 되자 블랙록의 경영진은 기업들뿐만 아니라 세상에도 보탬이 될 수 있는 일들을 더 많이 고민하기 시작했다. 그런 고민 끝에 이른바 투자 스튜어드십(Investment Stewardship)이 생겨났다. 그것은 건전한 기업 지배구조 및 비즈니스 관행의 준수를 보장하기 위해 여타의 기업들과 협력하는 방법을 가리키는 것으로, 지속가능한 장기적 재무 성과에 영향을 미치는 지배구조 문제에 관하여 다른 기업들과 직접적으로 대화를 주고받는 행위가 특히 강조된다.

블랙록은 또한 모든 이해관계자에게 긍정적 기여를 하기 위한 여러 목표들을 설정했다. 에코잉 그린Echoing Green 같은 액셀러레이터 프로그램들을 통해 사회적, 경제적, 환경적 진보를 촉진시킬 다양한 혁신의 탄생에 힘을 보태고자 한다. 또한 세계 각지의 지역사회를 돕기 위해 보조금이나 기술 훈련을 통해서 비영리단체들과 협력 중으로 소외된 사람들이 위기 상황에 대비해 비상금을 비축해놓을 수 있도록 5,000만 달러에 달하는 기금을 조성하기까지 했다. 이러한 목표 달성을 위해 블랙록은 '장기적 번영'이란 개념의 전파자로 성장했으며 이해관계자 지향 기업의 본보기가 됐다.

그러나 리스크와 장기적 가치 창출에 대한 블랙록의 사고방식을 바꿔놓은 것은 바로 목적이 결여된 기업 역시 형편없는 투자라는 깨달음이었다. 블랙록이 목적에 기반한 이해관계자 지향 기업의 홍보대사로 탈바꿈한 것은 그런 깨달음 덕분이었다.

탐스슈즈

TOMS Shoes

중요한 일을 시작하라. 제품을 한 개 팔면 도움이 필요한 누군가에게 한 개를 기부하는 비즈니스 모델을 만들어라. 목적을 최우선으로 여기고 이윤 극대화를 그 다음으로 생각하는 것에 집중하라.

현황

설립자	총 매출액
블레이크 마이코스키Blake Mycoskie, 알레호 니티Alejo Nittie	3억 3,000만 달러 (2018년)
설립년도 2006년, 미국	
산업 분야 신발, 안경 및 의류	규모 안경, 물, 출산용품은 물론 신발 6,000만 켤레 이상을 기부

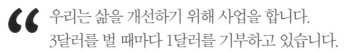

이윤 말고 목적을 최대한으로 실현하라

2006년에 블레이크 마이코스키는 아르헨티나를 여행 중이었다. 마이코스키는 자신이 목격한 것으로 진지한 고민에 빠지고 말았다. 여행 중 만났던 아이들 다수가 제대로 된 신발 한 켤레도 신지 못하고 자라고 있었던 것이다. 이 여행에서 영감을 얻어 마이코스키와 그의 친구 알레호 니티는 원포원 비즈니스 모델을 설계하게 됐다. 제품 한 개를 팔면 도움이 절실한 누군가에게 한 개를 기부하는 방식이었다. 이 비즈니스 모델을 사용해 마이코스키와 니티는 탐스슈즈를 출시했는데, 아르헨티나의 알파르가타Alpargata 슬리퍼에서 착안한 간편한 디자인의 캔버스화가 특징이었다. 탐스는 곧바로 큰 인기를 끌었다. 첫해에 들어온 주문이 1만 켤레 이상이었으며, 덕분에 아르헨티나의 아동들에게도 동일한 개수의 신발을 무료로 나눠줄 수 있었다.

영향력을 넓히다

탐스는 신발 사업의 성공을 보고, 구매 시 선택권이 주어졌을 때 소비자가 품질 이상의 가치를 지닌 제품을 그렇지 않은 제품보다 선호한다는 사실이 입증되었다고 생각했다. 본질적으로 탐스는 사업을 시작하자마자 목적 기반 비즈니스 모델을 가지고 소비재 시장에 침투하기 위해 요구되는 암호를 해독한 셈이었다.

암호 해독을 끝낸 탐스는 훨씬 더 큰 영향력을 발휘하기 위해 해당 공식을 다른 제품군에까지 적용하기로 마음먹었다. 이 회사는 2011년에 탐스 안경을 출시해 40만 명 이상의 시력 회복에 도움을 주었다. 탐스 안경이 판매될 때마다 도움이 절실한 누군가에게 처방 안경, 의학적 치료부터 수술까지 모든 도움을 제공했다. 또한 소비자용 커피 원두 회사 탐스 로스팅 컴퍼니(TOMS Roasting Co.)도 시작해 6개국에 수백만 리터의 깨끗한 물을 공급해줬다. 그 얼마 뒤에는 탐스 백 컬렉션TOMS Bag Collection을 시작해 캔버스 가방과 토트백을 팔아 수만 명의 조산사들에게 안전한 출산용품과 교육을 제공해줬다. 기부의 규모가 커짐에 따라 탐스는 기부 행위를 위해 마련된 자금의 활용을 위해 비즈니스 모델을 전환해야만 했다. 이 회사는 단순히 원포원 신발 사업 모델을 가지고 시작했으나 이제는 제품 판매로 3달러를 벌어들일 때마다 고객이 염려하는 문제들에 1달러를 기부하고 있다.

고객을 사명에 동참시키다

기부 행위에서 더 나아가 탐스는 사람들이 회사가 펼치는 운동에 적극적으로 동참하도록 유도한다. 예를 들면, '신발 없는 하루'라는 행사를 개최해 신발을 신지 않고 온전히 하루를 보내는 일에 수백만 명이 참여하도록 만든다. 이 회사는 패션과 연민을 파는 비즈니스 모델이 성공할 수 있다는 것을 전 세계에 증명해냈다. 2014년에 베인캐피털Bain Capital은 탐스의 성장을 더욱 촉진시키는 것을 목표로 탐스의 절반을 인수했다.

수천억 달러의 가치를 지닌 세계 신발시장은 계속해서 확장되고 있으며, 그 규모가 어마어마하다. 전통적 신발 브랜드들은 브랜드, 품질, 기술, 가격 등에 의해 차별화된 신발 및 관련 의류 제품으로 소비자를 유혹한다. 신발은 온라인 및 오프라인 판매처를 통해 판매된다. 이 비즈니스 모델은 이윤 추구의 극대화를 가장 중시한다.

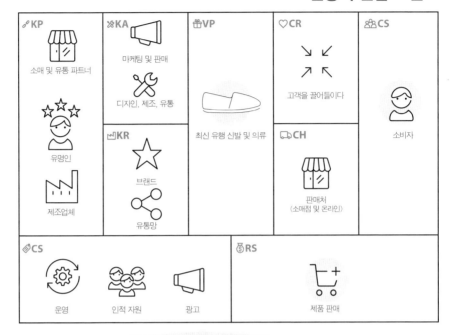

주주 비즈니스 모델

온라인과 소매업체를 통해 높은 마진으로 최대한 많은 소비자들에게 신발 및 관련 의류를 판매한다.

충분히 효과적

모든 기업과 그 연관된 비즈니스 모델과 마찬가지로 원포원 비즈니스 모델에 쏟아시는 비판 역시 적지는 않다. 어떤 이들은 신발 한 켤레를 주는 것보다 돈과 교육을 제공하는 것이 장기적으로 더 많은 이들에게 혜택을 가져온다고 믿는다. 그런 까닭에 탐스는 보조금을 지급하는 모델로의 전환과 더불어 NGO들과 협력하며 여러 프로그램을 운영하고 있다. 탐스는 어쨌든 어느 한 조직만으로는 (회사든 NGO든 정부든 기관이든) 사회의 모든 문제를 해결할 수 없다는 인식을 갖고 있다. 즉, 결국 엄청난 차이를 만들어내는 건 모든 당사자 간의 협력, 그리고 가치의 공유라고 생각한다.

고객이 중심이 되어 함께 만들어가다

그동안 탐스가 굉장히 잘해낼 수 있었던 것 중 하나는 고객들에게 주인의식을 심어주는 일이었다. 이 회사는 더 나은 세상을 만드는 데 기여하는 자신들이 아끼는 신발 브랜드의 헌신에 힘을 보태고 싶어하는 고객들의 진정한 열망과 다소 열렬한 충성심을 경험했다. 이러한 충성심을 활용해 (그리고 비즈니스 모델 내 고객 관계를 더 공고하게 만들어) 탐스는 사용자 생성 콘텐츠를 온라인 활동의 핵심 요소로 만들면서 고객들에게 단지 신발 한 켤레의 가치만이 아닌 그 이상을 제공한다. 그것은 탐스의 사명을 함께 이루어나간다는 바로 그 감정이다.

적을수록 더 좋다

탐스의 비즈니스 모델에 특별히 근사한 것은 없다. 이 회사는 훌륭한 가치 제안을 개발해 고객들에게 도움이 절실한 사람들을 도와주면서 동시에 근사한 사람으로 보일 수 있는 기회를 제공해줌으로써 대중화되었다.

단순한 아이디어로서 시작했던 것이 도움이 필요한 이들을 돕고, 또 어린이와 지역사회의 건강, 교육, 경제적 기회를 발전시키는 강력한 비즈니스 모델로까지 진화해왔다. 물론, 변하지 않는 것은 없다.

빠르게 변화하는 소비재 산업에서 탐스는 스스로의 성공의 희생양이 되어 모든 경쟁자들 사이에서 명맥을 유지하느라 애쓰고 있다. 사회적 의식이 담긴 비즈니스 모델이란 아이디어를 널리 전파함으로써 탐스 자신만이 갖고 있던 참신성은 점점 빛을 잃어가는 듯하다. 2019년에 이 회사의 소유권은 채권단에게 넘어갔다. 이제 탐스의 다음 전환은 어디로 향할 것인가?

탐스슈즈

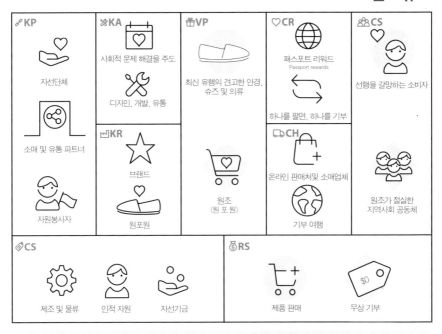

공유 가치!

탐스의 경영진은 자신들이 세계의 모든 문제를 다 해결해줄 수 없다는 것을 잘 알고 있다. 그럼에도 불구하고 그들은 사회적 문제들의 해결에 기여하고 싶어한다. 그 목적을 위해 탐스는 계속해서 자신의 전문 지식과 자본을 탐스 사회적 기업 기금(Social Entrepreneur Fund)에 투자했다. 이 기금을 통해서 체인지.org^{Change.org}, 아바^{Ava} 등 12개 이상의 스타트업에 투자하며 그 성장을 지원해왔다.

원 포 원

패션과 연민을 판매한다. 고객들이 신발이나 안경, 커피, 가방을 구입한다. 그 구입으로 인한 수익이 도움이 절실한 누군가를 돕는 데 사용된다.

그 밖의 사례들

동물 실험…
'영원히 동물 실험 반대(Forever Against Animals)' 캠페인으로 더바디샵The Body Shop은 변화를 옹호합니다. 더바디샵은 자사의 미용 제품, 기타 부속품 및 포장에 고품질 천연 원료에서 얻은 성분만을 공급받고 있습니다.

"보험에 관해 당신이 알고 있는 모든 걸 잊으세요"
골치 아픈 보험은 이제 그만. 레모네이드Lemonade는 AI를 사용해 보험증권을 배부하고 보험금 청구도 단 몇 초 만에 해결한다. 정액 요금을 부과하고 미사용 금액은 당신이 지정한 자선단체에 기부함으로써 이해 상충의 우려를 불식시킨다.

"우리가 절약한 돈을 당신에게 드려요"
코스트코Costco는 최저 가격으로 고객에게 상품을 공급하는 것을 사명으로 여기는 회원 전용 창고형 매장이다. 어떻게 해서든 고객의 돈을 절약시켜주는 것을 자사의 책무라 믿는 코스트코는 가능한 한 가장 효율적인 방식으로 회사를 운영하기 위해 온 힘을 다한다.

누구에게나 기회가 있어야 한다

노동시장에서 기회를 거절당한 모든 사람에게 일할 기회가 주어져야 한다. 지속가능한 사우스브롱크스South Bronx는 빈민가의 녹지화와 녹색 도시 발전 및 지속가능성 분야의 새 일자리 창출을 위해 설립되었다.

제약회사 존슨앤드존슨Johnson & Johnson은 바이오제약 산업 관련 스타트업을 지원하기 위해 세계 각지에서 JLABS를 출범시키는 중이다. JLABS는 아무런 조건 없이 스타트업에게 혁신에 필요한 자원을 제공하는 개방형 혁신 생태계므로 지원을 받는 스타트업이 정보나 IP를 공유할 필요는 없다.

온라인의 모든 것

지금 세상에서는 온라인에서 찾을 수 없는 것이 거의 없다. 인터넷에 대한 접근성은 삶을 바꿔놓을 수도 있다. 그러나 누구나 인터넷을 접할 수 있는 것은 아니다. 그러므로 힐넷Hilnet은 온라인 세상을 접하지 못한 이들에게 접근성을 제공하는 커뮤니티 허브를 구축하고 있다.

브라우니스앤다우니스Brownies & Downies는 최고 품질의 음식을 맛볼 수 있는 레스토랑이다. 그러나 이 식당이 하는 일은 좀 다르다. 이 식당의 직원들은 장애인들이다. 브라우니스앤다우니스는 1,200명에 가까운 장애인들을 고용하고 있다.

네 가지 간단한 사례 연구

간단하고, 신선하고, 빠르고, 명확하다

	설립자	총 매출액	설립년도	규모
1 시플라	우망 보라 Umang Vohra	23억 달러	1935년, 크와자 압둘 하미드 Khwaja Abdul Hamied	직원수 2만 5,000명
2 WE.org	록샌 주아얄 Roxanne Joyal	1,400만 달러 조달	1995년, 크레이그 킬버거 Craig Kielburger, 마크 킬버거 Marc Kielburger	100만명 분의 물 공급
3 토니스	헹크 얀 벨트만 Henk Jan Beltman	7,000만 달러 (2019년)	2005년, 퇸 판 더 쾨켄 Teun van der Keuken	8개국
4 스타벅스	케빈 존슨 Kevin Johnson	265억 달러 (2019년)	1971년, 제리 볼드윈, Jerry Baldwin 제브 시글Zev Siegl, 고든 보우커 Gordon Bowker	매장 수 2만 8,218개

시플라: 의약품을 제공하다

" 우리가 하는 일은 그저 약을 만드는 것이 아
닙니다. 차이를 만드는 일입니다.

시플라 회장 유수프 하미드Y K HAMIED **박사**

"

1935년 당시 인도의 의약품 생산 속도는 급증하는 인구를 따라잡
기에는 역부족이었다. 그대로 가면 엄청난 재앙을 초래하게 될 것이
분명했다. 크와자 압둘 하미드 박사는 그런 인도의 제약 사정(특히, 필
수 의약품 분야는 더더욱)을 20세기에 걸맞도록 개선하고자 화학, 산업
및 제약 연구소(Chemical, Industrial & Pharmaceutical Laboratories,
Cipla)를 설립했다. 바로 오늘날 줄여서 '시플라'라 부르는 회사다.

생명을 돌보는 일

시플라의 목적은 생명을 돌보는 일이다. 그 목적 덕분에 다양한 치
료 영역에 걸쳐 1,500여 가지의 의약품을 제공하며 80개국으로까지
확장할 수 있었다. 시플라의 목표는 설립 당시와 마찬가지로 세계적으
로 의료 서비스에 대한 접근을 더욱 용이하게 만드는 일이다. 회사 직원
전체가 위아래 할 것 없이 회사의 여러 가치들을 지키기 위해 끊임없이
노력하고 있다.

실제로, 시플라는 내부적으로 그 핵심 가치들이 사내 토의나 고객과
의 대화에서 지침이 되고, 조직의 결정에 영향을 미치며, 직원들 행동의
기준이 되어야 한다는 것을 신조로 삼고 있다. 시플라는 자사의 모든 이
해관계자들과의 관계를 유지하기 위해 회사의 가치들을 기반으로 수립
된 전략들을 거듭 검토하고 조정한다.

시플라

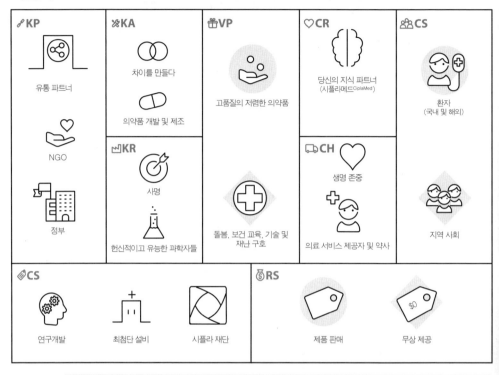

∅ KP	✕ KA	🎁 VP	♡ CR	🙎 CS
유통 파트너	차이를 만들다	고품질의 저렴한 의약품	당신의 지식 파트너 (시플라메드CiplaMed)	환자 (국내 및 해외)
NGO	의약품 개발 및 제조			
	⌖ KR		🚚 CH	
정부	사명	돌봄, 보건 교육, 기술 및 재난 구호	생명 존중 / 의료 서비스 제공자 및 약사	지역 사회
	헌신적이고 유능한 과학자들			

✎ CS			💰 RS	
연구개발	최첨단 설비	시플라 재단	제품 판매	무상 제공

공유 가치!

시플라는 환자에게 무상으로 제공되는 것에 합의하고 '국경없는 의사회'에 에이즈 칵테일을 일인당 고작 연 350달러의 가격으로 공급함으로써 에이즈와의 싸움에서 중요한 역할을 담당해왔다. 시플라에 여러 가치들을 도입한 경영진은 도움이 필요한 이들에게 의약품을 제공하는 일이 돈을 버는 일보다 더 중요하다고 믿었다. 시플라의 영향으로 다른 제약사들도 가격을 낮출 수밖에 없었다.

정말 도움이 절실한 이들에게 봉사하라

통상적인 의약품 가격이 너무 비싸 구입할 엄두도 못 내는 이들, 즉 정말 도움이 절실한 이들에게 집중하라.

혁신을 중심으로

의약품 하나가 시장에 나오기까지는 평균적으로 대략 12억 달러가 소요된다. 결과적으로 의약품은 대체로 매우 비싸다. 즉 많은 사람들이 필요한 약을 살 수 없다는 얘기다. 시플라는 의약품 제조 방식에서 혁신과 전환을 이루어냈다. 특허가 만료된 의약품에 집중해 해당 의약품 제조에 필요한 생산 공정을 복제하는 것이다.

다시 말해, 연구, 개발 및 실험 등 새로운 의약품을 시장에 내놓을 때까지 들어가는 비용 대부분을 아낄 수 있는 것이다. 시플라는 46개 최첨단 제조 시설, 6개 연구개발 시설, 그리고 더욱 많은 이들이 훨씬 더 저렴하고 쉽게 의약품을 접할 수 있도록 정진하는 1,300명 이상의 과학자들을 활용해 의료 서비스에 대한 접근을 용이하게 하는 일과 혁신을 멈추지 않고 있다.

영향력을 넓히다

오늘날 시플라는 세계 최대의 제네릭 제약회사 중 하나로 성장했다. 그러나 여전히 사람들을 위해 더 나은 변화를 일으키는 일에 집중한다. 이 회사는 시플라 재단을 통해 보건, 기술 습득, 교육 및 재난 구호 등에 앞장섬으로써 사회적 기업으로서의 전통을 굳건히 지켜나간다. 그리고 1997년에는 약물 및 치료를 초월해 심각한 질병에 대처하는 환자 및 그 가족을 후원하기 위해 완화치료 및 훈련센터(Palliative Care & Training Centre)를 출범시켰다. 지금까지 1만 5,500명의 환자들에게 무상 서비스를 전달해왔다. 그래도 부족하다고 여겨지는 경우에는 각종 교육 프로그램을 운영하는데, 자사 공장 인근 유치원과 초등학교를 지원하는 모바일 과학 실험실(Mobile Science Labs)을 통해 외딴 지역 사회에서도 교육이 가능하다.

WE.org:
함께 더 좋은 일을 하다

1995년 당시 열두 살이었던 크레이그 킬버거는 익발 마시Iqbal Masih에 관한 신문기사를 읽고 충격을 받았다. 익발 마시는 그와 동갑으로 아동 노동 착취에서 벗어나려했다가 살해당한 파키스탄 어린이였다. 그 기사를 계기로 크레이크는 아동 착취 문제의 해결을 위해 싸우겠다고 맹세했다. 그는 친구이자 형인 마크와 함께 WE자선단체(WE Charity)를 설립했다. 지난 24년 동안 WE는 가난과 착취에서 아동과 그 가족을 해방시킨다는 사명을 실천해왔다.

근본적 원인을 해결하다

아동 고용 시설을 급습한다고 해도 제도적 문제 때문에 거의 효과를 거둘 수 없다. 그 대신 WE는 교육, 물, 건강, 음식 및 기회(한 공동체가 빈곤에서 벗어날 수 있는 다섯 가지 핵심 요소)를 접할 수 있는 공동체인 WE빌리지WE Village를 만들었다. WE빌리지는 공동체가 수동적으로 도움을 받기만 했던 전통적 필요 기반의 접근법을 버리고 공동체 내의 자산을 적극적으로 구축한다.

개발이 진행 중인 공동체와 협력함으로써 그 공동체의 강점 및 재능을 활용하여 해결책을 함께 찾아낸다. 새로운 지식과 기술을 습득한 공동체는 긴 시간이 흘러도 프로젝트를 성공적으로 이어갈 수 있다. 이러한 개발 모델은 단순히 보조금을 지급한다거나 일회성 대책을 마련해주는 일과는 다르다. 사람들에게 더 밝은 미래를 함께 만들어갈 수 있는 힘

공유 가치!

WE는 세상을 바꾸기 위해 사람들을 모은다. WE의 비즈니스 모델은 사람들을 연결, 단합시켜 긍정적 변화를 추진하려는 목적으로 설계된다. WE의 공동체들은 서로의 강점과 재능을 활용해 스스로 더욱 밝은 미래를 창조해낼 수 있다. 소비자는 ME to WE의 제품이나 경험을 구입함으로써 세상의 변화를 직접적으로 지원하게 된다. 트랙 유어 임팩트Track Your Impact를 통해 직접 변화를 확인할 수 있다.

개발도상국 경제를 부양하라

WE는 WE자선단체와 미투위로 조직돼 있다. WE는 선행을 주체적으로 할 수 있게끔 만들어가며 9개 개발도상국의 지방 공동체를 돕는다.

을 부여해주는 것이다. 이 모델은 다년간에 걸쳐 빠른 실패와 빠른 학습이라는 혁신적 접근법을 사용하면서 구축과 실험, 재구축을 거듭했다.

청년을 위한 청년

WE는 또한 개발도상국 밖으로까지 확장되었다. WE스쿨WE Schools을 만들어 교육자와 청년을 참여시킴으로써 그들 자신과 세상에 긍정적 변화를 일으키기 위해 요구되는 동기를 만들어내고 기술 및 지식을 가르친다. 지금까지 1만 8,000개 학교가 WE스쿨에 참여했으며, 이 프로그램이 대학과 취업 준비에도 유익할 뿐만 아니라 학자나 시민의 참여도 증가시킨다는 사실이 입증됐다. 여러 면에서 청년에 의한, 청년을 위한 운동이 일어나는 계기가 됐다.

변화를 이끄는 구매

WE의 설립자들은 2009년에 록샌 주아얄과 함께 미투위를 설립했다. 미투위는 케냐, 에콰도르의 노동자 1,800명이 생산한 각종 제품 및 경험을 사회적 의미와 함께 판매하는 사회적 기업이다. 그 순이익 중 50퍼센트가 WE빌리지를 위해 사용되는데, 2017년 이후로 2,000만 달러의 현금 및 현물 기부가 이루어졌다. 모든 구매와 연결된 사람이나 장소에 관한 뒷이야기들은 공개되므로 고객이 자신의 구매가 어떤 영향을 미쳤는지 추적할 수 있다. 지금까지 WE빌리지가 해온 일들은 정말 다양하다. 3만 명의 여성들에게 안정적 수입을 얻을 수 있는 기회를, 100만 명의 사람들에게 깨끗한 물에 대한 접근성을, 2,500만 달러 상당의 의료용품을, 어린이 20만 명에게는 학교에 갈 수 있는 기회를, 그외 도움이 필요한 이들에게 농부들이 가꾼 1,500만 명분의 영양가 높은 식량을 제공했다. WE스쿨 프로그램은 2억 6,500만 달러에 달하는 사회적 가치(모금, 음식 기부, 자원봉사 시간 등)를 창출해냈다.

토니스 초코론리:
노예 사용 금지를 새로운 규범
으로 만들다

2002년 당시 취재기자로 일하고 있던 퇸 판더쾨켄은 업계의 합의에도 불구하고 서아프리카 카카오 농장들이 여전히 어린이를 노예처럼 착취하고 있다는 사실을 발견하고 엄청난 충격을 받았다. 그런데 초콜릿을 만드는 대기업들 중 기꺼이 그와 함께 이 불편한 진실을 해결하겠다고 나서는 기업은 단 한 곳도 없었다.

판더쾨켄은 TV 생방송에서 초콜릿을 먹은 다음 어린이 노예로 일한 적 있던 4명의 목격자 진술을 첨부해 네덜란드 당국에 자신을 초콜릿 범죄자로서 고발했다. 판사는 초콜릿을 먹은 사람 전부를 기소할 수는 없지 않겠냐며 판더쾨켄의 기소를 거절했다. 판더쾨켄은 비록 스스로 감옥에 가는 일은 실패했지만 사람들의 이목을 끌어모으는 데는 성공했다.

2005년에 판더퀘켄은 문제 상황을 바꾸려는 시도에서 토니스 초코론리 설립을 공표했다. 그의 비전은 노예 없이 생산된 초콜릿을 시장에 내놓는 것이었다(지금도 그러하다). 그 일환으로 토니스 초코론리는 모든 카카오콩의 출처를 추적하고 농장주에게 시세보다 25퍼센트 더 많은 비용을 지불하고 있다.

> " 바로 지금 서아프리카의 카카오 농장에는 노예가 존재합니다. 그들 대부분은 아동들이죠. 토니스 초코론리는 그걸 바꾸기 위해 존재하는 겁니다.
>
> **토니스 초코론리의 홈페이지**
>
> "

토니스 초코론리

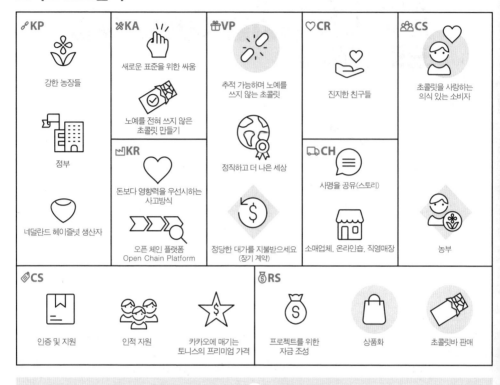

KP	KA	VP	CR	CS
강한 농장들	새로운 표준을 위한 싸움	추적 가능하며 노예를 쓰지 않는 초콜릿	진지한 친구들	초콜릿을 사랑하는 의식 있는 소비자
정부	노예를 전혀 쓰지 않은 초콜릿 만들기	정직하고 더 나은 세상	CH	
네덜란드 헤이즐넛 생산자	KR 돈보다 영향력을 우선시하는 사고방식	정당한 대가를 지불받으세요 (장기 계약)	사명을 공유(스토리)	농부
	오픈 체인 플랫폼 Open Chain Platform		소매업체, 온라인숍, 직영매장	

CS			RS		
인증 및 지원	인적 자원	카카오에 매기는 토니스의 프리미엄 가격	프로젝트를 위한 자금 조성	상품화	초콜릿바 판매

공유 가치!

토니스 초코론리의 목표는 초콜릿을 구입하는 소비자에 이르기까지 산업의 전체를 변화시키는 것이다. 실제로, 이 회사는 훌륭한 제품과 메시지를 만들어내며 그 일을 아주 잘 해오고 있다. 시장 점유율에서 토니스 초코론리는 베르카데Verkade, 마즈Mars, 네슬레 같은 다국적기업을 앞선다.

선행을 강요하다

이 기업은 생계 소득 반영 가격(Living Income Reference Price), 즉 농부들이 최저 생활임금을 벌 수 있도록 보장하는 카카오 콩의 표준 가격 확립에도 기여했다.

토니스 초코론리가 제공하는 변화를 위한 레시피에는 다음과 같은 다섯 가지 재료가 들어 있다. 추적 가능한 콩들, 더 높은 제품 가격, 빈곤에서 벗어난 농부들, 공급망 내 모든 이들과의 장기적 관계, 모든 생산 공정에서 더 나은 품질과 생산성을 유지. 이 모든 재료가 모여 전 세계 음식 공급망을 위해 생산을 담당하는 농촌 마을들이 안정적인 경제 상태를 이룰 수 있다.

현재 전 세계 카카오콩 농장의 수는 100만 개다. 토니스 초코론리가 원료를 공급받는 곳은 그중 7,000개 농장으로 전체 초콜릿 생태계를 바꿔놓으려면 아직도 갈 길이 멀다. 이 싸움을 유리하게 끌고 가기 위해 토니스 초코론리는 스토리텔링과 입소문을 광고에 활용한다. 그동안 토니스 초코론리의 이야기는 『워싱턴포스트』와 카카오산업의 불공정을 고발한 넷플릭스Netflix 다큐멘터리 「로튼Rotten」에서도 다루어졌었다.

또한 토니스 초코론리는 다채로운 맛을 가진 신제품 초콜릿바 개발을 멈추지 않는다. 고객들에게 회사의 사명을 전파하는 데 도움이 되기 때문이다. 소비자를 참여시키는 가장 좋은 방법 중 하나는 초콜릿이 어떻게 만들어지는지(물론 노예 없이)를 알아보는 여정에 직접 소비자를 데리고가는 것이다. 토니스 초코론리가 지금 하고 있는 일이 바로 그것이다. 토니스 슈퍼스토어Tony's SuperStore에서 소비자들이 직접 초콜릿바를 만들어볼 수 있다.

그리고 2021년 이후에는 창고를 개조해 모두가 볼 수 있도록 초콜릿의 제조 과정이 전시되는 오픈 체인 초콜릿 공장으로 바꾸면서 토니스 초콜릿 서커스Tony's Chocolate Circus를 개최할 계획이다.

스타벅스:
커피 그 이상을 기대하세요

2008년 금융 위기가 한창일 때, 세계는 물론 스타벅스도 궁지에 몰려 있었다. 당시 수많은 이들이 아침을 시작하는 의식인 더블샷에 카페인을 반으로 줄인 캐러멜마키아토 한 잔을 그냥 간단히 집에서 내린 커피 한 잔으로 대체하는 지경이었으니 말이다.

위기가 찾아오기 전까지 스타벅스는 세계적으로 엄청난 팽창을 이어갔으며 심지어 음악과 엔터테인먼트 분야에서 새로운 비즈니스 모델을 창출하기까지 했었다. 이러한 팽창이 집중력 부족으로 인식되었고 급기야 스타벅스에 복잡한 문제들을 야기하기에 이르렀다. 소비자들은 그들이 한때 사랑했던 라이프스타일 브랜드에서 단절된 느낌을 갖기 시작했다. 결국 점포 수백여 곳이 문을 닫았고, 스타벅스의 주가는 불과 18개월 만에 반토막이 나고 말았다.

이것은 스타벅스의 경영진이 경각심을 갖는 계기가 되었다. 경영 위기의 혼돈 속에서 스타벅스는 초심으로 돌아가 고객과 지역사회에 집중하며 회사의 가치 제안을 완전히 다시 설계하기로 결심했다.

꾸준한 영향력

스타벅스는 세계 최대의 커피하우스 체인으로 성장하긴 했으나 그 직원들 대부분이 고객의 필요에 대하여 무감각해지고 말았던 것이다.

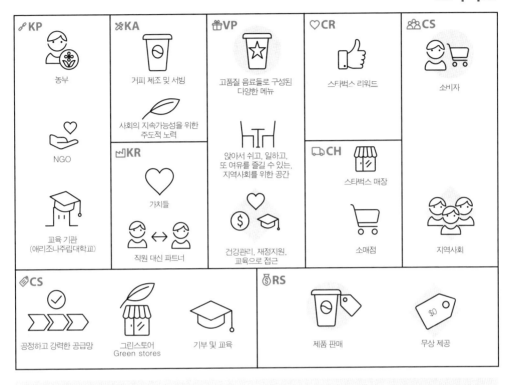

공유 가치!

스타벅스의 변화는 멈추지 않고 계속됐다. 20만 명에 달하는 직원들을 파트너라 부르며 동종업계의 평균 임금보다 더 많은 임금을 지불하기 시작했고, 심지어 대학 학위를 취득하고자 하는 직원을 후원하고 있다. 또한, 이해관계자 지향 복표를 설정하고 기후 변화와의 싸움, 투명한 공급망의 구축, 매장 주변의 지역사회 육성 등 해를 거듭할수록 더 야심찬 계획들을 내세우고 있다.

선행을 강요하다

스타벅스는 이윤 추구보다 목적을 우선시한다. 세계 선도기업으로서의 위치를 지렛대로 삼아 연민이 지닌 힘과 그 힘이 얼마나 큰 영향력을 발휘할 수 있는지 다른 기업들에게 제대로 보여주고 있다.

이 회사는 고객의 필요와 바람을 더 잘 이해하고자 비싼 시장조사 기관에 의뢰하지는 않았다. 대신 '마이 스타벅스 아이디어My Starbucks Idea'라는 창구를 만들어 본사가 직접 고객들의 귀중한 피드백과 아이디어를 수집했다. 고객과 기업의 의사결정자를 직접 연결함으로써 스타벅스는 100가지 아이디어를 검증을 거친 뒤 다시 회사의 핵심 비즈니스 모델에 반영시켰다. 무엇보다도, "윤리적 원료 조달, 환경에의 영향, 지역사회 증진과 같은 영역에서의 대의를 위해 회사의 규모를 이용"하겠다는 일련의 야심찬 목표를 공식화했다.

스타벅스는 세상을 바꾸겠다는 거창한 비전을 품고 시작한 기업은 아니다. 그러나 그 인기가 높아질수록 지역사회도 회사와 함께 성장할 수 있도록 힘을 보태고 싶다는 열망도 커져만 갔다. 선도기업으로서 스타벅스는 책임 있는 비즈니스를 이끌어가야 할 책무에 대해 이해하게 됐다.

고객 중심의 접근 방식에 세상을 바꾸기 위한 엄청난 노력이 더해져 스타벅스는 다시금 번영하고 있다. 스타벅스처럼 비즈니스의 방식을 재고하는 일은 결코 쉬운 일이 아니다. C. A. F. E. (커피, 그리고 농부의 평등) 같은 계획들과 함께 스타벅스는 윤리적 원료 조달을 산업의 표준으로 만들려는 목표를 갖고 있다. 그리고 그러한 뜻을 고객들에게 확실히 전달하고 있다. 또한 이해관계자를 지향하는 방법을 몸소 보여주고 있는 스타벅스는 여러 면에서 본보기가 되고 있다.

스스로에게 질문해보기

당신의 제품이 사람들의 삶에 진정한 변화를 가져오도록 만들기 위해 당신의 비즈니스 어디에 목적을 불어넣을 것인가?

유니레버는 분기별 보고를 없앴다. 장기적인 면에서 그것이 혁신 및 가치 창출에 방해가 되기 때문이었다. 유니레버의 목적 지향적 브랜드 포트폴리오와 사람, 환경, 사회에 미치는 긍정적 영향력은 빠르게 증가하고 있다.

어떤 제품을 기부하겠는가? 그리고 그 제품이 어떻게 사람들의 삶을 변화시키는가?

탐스슈즈는 신발을 구입할 여유가 없는 이들이 겪고 있는 어려움을 조금이라도 덜어주고자 설립되었다. 이 기업은 부유한 소비자가 제품 한 개를 구매할 때마다 회사가 도움이 필요한 누군가에게 제품 한 개를 기부하는 원포원 비즈니스 모델을 만들었다.

차후 수십 년 동안 주식 가치를 탄탄하게 유지하면서도 모든 이해관계자의 가치를 극대화하기 위해 당신의 회사에 필요한 변화는 무엇인가?

블랙록은 현명한 투자를 통해 고객들에게 재정상의 안정을 주고자 한다. 이 기업은 이윤 극대화를 추구하는 기업에 대한 투자가 그렇게 현명한 투자가 아님을 깨달았다. 목적을 가지고 모든 이해관계자를 위한 가치 창출에 힘쓰는 기업에 투자하는 것이 훨씬 더 높은 투자 수익을 얻을 수 있는 방법이다.

누군가의 삶을 변화시킬 수 있는 장기적인 헌신을 함께 만들어가기 위해 무엇을 할 수 있는가?

WE.org는 선행으로 더 나은 세상을 만들고 싶어하는 어린이 고유의 동기를 이용했다. 그것이 사회적 의식을 지닌 지도자들과 몸에 밴 선행으로 늘 변화를 이끌어가는 사람들을 탄생시키는 세계적 운동으로 바뀌었다.

당신이 제공하는 놀라운 고객 경험을 확장해 모든 이해관계자와의 연결을 공고히 할 수 있는 방법은 무엇인가?

스타벅스는 우리가 커피를 즐기면서 다른 사람과 교류하기 위해 찾아가는 (집과 직장 사이에 존재하는) 제3의 장소다. 그러나 스타벅스도 잠시 고객 지향성을 잃었던 적이 있었다. 2008년의 위기는 스타벅스가 이해관계자 지향 기업으로 탈바꿈하는 계기가 되었다. 스타벅스는 직원(파트너)들과 농부들, 지역사회를 지원함으로써 괄목할 만한 성장을 이루어냈다.

당신은 어떠한 사회 문제를 해결하기 위해 싸울 수 있는가?

토니스 초코론리는 카카오산업의 아동 노동 및 노예 사용에 대한 사람들의 인식을 제고시키기 위해 설립되었다. 초콜릿을 만드는 대기업들 중에 책임감 있게 나서는 곳이 단 한 곳도 없었기 때문이었다. 토니스는 훌륭한 초콜릿바를 직접 만들어보기로 결심했다. 지금은 전 산업에서 노예가 완전히 사라지는 그날을 목표로 세계적 기업으로 성장 중이다.

교훈 얻기

세계의 문제를 완전히 해결하기 위해 당신의 회사는 도움이 절실한 이들이 필요로 하는 가치를 어떤 방법으로 개방할 수 있는가?

시플라는 훨씬 낮은 비용으로 의약품을 제조하는 방법을 알아내 인도가 더 이상 필수 의약품 부족으로 어려움을 겪지 않아도 되게 만들었다. 또한, 아프리카와 그 밖에 세계 각지의 사람들이 에이즈 치료약을 구할 수 있는 길을 열어주기도 했다. 시플라는 의약품에 대한 접근성을 제공하는 일이 의약품으로 돈을 버는 일보다 훨씬 더 중요하다고 생각했다.

이 전환을 이끌어갈
고도의 전략적 선택들

1 모두를 위한 가치를 창출하라

가치 창출은 비단 주주의 이익에만 집착할 것이 아니라 포괄적이어야 한다. 모든 이해관계자가 이익을 얻을 때 전체적으로 더 많은 가치가 창출될 것이다.

이해관계자들의 목표를 심도 있게 이해하라. 그리고 그들이 목표를 달성할 수 있도록 협력하라.

2 타인에게 투자하라

기업은 타인에게 봉사하기 위한 조직적 활동이기도 하다. 기업은 사람과 자원을 효율적으로 한데 모은다.

당신의 회사가 직원들과 파트너, 사회의 성장 동력이 될 수 있도록 당신의 수익을 타인의 성공에 투자하라.

3 모두를 참여시켜라

이해관계자 비즈니스 모델에서 가장 중요한 것은 협력이다. 협력은 조직의 우두머리와 그 구성원의 적극적 추구가 있어야만 가능해진다.

공통의 목표를 조율해나가기 위해 이해관계자들과 빈번하게 교류하라. 모두를 목표에 더 가까이 접근할 수 있게 만드는 협업에 에너지를 집중하라.

과감한 이해관계자
전환의 단계들

4 **이야기를 전달하라**

협력은 인간만이 할 수 있는 행위다. 하나의 종으로서 인간
의 오랜 성공은 협력의 역사라 해도 과언이 아닐 것이다.
당신과 이해관계자들이 장기적으로 달성하고자 하는 것을
이야기로 전달하라. 회사의 목적을 보여주고, 반드시 협력
이 필요한 이유를 설명하라. 그리고 중간 결과를 공개하라.

5 **영향을 측정하라**

수익은 창출된 가치의 결과일 뿐이지 그 자체로 의미를 지
니는 것은 아니다. 이해관계자들을 위해 창출된 가치는 어
떤 식으로든 변화를 가능하게 한다.
이해관계자들의 목표와 관련하여 회사가 일으킨 영향을 측
정하라.

6 **배움을 쉬지 말라**

이해관계자마다 관점도, 기대도, 필요로 하는 것도 다 다르
기 마련이다. 모든 이해관계자들을 결속시키는 공통점을
발견하는 일이 중요하다.
이해관계자들의 관점에 개방적이어야 한다. 그들의 세계관
에서 배움을 얻기 위해 그들에게 질문하고 대화하라. 함께
배워라.

인간은 물리적이고 촉감을 아는 생물이다. 물체의 물리적 성질 때문에 우리는 그 물체를 더 실감나게 인지할 수 있다. 그러나 우리는 우리가 살고 있는 오프라인 및 온라인 세상을 융합하면서 우리 자신의 하이브리드 버전에 매일 한 발짝씩 더 가까이 다가가고 있다.

물리적인 것에서
디지털로

물리적인 것

▶▶▶ 디지털

물리적인 것에서 디지털로의 전환은 미묘한 차이에 불과하다. 어떤 경우에는, 보다 '연결돼 있다'는 느낌을 주기 위해 여전히 물리적인 제품이나 자산이 필요할 수도 있다. 또 다른 경우, 기업은 고객 각자의 취향에 맞게 가치 제안을 조정하면서 정보통신기술과 데이터 과학 등 관련 분야 지식을 활용해 고객들이 회사나 제품 또는 서비스에 유대감을 갖고 참여할 수 있도록 비즈니스 모델을 전환한다. 이때의 디지털 전환은 오로지 물리적인 가치 제안, 자원 및 활동으로 방해 없이 훌륭한 고객 경험을 창출해 전달하기 위하여 디지털 기술을 이용하는 비즈니스 모델 전략이다. 이 경우에 기술은 도구이지 가치 제안이 아니다. 기업은 이 전략에서 고객과의 관련성 생성을 가능하게 해줄 기존 및 (또는) 새로운 기술을 이용할 수 있다. 디지털 전환의 핵심은 가치를 창출하고 그 가치를 기존 및 새로운 고객에게 전달하기 위한 디지털 기술 사용법을 이해하는 것이다.

전환 사례들

대
↗ 세일즈포스Salesforce

중
↗ 워비파커
↗ 더 타임스The Times

소
↗ 포트나이트Fortnite
↗ 듀오링고Duolingo
↗ 커넥테라Connecterra
↗ 디즈니파크스Disney Parks

"비즈니스 모델들의 유효기간은 점점 더 짧아질 것입니다… 기업의 리더에게는 그 기업이 속한 산업의 진화하는 비즈니스 모델을 위해 남들보다 앞서 가야 할 책임이 있습니다. 변해야 한다는 것이 분명해질 때쯤에는 보통 너무 늦습니다."

시스코시스템스Cisco Systems **전 회장 겸 CEO 존 T. 체임버스**John T. Chambers

빛나는 기술

디지털 비즈니스 모델은 반드시 디지털 기술 또는 현존하는 기술 중 가장 새롭고 가장 빛나는 기술을 사용하는 것은 아니다. 오히려 디지털 비즈니스 모델은 궁극적으로 고객과의 상호작용을 강화하고 참여를 증진시켜 가치 창출을 쉽게 하고 또 그 가치가 쉽게 소비될 수 있도록 만들기 위해 설계된다.

디지털 접근 방식을 사용함으로써 가치 전달이 간편해질 수 있다면 기업에게 유리한 일이다. 또한, 디지털 비즈니스 모델이 제대로 설계된다면 기업이 비즈니스의 성장을 위한 결정을 내려야 할 때 충분한 정보와 데이터의 도움을 받을 수도 있다.

디지털 기술의 홍수

이제는 디지털 전환이라든가 빅 데이터, 그로스 해킹, 디지털 채널, 소셜미디어 활용 등의 유행어를 들어보지 못한 사람이 없을 것이다. 아마 당신은 이들 용어의 의미가 정확히 무엇인지, 또 이들 용어가 들어가 있는 아이디어들이 당신의 비즈니스에 어떠한 영향을 미칠 것인지 궁금해하고 있을 것이다. 물론, 당신도 이미 내부적 운영을 위한 다양한 IT 인프라를 보유하고 있을지 모른다. 그러나 당신의 IT 인프라가 회사의 효율적 운영에 도움이 되고 있듯이 그 동일한 설비에 새로운 도구를 추가해 고객과 더 나은 연결을 도모할 수 있는 방법은 얼마든지 존재할 수 있다. 어쨌든 고객들은 간편한 주문, 원활한 결제, 빠른 배송, 신속한 응대 등 점점 더 많은 것을 요구하게 될 것이다. 그러니 고객의 삶을 더 편하게 만드는 일에 집중하는 게 어떨까?

전략적 질문들

디지털이란 무엇을 의미할까? 디지털 방식으로 고객과 연결될 수 있는 기회를 어디에서 찾을 것인가? 디지털에 전념함으로써 어떠한 고객층을 새로 확보할 수 있을까? 당신의 회사가 비즈니스를 가능하게 만드는 ICT 인프라를 보유한 디지털 기반 기업들처럼 되려면 어떻게 해야 할까? 새로운 가치의 창출 및 전달에 방해가 되는 기존의 시스템에 대해서는 어떻게 할 생각인가? 그러한 기존의 시스템을 어떻게 제거할 것인가? 새로운 ICT 시스템을 구축한다면 구입할 것인가 아니면 파트너를 찾을 것인가? 디지털 전환이 이루어졌을 때 어떠한 추가적 가치를 창출해 전달할 수 있을 것인가? 이러한 전환을 시도 중이거나 이미 전환에 성공한 기업으로부터 무엇을 배우고 응용할 수 있을까?

물리적인 것에서 디지털로

아직까지는 거의 대부분의 산업에서 물리적 비즈니스 모델이 지배적이다. 기업들이 개발해 판매하는 것은 유형의 상품들이다. 즉, 그 상품들을 한 곳에서 다른 곳으로 이동시켜줄 유통 과정이 따로 필요하다는 말이다.

물리적 제품

물리적 비즈니스 모델은 유형의 물리적 제품을 고객에게 제공한다. 이들 제품은 직적 또는 간접(소매) 경로를 통해 고객의 손에 들어가게 되고 보통 단위별로 판매된다. 그러므로 고객과의 관계는 꽤 거래적이다. 시간이 지나 고객이 추가 구매를 위해 다시 찾아올 수는 있다. 그러나 반

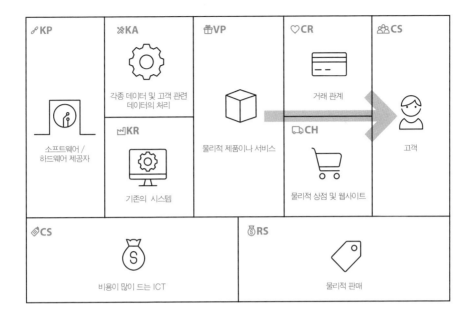

드시 그럴 것이라는 보장은 없다. 그럼에도 고객의 신제품 구매를 유도하기 위해 새로운 제품과 기능을 홍보하는 데 많은 노력이 들어간다.

제품의 유통

물리적 비즈니스 모델의 핵심 활동은 물리적 공급망과 관련된다. 여기서 말하는 공급망은 고객 수요에 맞춰 물리적 제품을 출하하도록 최적화된 전통적 공급망일 것이다. 생산 및 운영 또한 효율성 향상과 건전한 수익률 유지를 위해 간소화될 수 있다. 일반적으로, 효율성 유지를 위해 내부 IT 시스템이 마련돼 있다… 적어도 내부적으로는. 그러한 시스템을 지속적으로 업그레이드하고 운용하는 데는 상당한 자원이 투입되기도 한다.

디지털 비즈니스 모델은
온라인이든 오프라인이든
매끄럽고 원활한 고객 경험을
제공하기 위해 설계된다.
단 한 번의 거래가 아닌 빈번한 상호
작용에 최적화돼 있다.
또한, 디지털 비즈니스 모델로
대량 개인화가 가능해지며
즉석에서 가치 제안을
향상시킬 수 있는 역량이
강화된다.

손쉽게

디지털 비즈니스 모델은 원활한 가치 창출 및 전달에 중점을 둔다. 디지털을 통해서냐 아니면 물리적 경로를 통해서냐는 중요하지 않다. 때때로 디지털 비즈니스 모델은 가치 제안의 일부를 무상으로 제공하고, 무료 체험 기간 이후의 또는 특별한 고급 경험에 대해서는 요금을 부과한다. 일단 고객의 지위가 전환되고나면, 지속적으로 고객이 기업과 연결되어 참여하는 관계가 유지된다.

연결을 유지하다

디지털 비즈니스 모델의 핵심 활동은 고객 경험을 설계하고 고객의 행동 및 참여를 추적하는 것이다. 고객의 완전한 참여와 만족을 보장하기 위해서는 고객에게 전달된 경험에 관한 데이터를 분석하는 것이 중요하다. 기업은 알고리즘을 사용하거나 지속적으로 디지털 방식의 대

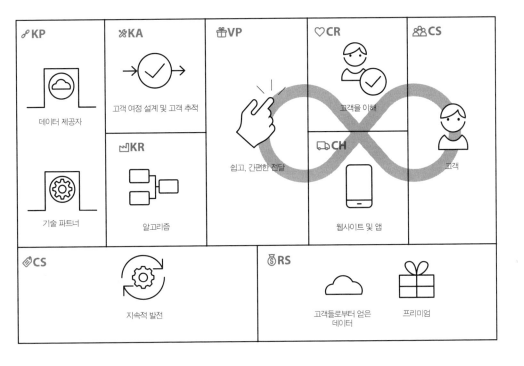

💾 KP	⚙ KA	🎁 VP	♡ CR	👥 CS
데이터 제공자	고객 여정 설계 및 고객 추적		고객을 이해	
	KR	쉽고, 간편한 전달	**CH**	고객
기술 파트너	알고리즘		웹사이트 및 앱	

CS	**RS**
지속적 발전	고객들로부터 얻은 데이터　　프리미엄

화를 시도함으로써 고객의 참여와 만족도를 확인할 수 있다. 고객의 기대치가 더 높다는 것을 감안할 때, 디지털 제안은 계속 발전되어야 한다. 한편, 디지털 비즈니스 모델 덕택에 기업은 수익 흐름에 대한 가치 제안의 올바른 균형을 유지하기 위해 더 쉽게 '실험'할 수 있게 되었다.

패턴들

 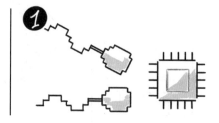

디지털 우선

기업은 완전히 새로운 고객 경험을 제공하기 위해 디지털 기술을 사용한다. 고객의 참여를 위해 개발, 사용되는 기술이 비즈니스 목표를 가능하게 만들고 성장을 주도한다. 디지털 우선의 비즈니스 모델은 물리적인 상호작용, 자산을 배제시키는 것은 아니다. 물리적인 것을 디지털과 완전히 통합시켜주는 것으로 물론 그 반대도 마찬가지다. 더 이상 오프라인과 온라인 사이에 차이는 존재하지 않는다. 고객과 그 고객에게 서비스를 제공하는 기업은 늘 연결되어 있다.

예: 세일즈포스, 워비파커, 포트나이트, 듀오링고, 벤모Venmo, 범블Bumble

디지털 제안

이 패턴은 완전히 디지털화된 가치 제안, 즉 제품, 서비스, 고객 경험 등을 제공하는 것과 관련된다. 이러한 디지털 가치 제안은 물리적 제품, 서비스를 토대로 한 제안과 공존한다. 소프트웨어, 영화, 노래 같은 디지털 상품은 물리적 공간을 차지하지 않는데다 또 동일한 상품이 여러 번 판매될 수 있기 때문에 배포가 수월하다.

예: 뉴욕타임스, 포르쉐Porsche, 언더아머Under Armour, 커넥테라

**디지털
연결**

안내
데스크

이 패턴은 디지털 기술을 사용해 고객과의 연결 방식을 향상, 간소화, 혁신시키는 것에 중점을 둔다. 디지털 연결은 물리적 제품 및 서비스에 대한 온라인 접근성, 즉 물리적 제품 주문을 위한 온라인몰이나 물리적 서비스 예약을 위한 홈페이지 제공과 관련돼 있다. 또한, 고객 서비스 및 고객 지원, 심지어는 주요 가치 제안의 개인화를 위해 사용될 수도 있다.

예: 디지니 파크스, 도미노피자 Domino's Pizza, **오픈테이블**OpenTable

 접목

이 패턴은 물리적 비즈니스에 디지털 요소를 추가하는 것을 말한다. 말 그대로 디지털 요소가 기존의 물리적 비즈니스 모델에 접목되는 것이다. 따라서 이러한 요소들은 비즈니스의 핵심 과정이나 고객과의 상호 작용과는 연관돼 있지 않다. 가치의 창출 및 전달에 도움이 될 것인가에 대한 고려 전혀 없이 홈페이지나 앱 같은 디지털 요소에 상당한 투자가 이루어지는 경우도 많다.

예: "우리도 앱이 있습니다", "홈페이지를 통해 만나볼 수 있습니다", "트위터 Twitter **계정도 있습니다"**

세일즈포스는 기업들이 완전히 새로운 방식으로 고객과 연결될
수 있도록 지원한다는 사명으로 시작되었다. 바로 이 사명 때문에
세일스포스는 디지털 기술의 힘을 활용해 우리의 비즈니스 실행
방식을 인간적인 것으로 이끌었다.

세일즈포스

Salesforce

현황

설립자	총 매출액
마크 베니오프Marc Benioff, 프랭크 도밍게스Frank Dominguez, 파커 해리스Parker Harris, 데이브 묄렌호프Dave Moellenhoff	171억 달러 (2020년)
설립년도 1999년, 미국	
산업 인터넷, 클라우드 컴퓨팅, 컴퓨터 소프트웨어, 인공지능, B2B	규모 고객 수 15만 명 이상 직원 수 4만 9,000명 (2020년)

1999	2000	2003
설립	출시	드림포스Dreamforce
세일즈포스는 전 오라클Oracle 부사장 마크 베니오프, 파커 해리스, 데이브 밀렌호프, 프랭크 도밍게스에 의해 설립되었다.	세일즈포스는 '소프트웨어의 종말'이란 캠페인과 함께 그 첫 번째 제품인 클라우드 기반 CRM을 출시했다. 또한, 1-1-1모델로 자선 사업을 비즈니스 모델에 통합시키면서 세일즈포스 재단(Salesforce Foundation)을 공식 출범시켰다.	후에 당대 최대의 비즈니스 축제 중 하나로 인정받게 되는 세일즈포스의 연례 '사용자 회의'가 처음으로 열렸다. 한 자리에 모인 사람들이 아이디어를 공유하고 커뮤니티를 구축했다. 분기 보고서에서 첫 흑자 전환에 성공했다.

> 우리는 모든 기업이 그 조직 전체에서 온 디맨드on-demand의 이점을 경험할 수 있게 해주는 완벽한 아키텍처를 제공합니다.
>
> **세일즈포스 홈페이지에서**

당신의 비즈니스를 강력하게

고객과 가치를 교환하는 모든 조직(즉, 모든 기업)에게 있어 고객 관계 관리는 가장 중요하다. 역사를 통틀어 수많은 기업들이 장부 또는 롤로덱스(Rolodex: 회전식 카드 파일-옮긴이)를 이용해 고객 정보를 저장해왔다. 그러나 기업의 규모가 커짐에 따라 그런 원시적 해결 방식으로는 도저히 관리가 불가능한 지경에 이르게 된다.

1990년대 말에 시벨Siebel, SAP, 오라클 같은 회사들이 사내 구축 방식의 고객 관계 관리(customer relationship management, CRM) 소프트웨어를 개발했는데, 기업이 고객 데이터를 전부 기업 내 한 장소에 저장할 수 있게 만들어 기업들의 고객 데이터 관리를 용이하게 만들었다. CRM의 이용 결과는 대체로 만족스러웠으나 소프트웨어 자체가 비싸고 복잡했으며 광범위한 유지관리, 보수가 요구되었다. 게다가 무슨 문제라도 발생하면 기업이 자체 자원을 활용해 소프트웨어를

2004 — 2005

2004

IPO

세일즈포스는 11억 달러의 가치 평가를 받으며 1억 1,000만 달러를 조달했다. 상장 첫날 주식 가치가 55퍼센트나 상승했다. 세일즈포스는 공통의 가치와 사명을 추구하기 위해 오하나 Ohana를 도입했다.

2005

앱익스체인지AppExchange

세일즈포스가 제3자를 위한 마켓플레이스인 앱익스체인지를 만들었다. 앱익스체인지는 세일즈포스 플랫폼에서 실행되거나 연결되는 앱들을 위한 전자상거래 웹사이트다. 나중에는 모든 회사가 해당 플랫폼을 중심으로 구성된다.

개방형 혁신

2006년에 세일즈포스는 제3자가 세일즈포스의 멀티 테넌트 공유 아키텍처에서 코드를 작성하고 실행시킬 수 있게 해주는 주문형 프로그래밍 언어 에이펙스Apex를 발표했다. 또한, 사용자가 원하는 인터페이스를 구축할 수 있게 해주는 비주얼포스Visualforce도 출시됐다.

세일즈포스 CRM

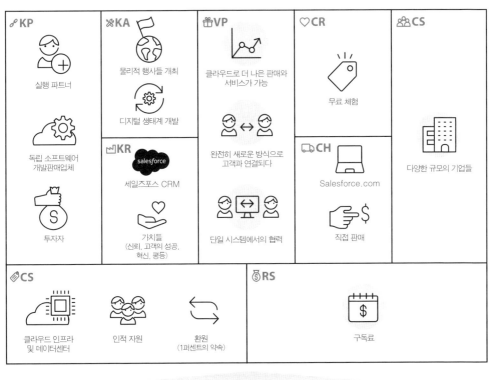

디지털 우선

세일즈포스 온라인 CRM으로 기업이 사내에서 직접 소프트웨어를 개발, 설치, 유지관리해야 할 필요성이 사라졌다.

Force.com

세일즈포스는 드림포스에서 Force.com을 공개했다. 그 결과 고객이 이전보다 4배 더 빠르게 사용자 지정 응용 프로그램을 구축할 수 있게 됐다.

벤처스Ventures

금융위기를 계기로 세일즈포스 플랫폼 구축을 돕는 디지털 기업들에 투자하며 가치 제안을 강화하기 위해 세일즈포스 벤처스가 출범했다. 2009년에 벤처스는 10억 달러의 수익을 창출했다.

가장 혁신적인

잡지 『포브스』가 세일즈포스를 세계에서 가장 혁신적인 기업으로 선정했다. 세일즈포스는 꾸준한 성장을 지속해 10만 고객 달성이라는 대기록을 세웠다.

마케팅 클라우드
Marketing cloud

세일즈포스는 소셜미디어 분석업체 라디안6Radian6, 소셜미디어 콘텐츠 게시·분석업체 버디미디어Buddy Media, 다양한 미디어 도구 제 업체 이그잭트타깃ExactTarget을 인수하며 마케팅 클라우드를 만들었다.

복구하는 수밖에 없었다.

　　당시 오라클의 부사장이었던 마크 베니오프는 변화를 만들어낼 수 있는 기회를 포착했다. 그는 오라클을 그만두고 또 다른 스타트업을 통해 알고 있던 세 사람(프랭크 도밍게스, 파커 해리스, 데이브 묄렌호프)과 함께 자신의 모든 지식과 자원을 쏟아부으며 클라우드 기반의 CRM인 세일즈포스 개발에 박차를 가하기 시작했다. 세일즈포스는 설립 이후 간편한 사용자별 구독 비즈니스 모델을 채택했다. 그렇게 롤로덱스가 자취를 감추고 모든 기업이 세일즈포스의 클라우드 기반 CRM 시스템을 사용할 수 있게 된 것이다.

디지털로 맞춤

　　세일즈포스의 핵심 비즈니스는 기업 내 (마케팅, 영업, 서비스 등) 각 부서 간의 전통적 경계를 허물어 고객에 관한 하나의 관점이 공유될 수 있도록 만드는 일이다. 언뜻 간단해보이지만 실로 훌륭한 이 개념이 기업과 고객의 거리를 더 가깝게 만듦으로써 기업이 고객과 연결되는 방식을 바꿔놓았다.

2013 · 2014 · 2015

2013

모바일

세일즈포스는 세일즈포스1 Salesforce1 플랫폼을 출시해 고객이 스마트폰을 통해 Force.com 정보에 접근할 수 있게 했다.

2014

트레일헤드Trailhead

세일즈포스는 무료로 세일즈포스의 기술을 즐겁게 학습하고 취업에 필요한 능력 습득을 도와주는 트레일헤드를 출시했다. 온라인으로 이용 가능하다.

2015

라이팅Lighting

라이팅은 웹, 모바일, 태블릿, 웨어러블 전반에 걸친 사용자 경험을 통합시킨다. 비즈니스 사용자를 위해 프로그래밍 프로세스를 간편하게 만들어주는 서비스다.

모두를 위한 AI

앱익스체인지에서 다운로드된 앱 수가 200만 개를 넘었다. 2016년에는 세일즈포스의 전 기능을 망라한, 모두를 위한 AI를 제공하는 아인슈타인Einstein이 출시됐다. 2018년에 드림포스는 군중 17만 명과 온라인 시청자 1,500만 명을 유치했다.

연결을 만들어내다

"소프트웨어 없이(No software)"란 홍보 전략 때문에 한때 '소풍 나온 개미'로 불렸던 한 작은 회사가 직접 창출해낸 2,500억 달러로 세계 시장에서 순식간에 업계의 리더로 우뚝 섰다. 사내 직접 설치 소프트웨어의 경우 그 설치에 막대한 투자가 요구되는데 반해 세일즈포스의 클라우드 기반 소프트웨어는 고객의 설치 시간을 훨씬 단축시키는 것이었다. 당연히 성공할 수밖에 없었다.

그리고 그것은 CRM에서 멈추지 않았다. 세일즈포스는 핵심 제품에서 벌어들인 수익과 벤처캐피털을 활용해 사람, 프로세스, 데이터 및 기능 간 연결을 도모하는 회사들을 지원한다는 자사의 비전과 관련된 일련의 가치 제안들을 계속 발전시켜나갔다. 거기서 모든 가치 제안은 (지금도 그렇지만) 고객을 중심으로 만들어졌다.

> "
>
> 우리는 새로운 미래를 창조하고자 합니다. 따라서 당신은 스스로를 깨고 끊임없이 게임을 변경할 준비가 되어 있어야 합니다.
>
> **세일즈포스의 공동 창업자이자 최고경영자 마크 베니오프**
>
> "

163

세일즈포스 라이팅 플랫폼

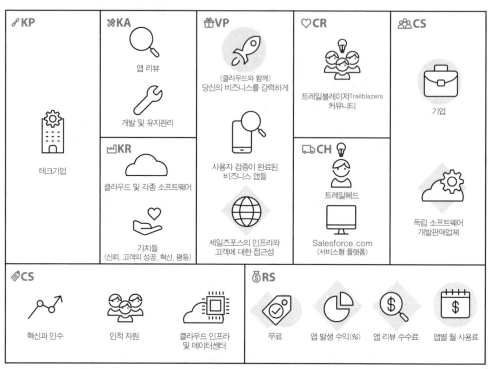

KP	KA	VP	CR	CS
테크기업	앱 리뷰 개발 및 유지관리 **KR** 클라우드 및 각종 소프트웨어 가치들 (신뢰, 고객의 성공, 혁신, 평등)	(클라우드와 함께) 당신의 비즈니스를 강력하게 사용자 검증이 완료된 비즈니스 앱들 세일즈포스의 인프라와 고객에 대한 접근성	트레일블레이저Trailblazers 커뮤니티 **CH** 트레일헤드 Salesforce.com (서비스형 플랫폼)	기업 독립 소프트웨어 개발판매업체

CS

혁신과 인수	인적 자원	클라우드 인프라 및 데이터센터

RS

무료	앱 발생 수익(%)	앱 리뷰 수수료	앱별 월 사용료

디지털 우선

판매, 마케팅, 서비스 부문에서 고객과의 연결을 더 쉽게 만드는 앱들의 개발, 판매, 이용을 위한 플랫폼을 제공하라.

서비스형 플랫폼

다양한 회사들이 기업용 응용 프로그램을 개발해 다른 세일즈포스 고객에게 판매할 수 있는 최대의 디지털 B2B 마켓플레이스가 된 앱익스체인지는 세일즈포스의 초기 사업 확장에 크게 기여했다. 서비스형 플랫폼(Platform as a Service, PaaS)인 Force.com을 토대로 구축된 앱익스체인지는 고객과 파트너가 세일즈포스의 시스템에 직접 앱을 배포할 수 있게 했다.

또한 이때부터 세일즈포스는 다른 SaaS(서비스형 소프트웨어) 회사들을 인수하기 시작해 서비스 기업으로 브랜드 이미지와 목적을 쇄신하며 서비스, 마케팅 등 다른 비즈니스 기능들로 사업 영역을 더욱 확장시켜나갔다. 마케팅, 인공지능AI, 분석, 통합, 새로운 소셜미디어, 모바일 등 다양한 산업별 솔루션이 거기에 포함된다.

개방형 혁신을 촉진하다

오늘날, 세일즈포스는 정부를 포함해 우리가 상상할 수 있는 모든 유형의 기업에게 광범위한 서비스를 제공함으로써 그들이 고객 지향적 조직으로 거듭날 수 있도록 돕고 있다. 세일즈포스는 성장을 계속함에 따라 24개 이상의 업체들을 인수하며 지금까지 약 40억 달러를 투자해왔다. 주 목적은 그 핵심에 새로운 혁신과 아이디어, 기업가 정신을 주입하기 위한 것이었다. 이는 세일즈포스 역시 끊임없이 스스로를 쇄신해야만 했음을 의미한다.

2016	2017	2018
비영리단체용 성공팩 Nonprofit Success Pack	**급속한 성장**	**전용 클라우드**

세일즈포스는 비영리단체용 성공팩으로서 비영리단체용 스타터팩Starter Pack을 출시해 비영리단체들이 대중과의 연결을 위해 최고의 CRM에 접근할 수 있게 했다.

또다시 『포브스』가 세일즈포스를 세계 최고의 혁신 기업으로 선정했다. 2017년 말 세일즈포스의 기업 가치는 83억 달러에 달했다.

세일즈포스는 비영리 및 교육 단체 고객들에게 더 나은 서비스를 제공하기 위해 전용 클라우드를 출시했다. 또한, 유나이티드 웨이United Way와 공동으로 수많은 기업들과 그 직원들을 비영리단체와 연결시키는 필랜스로피 클라우드Philanthropy Cloud를 발표했다.

> "
> 세상을 바꾸는 일은 모두의 일입니다.
>
> **세일즈포스의 공동 창업자이자 최고경영자 마크 베니오프**
> "

함께하는 전환

1퍼센트의 약속

세일즈포스는 기업이 변화를 위한 가장 훌륭한 플랫폼이라는 시각을 가지고 창립 초기부터 사회적 목적에 헌신해왔다. 그 일환으로 세일즈포스는 더 좋은 세상을 만들기 위한 사회적 사명에 헌신하는 조직 및 사람에게 자사의 근무 시간, 자본, 제품 중 1퍼센트를 기부하는 1-1-1모델을 만들었다.

사회적 영향 센터

세일즈포스는 1999년에 회사의 사회적 영향 센터로서 기능하게 될 전담 사업부 Salesforce.org를 설립해 변화를 만드는 이들과의 협력에 중점을 뒀다. Salesforce.org를 통해서 이 회사는 비영리단체와 교육 단체를 비롯해 각종 자선 단체들이 더 큰 영향력을 발휘할 수 있도록 지원하고 있다. 또한, Salesforce.org는 세일즈포스의 사내 사업부로서 세일즈포스의 플랫폼상에서 혁신에 힘쓰며 4만 5,000명에 달하는 직원들의 역량을 활용하는 한편 고객들도 함께 회사의 글로벌 선행 운동에 동참해줄 것을 호소하고 있다.

2018

상징적 집

세일즈포스는 세일즈포스 타워로 회사를 옮기고 파트너들과 비영리단체들에게도 공간을 제공했다.

서약 참여

1퍼센트의 약속을 통해 세일즈포스는 비영리 파트너들에게 450만 시간, 3억 1,000만 달러의 보조금, 4만 5,000건의 라이선스를 기부했다. 게다가 2000년 이후로 9,000여 개의 기업들이 서약에 동참했다

Salesforce.org

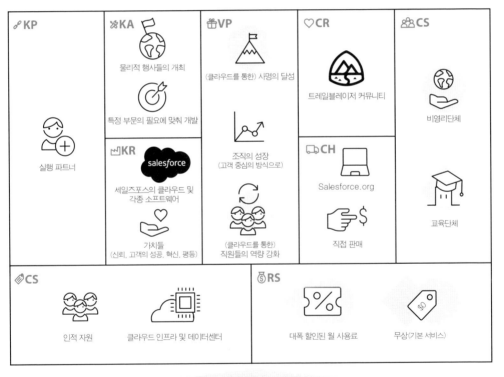

KP	⚙KA	🎁VP	♡CR	👥CS
실행 파트너	물리적 행사들의 개최 특정 부문의 필요에 맞춰 개발 **KR** salesforce 세일즈포스의 클라우드 및 각종 소프트웨어 가치들 (신뢰, 고객의 성공, 혁신, 평등)	(클라우드를 통한) 사명의 달성 조직의 성장 (고객 중심의 방식으로) (클라우드를 통한) 직원들의 역량 강화	트레일블레이저 커뮤니티 **CH** Salesforce.org 직접 판매	비영리단체 교육단체

CS		💰RS	
인적 자원	클라우드 인프라 및 데이터센터	대폭 할인된 월 사용료	무상(기본 서비스)

디지털 우선

세일즈포스는 세상의 현 상태를 개선하는 것을 비즈니스의 목적이라고 믿는다. 그러므로 비영리 및 교육 단체들은 더욱 큰 영향력을 발휘하기 위해 세일즈포스의 모든 기술을 이용할 수 있다.

무료로 실력을 향상시키다

세일즈포스가 이미 확고히 자리 잡은 조직에게 사회적 이익을 제공하는 일에만 집중하는 것은 아니다. 디지털 경제의 지속적 확장 과정에서 세일즈포스는 다수의 새로운 직업을 창출해왔다. 새로운 직업에 도전하거나 기존의 직책에서 디지털 실력을 키우고자 노력하는 이들에게 다양한 학습 경로를 제공하는 일을 회사의 사명에 포함시켰다. 비단 테크업종에 몸담고 있는 이들만이 아니라 누구나 다 실력의 격차를 좁힐 수 있다.

환원

Salesforce.org는 비영리 및 교육 단체들이 고객과 더 잘 연결될 수 있도록 서비스 제공을 전담하는 세일즈포스 내부의 비즈니스 모델이다.

트레일블레이저 학습 관리 시스템은 그러한 서비스를 무상으로 제공할 뿐만 아니라 누구든 세일즈포스나 기타 새로운 디지털 기술을 배우고자 하는 사람에게 개방돼 있다. 그 결과 디지털에 문외한인 사람도 얼마든지 디지털 세상에 입문할 수 있도록 지원받을 수 있다. 이는 디지털 전환 과정에서 어느 누구도 뒤처지지 않게 된다.

오하나

세일즈포스는 회사의 가족 지향적 문화를 설명하기 위해 오하나를 사용한다. 오하나는 하와이 언어로 가족을 의미한다. 세일즈포스의 전략과 활동 속에 항상 들어가 있는 오하나는 직원, 파트너, 고객 간 결속을 나타낸다. 세일즈포스의 모든 건물에는 비영리단체나 재단들에게 개방돼 있는 오하나 플로어Ohana floor라는 것이 있어 세일즈포스의 환원 문화를 더욱 공고히 하는 역할을 하고 있다.

표부	 신뢰	 세상의 현 상태를 개선하다	 모든 사람과 모든 것을 연결	 고객 중심
에너지	 오하나 (가족)	 (경쟁자가 아닌) 파트너들	 물리적 행사들	 혁신가들
정보	 커스터머 360	MuleSoft 뮬소프트MuleSoft 통합, API	einstein 아인슈타인(AI)	+ableau 태블로!ableau 분석 및 시각화
운영	salesforce Salesforce.com (서비스형 소프트웨어)	 앱익스체인지	 트레일헤드(학습)	 사람과 아이디어를 연결

세일즈포스의 내부에는 그 자신을 상업적 회사, 비영리단체, 교육 기관, 참전용사, 예술가, 기술자, 소프트웨어 개발자 기타 등등으로 다양하게 구성된 하나의 가족처럼 간주하는 인식이 자리 잡고 있다. 이 가족을 하나로 묶어주는 것은 신뢰, 고객의 성공, 혁신, 평등 같은 일련의 공유 가치들이다.

2018	2019	미래
뮬소프트	태블로	새로운 일자리, 새로운 수익
세일즈포스는 통합 기술업체 뮬소프트를 65억 달러에 인수했다.	세일즈포스는 분석 및 시각화 업체 태블로를 157억 달러에 인수했다. 직원들의 자원봉사가 400만 시간을 넘었고, 이제까지의 기부액이 3억 달러에 이르렀다. 커스터머 360 플랫폼을 출시했다.	2025년까지 세일즈포스의 고객들에 의해 420만 개의 새로운 일자리와 1조 2,000억 달러에 달하는 새로운 수익이 창출될 것으로 추정된다.

세일즈포스는 혁신, 자선활동, 문화에 있어 선도기업으로 불리는데, 특히 디지털 세상에서는 잘하는 것과 선한 행동이 잘 조화될 수 있음을 증명하고 있다. 여러 면에서 세일즈포스의 디지털 비즈니스 모델은 조직과 고객을 연결시켜 모두에게 영향을 미치려는 목적을 위한 수단일 뿐이다.

> 세일즈포스는 기업을 고객과
> 가깝고 긴밀하게 연결시켜줌으로써
> 성장을 지원하고
> 그 결과 경제에 번영을 가져다준다.

어느 회사나 조직이든 고객과의 연결은 성공의 기본 조건이다. 여기서의 성공은 이윤 창출 면에서의 성공만을 말하는 것이 아니다. 고객을 위한 가치 창출 면에서의 성공도 포함된다. 비록 세일즈포스가 그것을 도와줄 수 있다고 해도 결국 중요한 것은 소프트웨어가 아니다.

세일즈포스는 여러 방면으로 기술을 인간적인 것으로 만들기 위해 노력해왔다. 앱익스체인지를 통해서든 (아인슈타인이란 명칭의) 인공지능 에이전트나 그 밖의 여러 박애주의적 노력 또는 다른 소프트웨어 플랫폼 (태블로 등) 인수를 통해서든 이 회사는 끊임없이 고객들이 각자의 또 다른 고객에게 도움을 줄 수 있도록 지원하는 일에 다각적 노력을 집중시킨다.

디지털이 물리적인 것을 죽이는 건 아니다

세일스포스의 기여로 탄생한 디지털 전환과 관련하여 아마도 가장 근사한 것은 기업의 성장 궤도가 최첨단 기술 개발을 우선시하고 고객에 대한 고려는 뒷전에 두는 철학을 토대로 그려지지 않았다는 사실일 것이다. 비록 세일즈포스가 디지털 우선 기업이기는 하나 이 회사도 초창기부터 사람과 아이디어의 연결을 위하여 각종 물리적 행사 및 사무 공간을 조성해왔다. 그것이 세인즈포스가 고객 중심, 그리고 클라우드 컴퓨팅이라는 비전을 공유하면서 동시에 직원, 고객, 파트너, 사회를 그 여정에 함께 데리고갈 수 있었던 이유다.

워비파커

Warby Parke

안경 산업은 수십 년 동안 독점 상태에 머물러 있던 탓에 고객을 위한 새로운 가치가 거의 창출될 수 없었다. 워비파커가 바라는 건 고객을 근사해 보이게 하는 것, 고객의 주머니에 여윳돈을 남겨주는 것, 그리고 도움이 필요한 이에게 안경을 기부하는 것이었다. 그리고 워비파커는 디지털 전략과 함께 그 바람들을 실현해가기 시작했다.

현황

설립자 닐 블루먼솔Neil Blumenthal, 데이비드 길보아David Gilboa, 앤드루 헌트Andrew Hunt, 제프리 레이더Jeffrey Raider	**총 매출액** 2억 5,000만 달러 (2017년)
설립년도 2010년, 뉴욕	
산업 온라인 안경산업	**규모** 미국과 캐나다 전역에 걸쳐 100곳에 가까운 매장을 운영 중이며 안경 400만 개 기부

> **❝** 워비파커에 열정적인 사람들은 수익성과 성장성이 좋으면서 대가 없이 세상에 유익한 일을 할 수 있는 회사를 만들어가는 것에 열정을 가지고 있습니다. **❞**
>
> **워비파커 설립자 닐 블루먼솔**

워비파커는 친구 네 사람이 합심해 설립한 회사다. 설립자 중 한 명인 닐 블루먼솔이 비행기에서 500달러짜리 프라다 안경을 잃어버린 일이 설립의 계기가 되었다. 블루먼솔은 새 안경을 구입할 형편이 안 돼 대학원 학기 중에 큰 곤란을 겪었다. 설립자들은 당시 룩소티카 Luxottica라는 한 회사가 안경 산업을 장악하고 있음을 직시하고는 소비자들에게 훨씬 더 나은 제품을 보다 저렴한 가격에 제공하는 일에 착수했다. 당시 안경 시장에서 구입 가능한 안경테들은 전반적으로 값이 비쌌음에도 디자인 면에서 선택의 폭이 넓지 않았다.

워비파커는 안경을 구입하는 일은 쉽고 즐거워야한다는 믿음에서 설립되었다. 고객이 근사해보여야 하며 구매 후에도 여전히 두둑한 주머니를 느끼며 스스로의 구매 행위에 만족감을 느낄 수 있어야 한다. 이를 위해 이 회사는 전통적 방식에서 벗어나 원료를 조달해 모든 안경 제품을 직접 디자인했다. 그리고 온라인 단독 판매 전략을 사용하며 고객에게 제품을 직접 판매하는 방법을 선택했다.

하나 사고 하나 기부 (Buy a pair, give a pair)

워비파커의 설립자들은 또한 모든 사람에게 볼 권리가 있다는 신념을 가지고 있다. 세계적으로 10억 명에 가까운 사람들이 안경 착용의 기회를 얻지 못하고 있음을 감안해 워비파커는 "하나 사고 하나 기부"프로그램을 생각해냈다. 안경 한 개가 팔릴 때마다 파트너인 비영리 단체 비전스프링VisionSpring을 통해 또 다른 안경 한 개를 도움이 절실한 누군가에게 기부한다는 것이다. 더 나아가 워비파커는 회사(비콥B Corp으로 설립)를 탄소중립으로 설계함으로써 환경적 영향을 최소화하고 사회적 영향은 최대화하는 것에 중점을 두었다.

워비파커의 설립자들이 공유하는 비전들이 이타적인 것처럼 들리긴 하지만 그것이 전혀 허황된 것은 아니다. 첫 3주 만에 연간 판매 목표를 달성하며 2011년에만 안경 10만 개가 팔려나갔다. 게다가 2만 명의 주문이 대기 중인 상태였다. 디자인이 훌륭하면서도 저렴한 안경을 사람들이 얼마나 고대하고 있었는지가 분명해졌다. 2015년에는 회사의 가치가 12억 달러까지 치솟으며 워비파커는 명실공히 안경 시장의 진정한 강자로 자리 잡았다.

또한 워비파커는 수십 년 동안 경쟁업체들이 사용해온 비즈니스 모델을 그대로 답습하지 않고도 충분히 성공할 수 있다는 것을 직접 자신의 성장 과정에서 보여주었다. 예를 들면, 2016년에 워비파커는 독자적 광학연구소를 개설해 렌즈의 외부 생산을 자체 생산으로 변경했다. 마찬가지로 이 회사는 유통 경로를 디지털과 물리적 방식 모두로 확장하며 미국 전역과 캐나다의 몇몇 도시에 자체 브랜드 매장을 마련했다.

거대하고 수평적이며 주로 물리적인
군살 없이 수직적이며,
디지털과 물리적 방식을 모두 사용한
워비파커.

안경 산업의 물리적 비즈니스 모델은 수평적으로 조성된 전통적인 공급망을 기반으로 한다. 즉, 모든 관련 업체들로 인해 최종 제품 가격이 상승한다. 기본적으로 이 산업을 지배하는 회사들은 룩소티카와 사필로Safilo(구찌Gucci, 펜디Fendi, 디올Dior)이다. 그들은 고객의 취향과 필요에 부합하는 제품을 만들지 않고도 얼마든지 원하는 제품 가격을 책정한다. 아주 고가의 안경임에도 불구하고 어떠한 가치도 추가돼 있지 않은 것이다.

안경 산업은 그 규모가 1,400억 달러에 달할 정도로 거대하고 또 대단히 비효율적이다. 지난 수십 년 동안 룩소티카가 수평적 공급망을 조성하며 안경 산업에서 어느 정도 독점적 지위를 유지해왔다. 이 이탈리아 대기업은 레이밴Ray Ban, 오클리Oakley, 올리버 피플스Oliver Peoples, 페르솔Persol 등 거의 모든 디자이너 브랜드와 선글라스헛 Sunglass Hut, 렌즈크래프터스LensCrafters, 펄비전Pearle Vision, 타깃 옵티컬Target Optical, 시어스옵티컬Sears Optical 같은 물리적 소매 체인을 대거 보유하고 있다. 심지어 미국에서 두 번째로 큰 안과 보험업체인 아이메드EyeMed도 이 회사 소유다. 거두절미하고 룩소티카는 안경에 관한 한 먹이사슬의 최상위에 위치하고 있으며 그런 까닭에 자신이 합리적이라고 생각하는 가격을 마음대로 책정할 수 있었다.

고객의 이익을 위해 자체적으로

워비파커는 경쟁에서 승리하기 위해 수직적 통합 전략을 세웠고, 위탁 업무의 대부분을 자체적으로 해결하는 방식을 선택했다. 다시 말해, 500달러부터가 아닌 95달러부터 시작하는 세련되고 저렴한 안경을 고객에게 제공할 수 있게 만들었다.

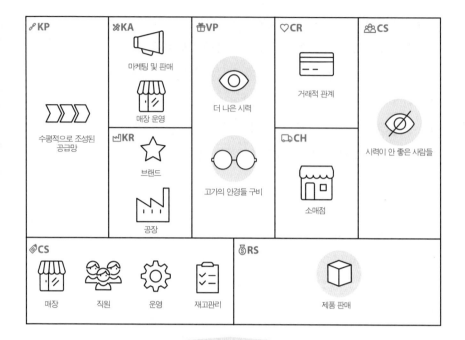

⚲ KP	✷ KA	🎁 VP	♡ CR	🐾 CS
수평적으로 조성된 공급망	마케팅 및 판매 매장 운영 ⤢ KR 브랜드 공장	더 나은 시력 고가의 안경들 구비	거래적 관계 ⛟ CH 소매점	시력이 안 좋은 사람들

✎ CS				🏅 RS
매장	직원	운영	재고관리	제품 판매

물리적 비즈니스 모델

이 산업의 공급망 조성 방식 때문에 소비자가 지나치게 비싼 안경을 구매할 수밖에 없다. 결과적으로 안경이 아무리 비싸도 부가가치가 전혀 없다.

워비파커는 이미 아주 확고하게 자리 잡은 선수가 버티고 있는 산업이라 할지라도 새로운 비즈니스 모델로 현상 유지의 파괴를 도모할 수 있는 기회는 항상 존재한다는 것을 증명했다. 디지털 전환을 다루는 내용임에도 이번 장에 안경업체 워비파커의 사례를 포함시킨 이유는 고객이 원활하고 즐거운 온라인·오프라인 경험을 제공받을 수 있도록 때로는 디지털과 물리적 채널을 서로 결합하는 것이 옳기 때문이다.

이처럼 디지털과 물리적 채널이 함께 작용해야 전체 쇼핑 여정이 더 편리하게 개선될 수 있다. 워비파커는 고객이 어디서 (온라인 또는 오프라인) 그들의 여정을 시작하든 관계없이 고객의 전체 여정을 지원한다. 실제로, 워비파커가 물리적으로도 또 디지털적으로도 고객 경

판매 시점(Point of Sale)을 혁신하라!

워비파커는 고객이 어디에 있든 그들과 연결되어 서비스를 제공하고 싶다는 생각에 디지털 채널 우선 전략과 함께 그 비즈니스 모델에 관한 여정을 시작했다. 이를 위해 이 회사는 고객이 안경을 골라 착용해보고, 또 구입 후 반품할 때조차 물리적 매장에 들를 필요가 없게끔 지원하는 것을 중심으로 고객 경험을 설계했다. 워비파커는 디지털 채널들이 완비된 후에야 비로소 물리적 매장을 늘려나가기 시작했다.

디지털 우선

 온라인과 오프라인 모두에서 고객의 행동을 관찰함으로써 더 나은 경험을 개발할 수 있다.

험을 훌륭하게 설계했으므로 공동 설립자 중 한 사람인 제프 레이더가 자신이 학습한 것을 바탕으로 소비자 대상 직접 판매(Direct-to-Consumer) 비즈니스 모델을 채택한 10억 달러 규모의 남성용품 회사 해리스(Harris.com)를 창업했다.

뉴욕타임스

The New York Times

광고 판매에 의한 교차 보조 저널리즘 기반의 전통적 신문 비즈니스 모델이 무너졌다는 인식이 명확해진 지도 이미 오래다. 그럼에도 새로운 방식의 고객 중심 가치 창출로의 전환은 상당한 노력과 완전히 새로운 사고방식을 요하는 일이었다.

현황

설립자 헨리 자비스 레이먼드 Henry Jarvis Raymond, 조지 존스 George Jones	총 매출액 18억 달러 (2019년)	
설립년도 1851년, 뉴욕		
산업 뉴스	규모 구독자 수 380만 명(디지털) 470만 명(디지털 및 지면)	

'회색 머리칼의 노부인(The Gray Lady)'이라는 별칭을 가진 뉴욕타임스는 진실을 추구하고 사람들의 세상에 대한 이해를 돕는다는 사명을 가지고 값싼 대중신문으로서 창간되었다. 그리고 여러모로 볼 때 그 사명을 아주 훌륭하게 이행해왔다. 1851년 창간 이래 뉴욕타임스는 퓰리처상을 127차례나 수상했는데, 그것은 현존하는 다른 그 어떤 신문도 해내지 못한 일이다.

물리적인 것과 디지털 사이에서의 갈등

뉴욕타임스는 종이 기반 뉴스 매체로서 번영을 지속했으나 1990년대 말 다른 회사들이 홈페이지로서 디지털판을 만들기 시작하자 뉴욕타임스도 그들을 따라 홈페이지를 개설하고 종이 신문의 기사들을 게재해 그 기사들에 대한 무료 접근을 허용했다. 10년 뒤에는 새로운 홈페이지와 모바일 서비스도 시작했다. 당시의 그러한 시도들 속에 어떤 특별한 전략적 구상이 숨어 있었던 것은 아니었다.

세상은 온라인으로 이동하고 있었다. 비록 뉴욕타임스도 홈페이지를 마련해놓기는 했지만 새로운 세상에서 성공하기 위한 어떤 전략적 선택에서 그렇게 했던 것은 아니었다. 실제, 구글Google 같은 회사들이 다른 정기 간행물들과 마찬가지로 온라인 콘텐츠 세상에서 엄청난 관심을 끌고 있었을 때조차 뉴욕타임스 경영진은 인쇄판의 실제 크기 문제 같은 비용 삭감을 주요 전략적 수단으로서 취급하고 있었다.

그러나 그러한 행보가 오래 지속되지는 않았다. 비록 디지털로 가는 와중에 경영진이 어려움을 겪긴 했어도 뉴욕타임스의 디지털화를 이어가기 위한 결정에서는 여러 면에서 시대를 앞서나갔다. 아이폰 iPhones, 안드로이드Android, 윈도Windows용 앱을 각각 출시한 후 디지털을 인쇄판 중심 전략의 일부로 간주하던 시각에서 벗어나 디지털 그 자체를 핵심 전략으로 인식하기 시작했다. 인쇄판의 수익이 계속 줄어들어감에 따라 경영진은 그 줄어든 수익이 결코 다시 돌아오지 않을 거라는 것을 인식했다. 그리하여 디지털 유료화를 감행해 구독자가 아닌 무료 고객에게는 제한된 접근만을 허용하기 시작했다.

대다수 다른 경쟁자들과는 달리 뉴욕타임스는 구독 우선 비즈니스를 전략적 선택으로 삼았다. 그것은 본래 이 회사가 인쇄판에서도 사용하고 있던 전략이었다. 오늘날 조회 수 극대화와 저마진의 광고 판매에 집중하는 다른 언론 매체들과는 달리 뉴욕타임스는 수백만 명이 기꺼이 돈을 지불할 정도로 강력한 저널리즘 제공에 중점을 두었다. 그리고 시간이 흐름에 따라 핵심 서비스에 상당한 투자를 하는 동시에 넷플릭스, 스포티파이Spotify, HBO 같은 디지털 우선 기업들이 사용한 것과 유사한 전략에 따라 지속적으로 새로운 온라인 서비스와 기능을 추가해나갔다.

물리적 신문, 콘텐츠는 왕이다

뉴욕타임스가 디지털 전략을 더욱 강력히 밀어붙였음에도 독자들이 소셜미디어 같은 다른 뉴스 매체들로 옮겨감에 따라 구독자 수의 증가는 여전히 지지부진한 상태에 머물렀다. 실제로, 2016년 데릭 톰

톰슨Derek Thompson의 기사 "미국 신문들의 인쇄 종말(The Print Apocalypse of American Newspapers)"에 따르면 2000년에서 2015년 사이에 「디 애틀랜틱The Atlantic」의 전체 신문 수익이 90퍼센트나 감소했다고 한다. 여기서 문제가 되는 건 비단 독자의 온라인 이동만이 아니었다. 사람들의 눈이 무료 디지털 뉴스 매체와 소셜미디어로 옮겨감에 따라 신문과 뉴스 미디어 산업이 디지털 혁신으로 인한 완전한 붕괴에 직면해 있다는 사실이 핵심이었다.

사람들이 진정으로 원하는 것

뉴욕타임스는 더 이상 비용 삭감에 매달리지 않고 '베타 그룹Beta Group'이란 것을 새로 조직해 서로 다른 분야를 접목시켜 새로운 디지털 가치 제안들을 개발하기 시작했다. 그러나 베타 그룹에 못지않게 생산적으로 임했던 경영진은 얼마 지나지 않아 그들의 디지털 혁신 노력에도 불구하고 여전히 손실을 만회하기 어렵다는 사실을 인정할 수밖에 없었다. 회사 내부 문서인 '혁신 보고서'의 결론에 따르면 대부분 뼛속까지 신문쟁이였던 편집자들이 베타 그룹에게 너무나 자주 '안 된다'고 말했던 것이었다. 헤드라인을 뽑는 스타일부터 세부 내용에 이르기까지 모든 것에 대한 긴 토론을 자랑으로 여기는 문화 속에서 디지털 혁신 속도를 늦추고 있었던 장본인은 바로 보도국이었다. 하지만 그 덕분에 중요한 사실이 표면으로 드러나기도 했다. 뉴욕타임스의 독자들이 진정으로 원하는 것은 바로 가독성과 접근성, 그리고 시각적으로 눈길을 끄는 콘텐츠라는 사실이었다. 모두 뉴욕타임스가 자랑하는 장점들이었다.

이제 중요한 질문은 "우리가 변해야만 할까?"가 아니었다. "어떻게 변할까?"였다.

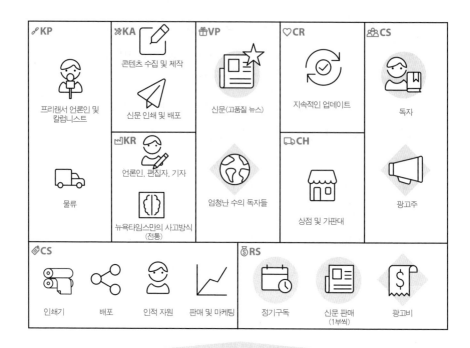

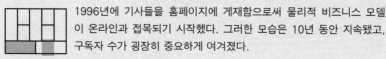

'혁신 보고서'를 발표한 후 뉴욕타임스는 2020 프로젝트를 시작했다. 이 프로젝트의 목표는 혁신적인 고품질 디지털 콘텐츠의 사용으로 구독자를 끌어들여 보유하는 것이다. 경영진은 2020년 말까지 디지털 수익을 최소 8억 달러로 두 배로 늘리겠다고 약속했다. 회사가 더 많은 기술 인재들의 영입에 투자하며, 전 조직이 베타 그룹을 따라하며 더 반복적으로 일하기 시작했다.

뉴욕타임스는 디지털 세상에서는 전통적 수익화 전략이 통하지 않는다는 걸 어렵게 학습한 뒤 당당히 디지털 강자로 거듭났다. 믿을 만한 언론사가 제공하는 고품질 뉴스처럼 고객이 가치를 인정하는 것들은

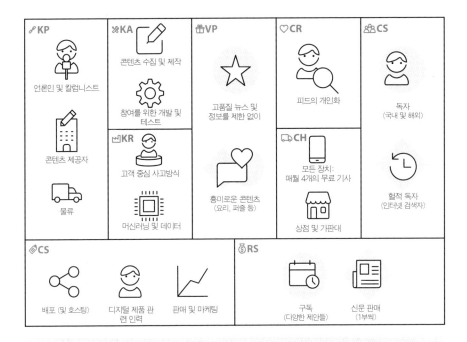

디지털 대응!

기술 표준인 2주간의 애자일 스프린트Agile sprint 과정을 이용해 직원들은 이용자들에게 보이지 않는 세부적인 사항보다는 고객 경험에 집중하며 요리나 십자말풀이 같은 기존의 디지털 제품들을 빠른 속도로 향상시켰다. 고객의 마음을 사로잡는 디지털 가치 제안의 개발에 능숙해짐에 따라 뉴욕타임스는 가장 중요한 요소인 콘텐츠에 집중하며 새로운 경험들을 공개해나갔다.

디지털 제안

이미 검증된 제품, 즉 고품질 뉴스와 정보를 잘 묶어 언제 어디서든 소비되기 쉽게 만든다.

종종 재발견되고 다른 방식으로 소비될 수 있도록 설계될 필요가 있었다. 새로운 디지털 가치 제안들과 새로운 업무 방식으로의 전환에 성공함으로써 뉴욕타임스는 실제로 예상보다 일 년 앞서 수익 목표를 달성했다. 그리고 이제는 현재 500만 명에 달하는 구독자 수를 2025년까지 두 배로 증가시키는 것을 목표로 삼고 있다.

그 밖의 사례들

"나한테 벤모 해(Just Venmo me)"
벤모Venmo는 사람들 사이의 어색한 주고받기를 간편한 것으로 바꿔줄 수 있다. 여럿이 돈을 나눠서내야 할 때나 친구에게 돈을 갚아달라고 요청할 때, 그냥 앱을 통해 벤모를 보내기만 하면 된다. 그러면 당신에게 돈이 송금된다.

스포츠 의류에 데이터를 사용하다
언더아머Under Armour의 10억 달러 투자는 언더아머가 디지털 전환을 얼마나 진지하게 받아들이고 있는지를 분명히 보여준다. 세 개의 운동 관련 앱을 사들인 언더아머는 앱을 통해 획득한 데이터를 활용함으로써 고객에게 최고의 기능성 스포츠 의류를 제공하고 있다.

피자 주문을 위한 챗봇Chatbots
도미노피자Domino's pizza는 사용자 경험을 더욱 쉽고 즐겁게 만들어줄 챗봇을 사용 중이다. 당신이 어떤 경로를 이용하든 피자 봇 돔Dom을 통해 원하는 피자를 주문할 수 있다.

링Ring의 사명은 고객의 주변을 파악하기 쉽게 만드는 것이다. 링의 비디오 초인종을 사용하면 누가 초인종을 눌렀는지 알 수 있다. 뿐만 아니라 집 근처에 누가 있을 때도 영상으로 확인이 가능하다. 링의 제품은 보안에 유리한데다 편리하기까지 하다.

범블Bumble은 서로에게 호감을 갖고 있는 사람들을 연결시켜 온라인 데이트를 가능하게 해준다. 화면을 오른쪽으로 밀면, 당신이 마음에 드는 사람과 짝이 될 수 있다. 그러나 범블은 전통적 편견을 깨부수고 있다. 오직 여성만이 타인에게 먼저 연락을 시도할 수 있다.

더 나은 드라이빙을 위해!

포르쉐Porsche 디지털 랩 Digital lab은 말하자면 포르쉐의 디지털 조직이다. 이 랩에서 포르쉐는 최신 기술을 사용해 운전자를 위한 혁신적 솔루션 개발에 힘쓴다. 포르쉐는 새로운 디지털 제품 및 서비스로 포르쉐 자동차의 드라이빙 경험을 훨씬 더 나은 것으로 만들고자 한다.

더 이상 식당 예약을 위해 전화기를 붙들고 대기하지 않아도 된다. 클릭 몇 번만으로도 오픈테이블OpenTable의 네트워크에 존재하는 전 세계 5만 4,000곳의 식당들 중 한 곳에 자리를 예약해놓을 수 있다. 따라서 식당과 손님 모두 식당 예약, 관리에 들어가는 상당한 수고를 아낄 수 있다.

네 가지 간단한 사례 연구

간단하고, 신선하고, 빠르고, 명확하다

	개발사	총 매출액	출시일	규모
1 포트나이트 Fortnite	에픽게임즈 EPIC Games	18억 달러 (2019년)	2017년 7월 25일	실제 게임자 수 2억 5,000만 명
2 듀오링고 Duolingo	설립자 루이스 폰 안 Luis Von Ahn	총 매출액 8,600만 달러 (2019년)	설립년도 2011년, 펜실 베이니아 주 피 츠버그	규모 사용자 수 3억 명
3 커넥테라 Connecterra	설립자 안사리Ansari , 코카Khokhar	총 모금액 950만 달러	설립년도 2012년, 네덜 란드 암스테르 담	규모 10개국
4 디즈니 파크 Disney Parks	설립자 월트 디즈니 Walt Disney	총 매출액 262억 달러 (2019년)	설립년도 1971년, 플로 리다 주 올랜도	규모 전 세계 6개 공원

포트나이트: 최후의 승자

> ❝ '포트나이트' 같은 게임들은 현실 세계의 친구들과 함께 즐기면 훨씬 더 재미있죠. 누구나 쉽게 할 수 있는 게임이기도 하고요. ❞
>
> 에픽게임즈 CEO 팀 스위니Tim Sweeney

에픽게임즈는 1991년에 팀 스위니가 '포토맥컴퓨터시스템스 Potomac Computer Systems'라는 명칭으로 설립한 회사다. 첫 게임 ZZT가 상당한 인기를 얻은 덕분에 스위니는 수년간 게시판을 통해 주문을 받고 우편으로 게임을 판매했었다. 1998년에 에픽게임즈가 발표한 3D 일인칭 슈팅 게임 언리얼Unreal은 이후 시리즈로까지 발전했다. 나중에 이 회사는 다른 게임 개발자들에게 핵심 기술인 언리얼 엔진을 판매하기 시작했다.

배급사에서 탈피해 변신을 시도

2011년에 에픽게임즈는 협동 생존 게임 포트나이트 개발 계획을 발표했다. 원래의 아이디어는 게임자들이 마인크래프트Minecraft처럼 구조물을 만들고, 또 콜 오브 듀티Call of Duty처럼 좀비와 싸우는 게임이었다. 동시에 에픽게임즈는 게임의 콘셉트를 지휘하는 게임 배급사에서 탈피해 서비스형 게임(Games-as-a-Service, GaaS) 모델로 전환하고자 했다. 테크업계의 중국 대기업 텐센트Tencent와의 큰 거래가 성사되어 이 회사는 언리얼 엔진4를 모든 사용자에게 무료로 제공할 수 있게 됐다. 다만, 엔진을 사용해 개발된 게임에 대해서 5퍼센트의 로열티를 받았다. 이 엔진은 2014년에 "가장 성공적인 비디오 게임 엔진"으로 기네스 세계 기록에 이름을 올렸다.

V 벅스V-Bucks로 업그레이드를 구매

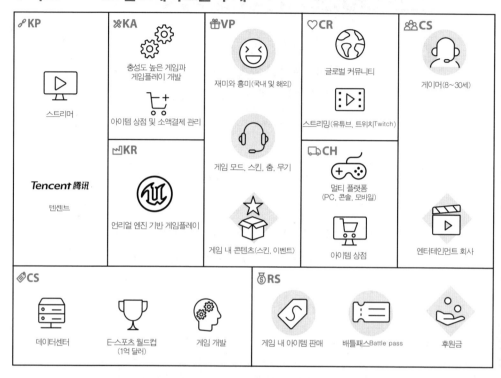

⌁KP

스트리머

Tencent 腾讯

텐센트

⚙KA

충성도 높은 게임과 게임플레이 개발

아이템 상점 및 소액결제 관리

〰KR

언리얼 엔진 기반 게임플레이

🎁VP

재미와 흥미(국내 및 해외)

게임 모드, 스킨, 춤, 무기

게임 내 콘텐츠(스킨, 이벤트)

♡CR

글로벌 커뮤니티

스트리밍(유튜브, 트위치Twitch)

🚚CH

멀티 플랫폼
(PC, 콘솔, 모바일)

아이템 상점

👥CS

게이머(8~30세)

엔터테인먼트 회사

⌁CS

데이터센터

E-스포츠 월드컵
(1억 달러)

게임 개발

💲RS

게임 내 아이템 판매

배틀패스Battle pass

후원금

디지털 대응!

비록 에픽게임즈의 오리지널 게임 모드가 50달러를 받기는 하지만 포트나이트에서 발생하는 대부분의 수익은 소액 거래에서 창출된다. 에픽게임즈는 게임 이용자들이 스킨이나 춤 등 다양한 기능들을 구매하기 위해 사용하는 V벅스라는 자체 디지털 화폐로 비즈니스 모델을 완전히 전환시켰다. 이 회사의 고객 중심 비즈니스 모델은 이용자들이 직접 자신의 캐릭터를 꾸밀 수 있게 만듦으로써 그들의 마음을 사로잡았고, 더 나아가 고객과 회사 및 포트나이트의 관계를 더 공고히 만들었다.

디지털 우선

 포트나이트는 다양한 장치에서 플레이 가능한 100퍼센트 디지털 방식의 게임이다. 당신을 당신이 가장 선호하는 스킨을 장착한 친구들과 연결시켜준다.

포트나이트 출시

에픽게임즈는 마침내 2017년에 "세상을 구하라(Save The World)" 라 명명한 유료 얼리 액세스 게임 모드를 통해 포트나이트를 출시했 다. 게임 개발 작업 중 회사는 2017년 초반에 출시된 배틀로얄 게임 플 레이어 언노운스 배틀그라운드(Player Unknown's Battlegrounds, PUBG)의 인기를 확인할 수 있었다. 그래서 포트나이트에도 게임 모델 중 하나로서 배틀로얄을 추가했다. 그러나 PUBG가 약 30달러를 요구 했던 것과는 달리 포트나이트는 컴퓨터, 콘솔 및 모바일 플랫폼에서 해 당 게임 모드를 무료로 제공했다. 포트나이트 배틀로얄은 순식간에 1 억 2,500만 명의 이용자를 확보했다. 이 숫자는 에픽게임즈가 소니를 설득해 이용자가 어떤 장치에서든 포트나이트를 할 수 있게 만들자 두 배로 증가했다.

트위치, 유튜브 같은 게임 스트리밍 플랫폼에서 게이머들이 포트나 이트를 방송함에 따라 그 시청자들이 또다시 포트나이트의 새로운 고 객으로 합류하게 됐다. 그리고 2019년에 에픽은 이전 연도의 수익 24 억 달러 중 1억 달러를 포트나이트 월드컵Fortnite World Cup 개최에 투자하며 E스포츠 분야로 활동 반경을 넓혔다.

새로운 시즌이 찾아오다

포트나이트는 끊임없이 진화하는 살아 있는 게임이다. 이 게임은 10주마다 새로운 기능들로 무장한 새 시즌을 선보이며 기존의 게이머 들을 묶어놓고 마찬가지로 새로운 이용자들을 끌어들인다. 에픽게임즈 는 다양한 아이템 판매는 물론 시즌별 기간 한정 콘텐츠 같은 게임 내 수 익원을 통해 포트나이트를 완전히 재창조하지 않고도 배타성과 신선함 을 유지할 수 있는 방법을 찾아냈다. 무엇보다도 꼭 포트나이트의 열렬 한 팬이 아닌 게이머들에게도 흥미로운 경험을 선사하는 데 성공했다.

듀오링고:
가장 필요로 하는 이들을 도와라

> ❝ 현재의 언어 교육 비즈니스 모델은 학생이 돈을 써야 하는 방식입니다. 특히, 로제타스톤 Rosetta Stone은 500달러나 합니다. 이 비즈니스 모델의 문제는 세계 인구의 95퍼센트는 500달러를 지불할 여력이 없다는 것입니다. ❞
>
> **루이스 폰 안**

여행, 취업, 연애 또는 단순한 배움 등 그 목적이 무엇이든 세계 전체 인구의 8분의 1 이상은 지금 이 순간에도 새로운 언어를 학습하는 중이다(비록 거의 대부분이 영어 학습이긴 하지만). 그러나 언어 학습은 시간과 돈이 들어가는 일이기 때문에 쉬운 일이 아니다. 또한, 심화과정들은 대체로 주중 특정 요일에만 열리는 경우가 많고, 또 집이 아닌 특정 장소까지 일부러 찾아가야 한다는 단점이 있다.

카네기멜런대학교(Carnegie Mellon University) 교수 루이스 폰 안은 물론 교육의 질에도 엄청난 차이가 존재하지만 (특히, 저개발 국가들에서) 교육 그 자체에 대한 접근성에도 커다란 불평등이 존재한다는 (특히, 외국어 학습 분야에서) 문제를 인식했다. 대다수 국가들에서 외국어 교육은 대개 재정이 넉넉한 학교 같은 교육 기관이나 개인 교사 또는 온라인 강좌를 통해 이루어지는데, 모두 돈, 시간, 노력을 많이 필요로 하는 방식들이다.

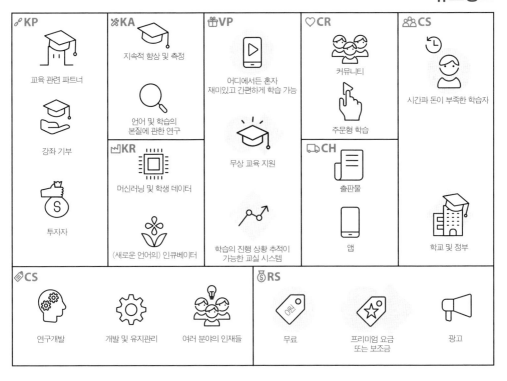

디지털 대응!

듀오링고는 이용자가 꾸준히 새로운 언어를 학습할 수 있도록 학습 과정에 게임의 요소를 적용함으로써 재미와 중독성을 가미시켰다. 따라서 이용자가 언제 어디서든 휴대폰을 가지고 학습할 수 있다. 매일 앱을 통해 이용자에게 동기를 부여하며 학습을 독려한다. 또한, 머신러닝을 사용함으로써 개개인의 학습 과정을 최적화시켜줄 수 있는 상당한 양의 데이터를 확보하고 있다. 때문에 개인별 교습이 가능하다.

디지털 우선

듀오링고는 돈이 많이 들어가는 전통적 언어 학습 방식을 누구나 무료로 재미있게 학습할 수 있는 방식으로 바꿔놓았다.

이런 불평등을 해결하기 위해 폰 안은 대학원생 제자 세버린 해커 Severin Hacker를 비롯한 몇몇 사람들과 함께 누구에게나 무료로 수준 높은 언어 교육을 제공해주는 플랫폼 듀오링고를 시작했다.

무료로 재미있고 효과적으로

듀오링고는 거의 모든 모바일 장치에서 사용 가능한 앱으로 외국어 학습을 재미있고 효과적으로 만들기 위한 목적에서 설계되었다. 수년의 시간을 거치며 듀오링고는 기업 간 거래를 기반으로 했던 비즈니스 모델을 고객을 대상으로 한 모델로 전환시켰다. 2014년에는 인증 판매를 시작해 교실에서 자사의 플랫폼이 사용될 수 있도록 여러 학교들과 제휴를 맺었다. 2015년에 듀오링고는 지속적 수익 창출 방법으로 플랫폼상의 광고 판매보다 더 나은 것이 없다는 사실을 받아들였다. 처음에 회사의 설립자들은 그러한 방식을 원하지 않았으나 사람들이 외국어를 무료로 배울 수 있게 한다는 사명을 충실히 지키면서 동시에 회사를 성공적으로 이끌어나갈 수 있는 유일한 길이 광고 판매임을 인정할 수밖에 없었다.

듀오링고는 출시 이래 이용자 수 3억 명을 돌파하며 세계에서 가장 많이 다운로드한 교육 앱이 되었다. 하지만 듀오링고는 그 자리에서 멈출 생각이 없다. 향후 몇 년 안에 더 많은 학교들과 제휴를 맺어 교실에서 듀오링고가 사용될 수 있도록 지원할 계획이다. 또한, 언어 교육이라는 틀에서 벗어나 다른 교육 분야로의 확장을 내다보고 있다.

이미 개인별 학습 경험을 무료로 제공하고 있는 듀오링고는 모든 이들에게 독학 이상의 학습 기회를 제공해줄 수 있는 방법을 계속 개발 중이다. 유료 이용자가 되면, 무상 교육의 후원자가 되고 광고를 보지 않아도 되며 오프라인 서비스가 제공된다. 듀오링고는 자신의 사명을 지키며 모든 사람이 새로운 언어를 배울 수 있는 완벽한 방법을 찾아내기 위해 지금도 쉬지 않고 노력 중이다.

커넥테라:
행복하고 건강한 소들

> **"** 우리는 인간이 생물권의 은밀한 내부 언어를 이해할 수 있게 만드는 도구들에 의해 가축과 땅, 물, 심지어 공기까지 모든 것이 연결되어 있는 미래를 상상합니다. **"**
>
> **커넥테라 최고경영자 야시르 코카**Yassir Khokhar

세계를 먹여 살리는 일은 힘든 일이다. 특히 낙농업자들의 경우에는 더더욱 그러하다. 사람들은 젖소를 마치 영원히 마르지 않는 우유의 샘처럼 생각하는 경향이 있으나 다른 동물들처럼 소도 병들 수 있다. 그리고 병든 소는 우유를 많이 만들 수 없다. 낙농업자들은 생산량을 늘리면서도 비용은 줄여야 한다는 엄청난 압박에 시달린다. 게다가 고품질 제품에 대한 소비자의 요구는 그 어느 때보다도 높다. 여기에 높은 수준의 지속가능성과 에너지 효율성을 요구하는 사회적 추세가 더해져 낙농업자들은 모든 면에서 경쟁의 압박을 받으며 그야말로 최악의 상황에 처해 있다.

농업혁명

기술 창업가 야시르 코카는 낙농업자의 어려움을 농업혁명을 일으킬 수 있는 기회로 보았다. 코카의 비전은 기술을 사용해 소는 물론 그 소가 살아가는 환경에 대한 깊은 이해를 얻고, 나아가 그 이해를 가지고 소의 복지와 번식에 집중함으로써 농업 효율성을 증가시키는 것이다. 그래서 코카는 "농장의 문제를 확인해 해결책을 추천하고 나아가 지속가능한 농업으로의 전환을 지원해줄 수 있는 가치사슬을 낙농업자들과

얼굴을 가진 기술

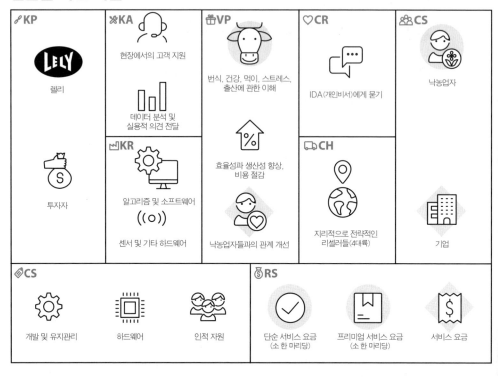

✐ KP	❋ KA	🎁 VP	♡ CR	⚇ CS
LELY 렐리	현장에서의 고객 지원 데이터 분석 및 실용적 의견 전달	번식, 건강, 먹이, 스트레스, 출산에 관한 이해 효율성과 생산성 향상, 비용 절감	IDA(개인비서)에게 묻기	낙농업자
투자자	**⚙ KR** 알고리즘 및 소프트웨어 ((○)) 센서 및 기타 하드웨어	낙농업자들과의 관계 개선	**🚚 CH** 지리적으로 전략적인 리셀러들(4대륙)	기업

✐ CS			💲 RS		
개발 및 유지관리	하드웨어	인적 자원	단순 서비스 요금 (소 한 마리당)	프리미엄 서비스 요금 (소 한 마리당)	서비스 요금

디지털 대응!

낙농업자들이 점차 고령화됨에 따라 커넥테라는 '무−신러닝Moo-Chine Learning' 플랫폼 IDA를 만들었다. 이것은 개인비서로 기술을 더욱 인간답게 만들어낸 것이다. 이 회사의 디지털 시스템은 미가공 데이터가 아닌 실용적 분석 및 이해를 전달함으로써 낙농업자들의 더 나은 의사결정에 도움을 준다.

디지털 제안

센서로 수집한 데이터를 통해 소의 행태에 대한 깊은 이해를 얻고, 질병을 예방하며, 소의 행복과 건강을 유지할 수 있다. 이것은 효율성과 생산성 개선으로 이어진다.

연결시키기"위해 커넥테라를 설립했다. (https://www.connecterra.io/about/)

코카의 자세는 진정 혁명적이다. 그는 커넥테라가 수집한 지식의 민주화를 통해 모든 농가와 지식 및 해결책을 공유하며 가장 효율적인 농장을 설계하고자 한다. 궁극적으로 커넥테라는 자사의 플랫폼을 사용해 식량 시스템, 기후 관리, 질병 예방, 에너지 사용, 자연재해 대응 등에서의 비효율성을 해결하고자 한다.

커넥테라는 솔루션 확장을 위해 필수 하드웨어를 판매, 설치하는 지역 리셀러들과 협력하고 있다. 또한, 낙농가를 위한 로봇 기술 및 데이터 관리 분야의 선도기업 렐리Lely와 제휴하여 데이터를 공유, 병합해 낙농업자의 복잡한 의사결정 과정에 더 큰 기여를 하고 있다.

더 향상된 농업

오늘날 대부분의 낙농업자들이 정보를 얻는 방식은 대체로 관습적이다. 즉, 정보가 낙농업자의 입에서 입으로 전달된다는 말이다. 커넥테라가 바꾸고자 하는 것이 이것이다. 낙농업자가 센서를 통해 소들의 건강은 물론 사업의 건전성을 감시할 수 있다.

사료, 유전학, 동물약품 회사들뿐만 아니라 유제품 가공업체들도 IDA를 이용함으로써 데이터를 토대로 제품 가공 및 물류에 관한 의사결정을 내릴 수 있다. IDA와 함께 커넥테라는 효율적이고 지속가능한 농업으로의 전환을 주도한다. 전체 가치사슬에서 센서, 인공지능 같은 디지털 기술을 활용함으로써 모두가 우리의 식량 생산을 한 차원 더 높은 수준으로 끌어올리기 위해 노력 중이다.

디즈니 파크:
결국 세상은 좁다

> **❝** 기술은 창의력의 한계를 끌어올리고 여가와
> 오락의 가능성을 변화시킵니다. **❞**
>
> 월트디즈니컴퍼니│Walt Disney Company **최고경영자 밥 아이거**Bob Iger

디즈니 월드 리조트에 가본 사람이라면 마법 같은 경험으로 흥분에 휩싸였던 기억이 있을 것이다. 그러나 디즈니 테마파크 내 각종 관광명소는 물론 식당, 주차장, 그리고 심지어 화장실 앞에서조차 점점 더 긴 줄을 서야만 이용할 수 있게 되면서 디즈니는 상당한 매력을 잃어버렸다. 그러나 적어도 디즈니로서는 고객의 경험이 거의 전부나 마찬가지다. 따라서 디즈니의 경영진은 고객의 만족도가 저하되고 있다는 사실을 인식했을 때 변화가 필요하다는 것을 잘 알고 있었다. 디즈니는 문제 해결을 위해 기술에 의존하는 대신에 디지털 전환을 주도할 수 있는 고객 경험 및 활동에 관한 비즈니스 목표를 명확히 설정했다.

명확한 비즈니스 목표 설정

디즈니는 CEO가 전략적 우선사항으로 설정한 '디지털 전환'으로의 여정에 돌입했다. 고객과의 관계를 강화하고 고객의 경험을 (다시) 더욱 마법 같은 그 무엇으로 바꿔주기 위한 디지털 전환이었다. 이것은 곧 가치를 창출, 전달하기 위한 비즈니스 방식을 명확히 하고 고객의 경험 및 만족도를 저하시키는 장애물을 가려내는 것을 의미했다. 디즈니는 또한 고객 한 사람 한 사람을 처음부터 끝까지 만족시킬 수 있는 원

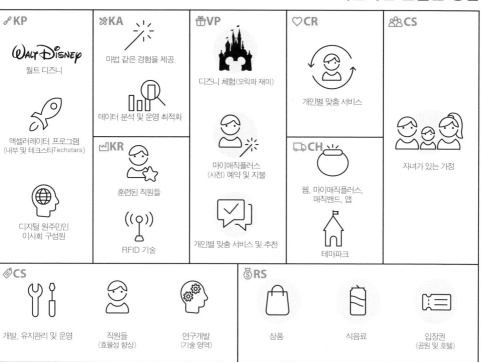

디지털 대응!

마이매직플러스 도입으로 디즈니는 매일 3,000명의 방문객을 추가로 끌어들일 수 있었다. 그들은 더 풍부한 경험을 즐길 뿐만 아니라 각종 식음료와 상품들에도 더 많은 돈을 소비한다. 단순히 디즈니가 그러한 소비를 더 쉽게 만들었으며, 또 고객 한 사람 한 사람이 원하고 필요로 하는 것에 맞춰 개인화된 서비스를 제공하고 있기 때문이다. 또한, 디즈니는 데이터를 활용해 직원이 가장 필요한 장소나 공원 운영에서 비효율적인 부분을 확인해 운영을 최적화함으로써 비용을 절감할 수 있었다.

디지털 연결

디즈니 테마파크는 주로 물리적인 경험이다. 그것을 개인화된 마법 같은 경험으로 만들어주는 것이 디지털 기술이다.

활한 고객 경험을 전달하기 위해서 비즈니스 모델이 어떤 식으로 기여해야 하는지를 다시 고민했다.

마이매직플러스MyMagic+

2011년에 디즈니는 마이매직플러스의 개발에 10억 달러를 투자하기 시작했다. 마이매직플러스는 최신 웹사이트와 앱, 그리고 고객 경험의 개인화를 위한 고객 식별 RFID(Radio Frequency IDentification: 전자태그)칩이 내장된 매직밴드가 모두 결합된 것이다. 디즈니는 7만 명에 이르는 전 직원을 훈련시켰고, 2만 8,000개의 호텔 객실과 각 공원, 매장, 명소마다 RFID칩을 도입했다. 2014년에 정식으로 시작된 마이매직플러스는 현재까지 대성공을 거두고 있다.

디즈니는 마이매직플러스를 통해 디지털 전략의 우수성은 그 전략이 창출하고 포착하는 가치에 의해 결정된다는 것을 보여줬다. 디즈니에게 기술은 처음부터 끝까지 완전한 마법 같은 경험을 창조해내기 위한 수단이다. 군중 관리 기술은 디즈니가 직원들을 적재적소에 배치할 수 있도록 도와준다. 디즈니가 제공하는 매직밴드는 고객의 현재 위치는 물론 고객이 무엇을 하고 있는지도 알려준다. 무엇보다 고객들이 결제나 예약 관리, 호텔 객실 출입 시에 기술의 도움을 받을 수 있다. 또한, 줄을 서지 않고도 오락 시설 예약이 가능하다. 이 모든 일들은 대기 시간을 줄여주고 물류 흐름을 간소화시켜줄 뿐만 아니라 사람들이 오락과 소비에 더 많은 시간을 사용할 수 있게 만든다. 분명 디즈니의 도전은 마이매직플러스에서 그치지 않을 것이다. 이제 머신러닝과 같은 새로운 기술의 개발과 함께 디즈니가 훨씬 더 나은 매직을 창조할 또 다른 방법을 찾아내는 것은 시간 문제일 뿐이다.

스스로에게 질문해보기

고객을 근사하게 보이도록 만들고 또 고객의 돈을 아껴주기 위해 당신의 산업 분야에서 수직적으로 통합된 공급망을 개척해보면 어떨까?

워비파커는 단편적이고 수평적인 공급망 구성 방식 때문에 과도하게 비싼 가격이 책정될 수밖에 없는 안경 제품으로 인한 좌절감에서 탄생했다. 안경이 디자인, 제조, 판매되는 과정의 모든 비효율성에 대한 비용을 고객이 지불해야 했던 것이다. 워비파커는 그러한 상황을 완전히 바꿔놓기로 결심하고 기존의 안경 가격보다 훨씬 저렴한 가격에 디자이너 안경들을 고객에게 직접 제공하기 시작했다. 고객들은 그들을 근사한 모습으로 변신시켜주는 워비파커의 물리적 또는 디지털 매장을 자주 방문하고 있다.

사람들이 훨씬 더 향상된 온라인 경험을 위해 디지털 창작물을 구입하게 하려면, 당신은 무엇을 무료로 제공하고 무엇을 흥미진진하게 만들 수 있는가?

포트나이트처럼 혁신이 하루아침에 성공을 거두는 경우는 흔치 않다. 2년 만에 2억 5,000만 명 이상이 이 게임을 즐기게 되었다(무료로). 디지털 섬에서 즐기는 배틀로얄 게임은 흥미진진하며 중독성이 있다. 아이템 상점에서 구할 수 있는 근사한 디지털 아이템들 때문만이 아니다. 당신을 무찌르려 애쓰는 예측 불가능한 99명의 인간들이 게임을 늘 신선하게 유지시켜준다.

당신은 어떤 스마트 기술을 활용하여 고객에게 실용적 해결책을 제공해줄 수 있는가?

커넥테라는 낙농업자가 소들의 건강과 생산성을 유지하며 사업의 수익성을 지킬 수 있도록 도와준다. 센서를 통해 모든 소의 움직임을 추적함으로써 소의 행동을 데이터에 의해 유추해낼 수 있으며, 개인 비서인 IDA는 낙농업자에게 실용적 해결책을 제시해준다.

비즈니스의 바늘을 마우스 조작만큼 쉽게 움직일 수 있는 앱들의 개발을 위해 당신은 무엇을 제공해줄 수 있는가?

모든 규모의 회사를 위한 매우 간단한 제품인 온라인 CRM과 함께 시작된 세일즈포스는 영업 사원들을 더욱 효율적으로 만들었다. 고객들이 무료로 제품을 체험해볼 수 있게 함으로써 클라우드 방식의 업무를 도입하는 데 있어 장벽을 낮췄다. 현재 세일즈포스는 클라우드를 기반으로 사실상 모든 비즈니스 기능을 지원한다. 그리고 그 이상을 원하는 고객은 세일즈포스 플랫폼상에서 스스로 필요로 하는 것을 개발할수 있다. 기존에 했던 방식보다 4배나 더 빠르게.

당신의 비즈니스를 디즈니처럼 운영한다면 어떨까?

디즈니 파크는 재미를 위해 가끔 한 번씩 찾기에 좋은 곳이다. 단, 스릴을 맛보기 위해 긴 줄을 서야 한다는 것만 빼면 말이다. 디즈니는 디지털 기술이 물리적인 테마파크 방문을 더 매력적이고 흥미진진한 것으로 만들 수 있다는 것을 이해했다.

교훈 얻기

**가치 제안의 핵심에 집중함으로써 고객이 평생 구독을 유지할 정도로
매력적인 것을 만들어보면 어떨까?**

뉴욕타임스는 지금도 여전히 1851년 창간 당시의 사명을 유지하고
있다. 그것은 바로 진실을 추구하고 사람들의 세상에 대한 이해를 돕는
일이다. 그러나 뉴욕타임스가 진실을 전달하는 방식은 극적으로 달라
졌다. 물론 그러한 변화는 결코 쉽게 이루어진 것은 아니다. 하지만 뉴
욕타임스는 결국 대담한 전략적 선택을 했고, 디지털 방식으로 고객과
소통하는 일에 막대한 투자를 감행했다.

**당신은 더 재밌고 중독적이고 효율적으로 만들기 위해 무엇을 게임화
할 수 있는가?**

듀오링고는 언어 학습을 재밌고, 중독성 있으며, 누구나 쉽게 시도할
수 있는 것으로 만든다. 학생 수백만 명의 데이터를 수집, 분석해 얻어
낸 언어 및 학습에 대한 깊은 이해를 통해 듀오링고는 훨씬 더 재미있
고 효과적인 것으로 거듭나고 있다.

과감한 서비스
실행 단계들

1   비즈니스의 목표를 정의하라

디지털은 그 자체가 목적이 아닌 목적을 위한 수단이다. 디지털 기술이라고 해서 그 밖의 다른 기술과 다르지 않다. 마법처럼 비즈니스를 성장시켜주는 특효약이 아니란 말이다. 디지털이란 수단을 사용해 당신이 성취하고자 하는 것을 분명히 하라. 미래가치 창출을 위한 비전과 스스로의 역할을 명확히 하라. 디지털 수익이란 관점에서 당신의 야망을 정의하라.

2   다양한 기술을 탐색하라

유일한 해결책이란 없다. 비즈니스 목표 달성을 위해 이용할 수 있는 디지털 기술의 종류는 매우 다양하다. 늘 새로운 기술이 등장하기 마련이므로, 목표 달성을 위해 한 가지 기술에만 집착하지 않도록 주의하라. 기존의 기술부터 앞으로 등장할 기술에 이르기까지 이용 가능한 기술 전부를 검토하라. 당신이 창출하고자 하는 가치와 관련해 장단점을 토론하라.

3   검증은 작은 범위로 시작하라

빅뱅식 접근법으로 조직 전체에 디지털 기술을 적용해서는 성공하지 못한다. 정교한 실험에 이용할 수 있는 디지털 도구들이 다양하다. 일정 수의 고객들을 대상으로 소규모로 디지털 가치 제안 및 전달을 검증하라. 고객과의 상호작용을 통해 데이터를 수집, 분석해 결론을 도출하라. 효과가 있는 것은 확장시키고, 반대로 효과가 없는 것은 변경하라.

이 전환을 이끌어갈
고도의 전략적 선택들

4 **고객 경험을 개인화하라**

디지털은 비개인화와는 다르다. 디지털 기술은 가치 창출을 촉진하고 창출된 가치의 전달을 더 효율적으로 만들기 위해 사용되어야 한다. 당신이 수집한 데이터와 정보를 이용해 고객에게 개인적이고 관련성 높은 경험을 제공하라. 또한, 디지털 기술을 활용해 고객 경험을 개인화하거나 제품을 배송할 수 있다. 심지어 향후 약속한 기능들을 제공하기 위해서도 디지털 기술의 도움이 필요하다.

5 **목표 그 너머를 생각하라**

디지털이 물리적인 것을 대체하지는 않는다. 디지털은 비전을 성취시켜주는 수단이며, 실행적 측면이 아닌 전략적 측면에서 고려되어야 한다. 새로이 획득하거나 실현시킨 디지털 자산을 가지고 추가로 창출해낼 수 있는 새로운 가치(비즈니스 모델)에 대해 깊이 고민하라.

6 **인간성을 유지하라**

디지털화 및 자동화의 효율성을 활용하는 것은 옳다. 그러나 당신이 시스템 뒤로 숨어서는 안 된다. 고객은 필요하면 언제든 인간과 연결되기를 원한다. 당신의 디지털 계획이 회사와 고객 간의 관계 및 상호작용을 더욱 강화시키는 것이어야 함을 명심하라.

역사를 통틀어 대기업들은 파이프라인 비즈니스 모델을 사용해 지금의 위치에 오를 수 있었다. 플랫폼 비즈니스 모델을 사용하는 신규 진입 회사들이 그들과 어깨를 나란히 하기까지 걸린 시간은 10년 정도에 불과했다. 끌어들일 수 있을 때 밀어내야 할 이유가 있을까?

파이프라인에서
플랫폼으로

파이프라인

▶▶▶ 플랫폼

플랫폼 전환은 무언가를 필요로 하는 사람과 그것을 가지고 있는 사람을 연결시켜 양쪽 모두가 이익을 얻도록 하는 것이 목표인 비즈니스 모델 전략이다. 플랫폼을 운영하는 회사는 수요 측과 공급 측 모두에게 고유한 가치 제안을 전달하는 일에 전념해야 한다. 이 전략의 궁극적 목표는 강력한 네트워크 효과를 구축하는 것으로 양 방향의 고객들이 입소문 확산에 기여하게 되는 것을 말한다. 플랫폼은 고객들이 끊임없이 (보다 양질의 더 많은) 가치를 주고받을 수 있도록 지속적으로 새로운 기회들을 제시하며 성장해가도록 설계된다. 고객이 늘어날수록 데이터와 수익도 증가하며, 그 증가된 데이터와 수익은 플랫폼 상의 모든 참여자가 제공받게 되는 가치를 향상시키기 위해 활용된다. 한편, 어떠한 비즈니스든 방대한 고객 네트워크를 구축하게 되면 개인정보 보호나 사회적 형평성에 대한 우려의 목소리 같은 또 다른 어려움들에 직면하기 마련이다.

전환 사례들

대
╱ 알리바바 그룹Alibaba Group

중
╱ 그랩Grab
╱ 애플

소
╱ 링크드인LinkedIn
╱ 킥스타터Kickstarter
╱ 위챗WeChat

수많은 알력이 존재하는 곳

플랫폼 비즈니스 모델의 핵심은 생산자(또는 소유자나 공유자)와 소비자 또는 소비자들 간의 연결을 가능하게 하고 그들 서로 간의 상호작용을 촉진시키는 것이다. 플랫폼 소유자는 고객들이 서로 상대방으로부터 얻는 가치를 신뢰할 수 있게끔 만들어야 할 책임을 진다. 그래야만 고객들이 지속적으로 가치를 교환할 수 있을 것이다.

플랫폼은 그것에 연결된 여러 참여자들(생산자와 소비자)이 서로 상호작용하며 가치를 창출, 교환할 수 있게 해주는 플러그 앤 플레이Plug-and-Play 비즈니스 모델입니다.

상지트 폴 초더리Sangeet Paul Choudary
『플랫폼 레볼루션: 4차 산업혁명 시대를 지배할 플랫폼 비즈니스의 모든 것(Platform Revolution: How Networked Markets Are Transforming the Economy and How to Make Them Work for You)』의 공저자

당신의 비즈니스 모델이 움직이는 환경은 고도의 중개시장일지도 모르겠다. (아직은) 투명성이 높지 않은 대부분의 회사들이 생산자와 소비자 사이에 가치를 밀어넣는 일에 종사하고 있으며, 그렇게 창출된 가치의 일부를 포착하고 싶어하는 각각의 참여자가 존재한다. 이 시장은 온통 파이프라인 비즈니스 모델로 가득 차 있다. 즉, 높은 진입 장벽을 유지함으로써 이득을 얻는 복잡하고 혼란스러운 공급망들로 가득하다는 얘기다. 가치의 흐름이 이런 방식으로 구성되어 있는 상태에서는 병목 현상을 피할 수 없으며 생산자와 소비자 모두에게서 투명성을 기대하기도 어렵다. 생산자는 고객과 직접 피드백을 주고받을 수 없기 때문에 고객이 정말로 필요로 하는 것에 대해 알지 못하는 경우가 허다하다. 소비자는 시장에서 얻을 수 있는 것이 무엇인지 확실히 알지 못한 채로 소비(또는 구매)할 것을 찾기 위해 많은 시간을 낭비한다. 물론, 이러한 시장에서도 인터넷은 투명성과 선택의 여지를 증가시킨다.

전략적 질문들

당신은 생산자와 이용자 사이의 의사소통 및 가치 교환을 촉진시키는 역할을 해낼 수 있는가? 복잡한 가치사슬의 한 구성원일 뿐인 존재에서 생산자와 고객(또는 이용자)이 모두 번창할 수 있는 투명하고 활기찬 시장으로 변신하기 위해서는 어떻게 해야 할까? 누구를 왜 연결시켜야 하는가? 생산자와 이용자 모두를 이 시장으로 끌어들일 수 있는 방법은 무엇이며, 그들에게 무엇을 약속하고 제공할 것인가? 데이터 수집의 목적은 무엇이며, 어떻게 신뢰성을 확보하고 개인정보에 대한 우려를 불식시킬 것인가? 빅뱅식 접근법으로 기술적 플랫폼을 구축하는 대신 소규모로 시작해 플랫폼의 진정한 가치를 시험해볼 수 있는 방법은 무엇인가?

파이프라인에서 플랫폼으로

그동안 산업 전반을 지배해 온 것은 파이프라인 비즈니스 모델이다. 기업은 만들어낸 제품 또는 서비스를 밀어내면서 고객에게 판매한다. 마치 파이프를 통해 흘러가는 물처럼 선형적 가치 흐름에 따라 가치는 상류에서 생산돼 하류에서 소비된다.

제품 밀어내기

파이프라인 비즈니스 모델은 주로 직접(온라인 주문) 또는 간접(소매) 경로를 통해 고객에게 제품이나 서비스를 밀어내는 일에 집중한다. 고객들은 제품 및 서비스에 대한 대가를 지불하며, 상당히 거래적인 고객 관계가 구축된다. 시간이 지나 고객이 다시 돌아오는 경우는 회사가 개선된 제품을 새로 출시하거나 또는 고객이 동사의 제품군에서 다른 유형의 제품을 필요로 할 때다.

마케팅 및 생산의 간소화

파이프라인 비즈니스 모델의 핵심 활동은 마케팅 및 생산의 간소화다. 제품 및 서비스가 상당수의 (가급적 계속 증가할) 고객들에게 판매될 수 있도록 올바른 고객층을 타깃으로 마케팅을 진행해야 한다.

대다수 제품들의 경우, 고객의 수요를 충족시키는 데 최적화되어 있는 전통적(보통 복잡한) 제조 공급망을 가지고 있을 것이다. 또한 파이프라인 비즈니스 모델을 채택하고 있는 기업들은 종종 효율성 개선과 건전한 수익률 유지를 위해 생산 및 운영 간소화에 힘쓴다.

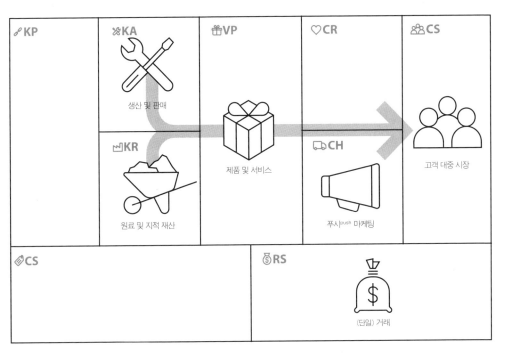

플랫폼은 수요와 공급을 연결시켜 빈번한 상호작용 및 거래를 자극하고 촉진시키기 위해 설계된다. 또한 새로운 사람들을 가치 교환에 참여하도록 끌어들이는 역할도 한다. 가치 창출·소비의 활기찬 생태계로서 플랫폼 그 자체를 하나의 경제로 볼 수도 있다.

가치 교환을 위해 서로를 찾다

플랫폼 비즈니스 모델은 최소한 두 부류의 상호 의존적인 고객층을 필요로 한다. 첫 번째 부류는 수요 측면의 고객으로 특정한 요구를 지닌 소비자들이며, 또 다른 부류는 공급 측면의 고객으로 제공할 제품 및 (또는) 서비스를 지닌 생산자들이다. 소비자들은 폭넓게 구비돼 있는 제품과 서비스 때문에 플랫폼에 끌린다. 공급 측면에서는 엄청난 수의 고객들과 효과적으로 접촉할 수 있다는 점 때문에 플랫폼을 찾는다. 쌍방

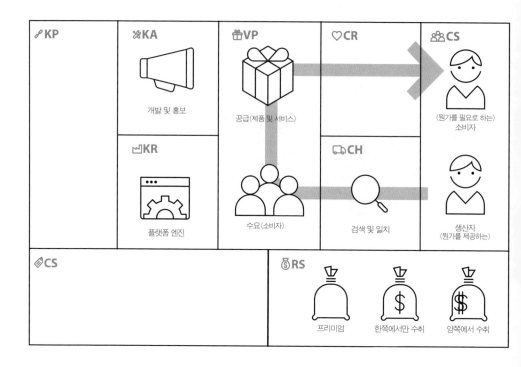

간의 신뢰와 소통이 가장 중요하고, 또 빈번한 조정이 이루어지기도 한다. 검색 및 이용자 후기는 연결의 구축과 이용자의 정직성 유지에 도움이 된다.

연결 촉진과 상호작용

공급 측 고객과 수요 측 고객을 지속적으로 연결시키는 것이 핵심 활동이다. 그러기 위해서는 쌍방 간의 상호작용을 고려하며 소통 및 거래에 있어 개방성과 투명성이 확보되도록 설계되어야 한다. 플랫폼은 모든 상호작용과 거래에 관한 데이터를 확보해 풍부한 데이터 세트를 마련한다.

뉴노멀 시대 경제 시스템의 전환

패턴들

 **효율적
상품 거래**

전형적으로 기업 간(B2B)이나 소비자 간(C2C) (생필품이든 일반적 상품
이든) 물리적 상품이 거래되는 시장이다. 구매자는 주로 높은 효율성과
가격적 이점 때문에, 판매자는 쉽게 다수의 구매자들을 접할 수 있기 때
문에 플랫폼을 찾는다. 거래에 따른 수수료와 판매자용 부가 서비스 구
독에서 수익이 발생한다. 탐색 및 협상을 용이하게 하는 것이 쉽고 빠른
거래를 가능하게 만드는 열쇠다.

예: Alibaba.com, TMall

 **열정을
공유하다**

이 시장은 물리적 상품의 교환을 촉진하고, 특정 제품 유형에 대한 열정을
공유하는 강력한 커뮤니티라는 측면에서 정서적 유대를 만들어낸다. 주로
판매자 측은 수수료를 지불하고 때로 구독 모델을 취하기도 한다. 판매자
는 판매 상품에 대한 가격을 직접 결정하지만 시장의 수수료 정책을 받아
들여야만 한다. 제품의 목록을 만들고 제대로 전시하는 것이 핵심이다.

예: **타오바오**TaoBao**, 빈티드**Vinted**, 킥스타터**

주문형 오프라인 서비스

③

이 시장은 서비스 기업과 소비자를 연결시킨다. 오프라인 경로를 통해 서비스 교환이 이루어지므로 일정 관리식의 형태가 요구된다. 서비스를 제공하는 기업과 그 고객 모두에게 최우선적 가치는 효율성 증가와 관련된다. 보통 구매자는 이 시장을 무료로 이용하는 반면, 판매자는 수수료를 지불한다. 이 시장은 위치 의존성 때문에 하나의 지리적 시장과 단일 고객층에 중점을 두고 있는 경우가 많다.

예: 그랩, 유십uShip

동등한 상대에 의해 제공되는 서비스

④

이 시장은 물리적 세상에서 이루어지는 개인 대 개인 간(Peer-to-Peer)의 서비스 교환과 관련돼 있다. 판매자는 물적 자원을 공유하거나 시간 및 기술을 제공하는 개인들이다. 이 시장은 그들에게 새로운 수입원을 제공한다. 구매자는 거래상의 효율성 증가로 인해 이득을 얻는다. 이용자 간 신뢰 구축을 위해 리뷰 시스템이 반드시 필요하다. 주로 수수료를 통해 수익이 발생하는데, 대부분의 플랫폼이 고정 수수료를 채택하고 있다. 수익은 양방향에서 발생한다.

예: 링크드인, 페이션츠라이크미PatientsLikeMe, 튜로Turo, 저스트파크JustPark

온라인
제품 및
서비스

이 패턴은 디지털 서비스나 제품을 제공하는 시장이다. 전문 프리랜서들이 정찰제로 서비스를 판매하며 추가적 수입을 얻기 위해 이용한다. 구매자는 효율적 접근성과 활동적인 커뮤니티의 지원을 받을 수 있다. 디지털 상품 및 기타 콘텐츠의 제공자는 독립적인 작가, 음악가 및 기타 창작자들이다. 콘텐츠 제작이 용이하고 지원을 받을 수 있다. 수수료를 통해 수익이 발생한다.

예: 그랩, 렌딩클럽LendingClub, 펀더스클럽FundersClub, 파이버Fiverr, 트위치, 링크드인

플랫폼
생태계

이 시장은 수요 측과 공급 측을 연결시킨다는 본래의 역할 그 이상으로 진화해왔다. 연결을 촉진시킴으로 해서 일방 또는 쌍방으로부터 새로운 고객의 필요가 발견되고 그것은 또 새로운 플랫폼을 탄생시킨다. 서로 다른 고객층을 연결시켜줄 기회를 포착함으로써 새로운 플랫폼들이 등장하는 것이다. 첫 번째 플랫폼의 인프라는 생태계 내 모든 플랫폼들을 지원하는 기술과 데이터라는 점에서 근원적 토대가 된다.

예: 알리바바 그룹, 그랩, 애플, 위챗

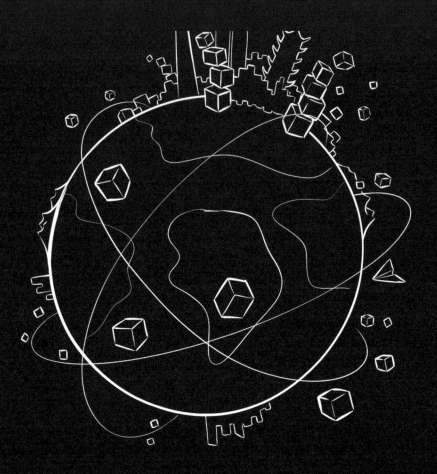

알리바바는 1999년에 상거래의 미래 기반 구축이라는 비전과 함께 중국의 판매자들을 전 세계의 구매자들과 연결시키기 시작했다. 그리고 이것은 시작일 뿐이다. 알리바바의 창업자 잭 마Jack Ma는 또한 102년 동안 존속하게 될 알리바바를 마음속에 그리고 있다. 20년에 걸쳐 플랫폼 비즈니스 모델을 잇달아 구축하며 세계 최대 기업의 하나로 거듭났음에도 알리바바는 여전히 걸음마 단계에 있다.

알리바바 그룹

Alibaba Group

현황

설립자	CEO
잭 마와 17명의 친구들	대니얼 장Daniel Zhang
설립년도	**총 매출액**
1999년, 중국	562억 달러 (2019년)
산업	**규모**
인터넷, 클라우드컴퓨팅, 인공지능, 소매업, 미디어 및 엔터테인먼트	수익 기준 세계 4위 인터넷 기업이자 세계 최대의 소매 전자상거래업체

1999	2000	2001
설립	소프트뱅크Softbank	사명

| 알리바바 그룹은 잭 마를 필두로 한 18명의 창업자에 의해 설립되었다. 중국의 판매자들을 전 세계 구매자들과 연결시키는 도매 플랫폼인 Alibaba.com이 시작되었다. | 소프트뱅크가 주도하는 투자자 그룹으로부터 2,000만 달러를 모금했다. 인터넷 기업가 및 지식인들의 회합인 '서호 정상회담(West Lake Summit)'을 조직했다. | "어디서든 수월하게 비즈니스를 할 수 있게 만드는 것"이 알리바바 그룹의 사명이 되었다. 고객, 협동, 기업가정신, 혁신에 중점을 둔 회사의 6가지 가치들을 명확히 했다. |

당신의 비즈니스를 성장시키다

"

우리의 문화, 비즈니스 모델, 시스템은 장기적 지속가능성을 목표로 구축됩니다.

알리바바 홈페이지에 게재된 비전에 관한 설명

"

지난 수십 년간 중국 경제는 괄목할 만한 성장(10퍼센트)을 보여줬다. 세계 최대의 제조업 경제를 이룩한 중국은 세계 최대의 상품 수출국이자 가장 빠르게 성장 중인 소비자 시장이며, 세계 2위 상품 수입국이기도 하다. 동시에 중국은 여전히 개발도상국가다. 평균 소득 수준은 여전히 빈곤 선 아래에 위치해 있다. 크기를 고려할 때 거대한 중국 경제를 다음 단계로 도약시키는 일은 쉽지 않다. 지역 격차는 물론 중국 특유의 운송 시스템 탓에 기업가들이 고객을 유치하는 일도, 또 괜찮은 중소기업을 성장시키는 일도 어려웠다. 같은 이유에서 중국의 소비자들도 역사적으로 다른 선진국 소비자들에 비해 선택권을 거의 갖고 있지 못했다. 물론, 이러한 사정은 '농촌'을 돕는 친절하고 영리한 사업가(알리 바바)를 표방하는 알리바바에게 힘이 된다. 알리바바 그룹은 모든 참여자가 성장, 번성할 수 있는 디지털 경제를 꿈꾼다.

구매자와 판매자를 연결시키다

알리바바 생태계 내 모든 플랫폼 비즈니스 모델을 위하여 참여자들 간 원활한 소통과 신뢰를 확보하고 분쟁을 해결하는 일이 핵심 활동이

<table>
<tr><td>

2002

긍정적 현금 흐름

설립 이후 3년, 알리바바 그룹의 현금 흐름은 긍정적이다.

</td><td>

2003

타오바오

알리바바 그룹은 중국 전역의 영세업체를 소비자들과 연결시켜주는 소비자 간 거래 시장을 출범시켰다.

</td><td>

계속적 자금 조달

생태계의 지속적 성장 및 상거래의 미래 기반 구축을 목표로 8,200만 달러를 추가로 모금했다.

</td></tr>
</table>

Alibaba.com

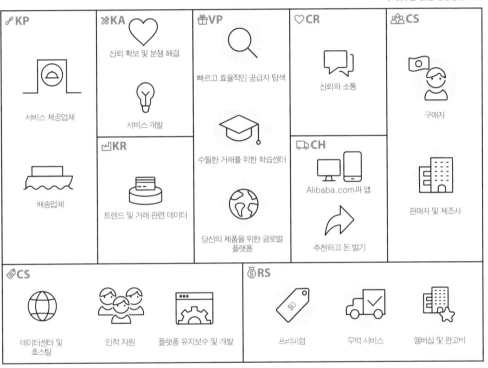

효율적 상품 거래

Alibaba.com은 판매자가 참여하기 쉽게 만든다. 판매자는 무료로 가입해 비즈니스의 성장을 위해 플랫폼을 이용할 수 있다. 더 빨리 성장하고자 하는 판매자는 돈을 지불하고 추가 서비스를 제공받기도 한다.

다. 또한, 공급 측과 수요 측 모두를 위해 비즈니스 실행을 간소화시킬 수 있는 서비스를 개발하는 일 역시 중요한 활동이다. 알리바바 그룹이

알리페이AliPay

야후!Yahoo!

IPO

알리바바 그룹은 성장 중인 알리바바의 생태계 내 모든 시장에서 쉽고, 빠르고, 안전한 거래를 촉진시켜줄 제3자 온라인결제 플랫폼을 출범시켰다.

알리바바 그룹은 야후와 전략적 파트너십을 맺으며 지분 40퍼센트를 양도하고 현금 10억 달러 및 7억 달러 상당의 야후 차이나 자산을 확보했다.

알리바바 그룹은 홍콩 증권거래소에서 기업공개를 통해 15억 달러를 확보했다. 2004년의 구글 이래 최대 규모의 인터넷기업 공개였다.

그동안 발전시켜온 모든 플랫폼 비즈니스 모델을 위해 지속적으로 해온 일들이 바로 그러한 일들이다. 사람들이 비즈니스를 수월하게 할 수 있게 만드는 것 말이다.

Alibaba.com은 240개국의 100만 명이 넘는 판매자와 구매자를 연결시키는 도매 B2B 플랫폼이다. 판매자는 무료로 가입해 제품을 해외 고객들 앞에 내놓을 수 있고, 성공적 거래를 위한 훈련과 비즈니스 관리를 도와줄 각종 도구를 제공받는다. 또한, 판매 촉진을 위해 유료 키워드 광고를 이용하거나 골드 서플라이어Gold Supplier 멤버십의 정품 인증을 통해 구매자들의 신뢰를 확보할 수도 있다. 구매자는 자신의 필요에 가장 적합한 공급자를 쉽고 빠르게 탐색해주고 이어서 쉬운 구매를 도와주는 다양한 수단을 제공받는다. 판매자와 구매자 모두 플랫폼에 친구를 추천함으로써 보상을 얻는다.

무역은 상호 신뢰에 관한 것

알리바바 그룹의 대망의 102년 비전을 고려했을 때, 기업가정신으로 무장한 이 기업의 여러 전담 팀들로부터 알리바바의 생태계 내 가치

타오바오몰Taobao Mall

타오바오가 쇼핑몰로 확장돼 중국의 각종 브랜드와 기업들이 중국 전역의 소비자들에게 제품을 판매할 수 있게 되었다.

알리바바 클라우드

알리바바 그룹의 창립 10주년을 기념해 알리바바 클라우드가 출범했다. 베이징 항저우와 실리콘밸리에 R&D 및 운영 센터들이 문을 열었다. 타오바오의 쇼핑 축제인 광군제(11월 11일)가 처음 개최되었으며, 2010년에 개최된 광군제에서는 클라우드가 활용되었다.

사명, 비전, 그리고 가치들

2010년에 환경 인식 및 보전 활동에 수익의 0.3퍼센트를 배정했다. 알리바바 파트너십Alibaba Partnership은 알리바바 그룹의 사명, 비전, 그리고 가치들의 지속가능성 확보를 위해 탄생했다. 알리바바 그룹은 중국의 판매자들을 전 세계의 소비자들과 직접적으로 연결시키고자 알리익스프레스AliExpress를 출범시켰다.

창출을 증대시키는 새로운 비즈니스 모델이 끊임없이 개발되어온 것은 전혀 놀랍지 않다. 2003년에는 또다시 잭 마의 아파트에서 Taobao.com이 만들어져 중국의 소비자들을 서로 연결시켰다. 1년 뒤에는 알리바바의 생태계 내 모든 참여자들의 원활한 거래 및 결제를 돕기 위해 알리페이가 탄생했다.

알리바바는 2005년에 야후와 파트너십을 체결하고, 또 2007년에는 홍콩 증권거래소에서 기업공개에 성공하며 회사를 더 높은 단계로 끌어올리기 위한 자금을 확보했다. 남대한 비전으로 인해 힘을 얻은 타오바오는 회사의 기본 가치(고객 우선, 혁신, 기업가정신)를 바탕으로 불과 3년 만에 이베이보다 더 높은 가치를 인정받게 되었다. 타오바오의 급속한 성장에는 여러 가지 이유가 존재하겠지만, 알리바바가 채택하고 있는 '스위프트 관시Swift Guanxi'라는 개념도 아마 그중 하나일 것이다. 이 개념은 '양쪽 모두에게 교환의 이득을 가져다주는 품격 있는 사회적 상호작용에 기반한 긴밀하고 광범위한 대인관계'라고 폭넓게 정의되기도 한다. 타오바오는 핵심적 상호작용으로서 스위프트 관시를 촉진시

> **"**
> 알리바바는 디지털 경제의 수많은 참가자들의 필요를 충족시키면서 플랫폼 비즈니스 모델을 잇따라 구축해왔다.
> **"**

키는데, 이것은 이베이가 그리 잘하고 있다고 말할 수 없는 부분이다.

플랫폼의 지속적 개발이라는 알리바바의 목표를 충실히 따르며 이 회사의 여러 팀들은 계속 그 핵심적 상호작용에 중점을 두고 모든 사람이 보다 수월하게 상호작용하며 거래할 수 있도록 간소화된 접근 방식들을 개발한다. 부가서비스에 대한 요구가 증가하면 플랫폼 안의 서비스가 그 자체로 또 하나의 플랫폼이 되는데, 그래서 탄생한 것이 알리마마(Alimama, 마케팅 플랫폼)와 주화산(Juhuasan, 반짝 세일 채널)이다. 타오바오의 확장판 티몰Tmall 역시 같은 방식으로 생겨난 알리바바의 또 다른 플랫폼이다.

하나의 생활양식으로서의 쇼핑

TMall.com은 중국의 소비자들을 중국 현지 및 해외 브랜드들과 연결시킨다. 기업은 독자적 온라인 상점을 통해 계속 성장 중인 방대한 시장에 대한 접근성을 확보한다. 중국의 온라인 상점을 마치 자신의 홈페이지처럼 운영할 수 있다. 수월한 검색과 편리한 구매 기능으로 소비자는 만족스러운 쇼핑을 경험할 수 있고 폭넓은 브랜드 제품들로 인해 선택의 기회를 누릴 수 있다. 티몰은 의사소통(유창한 중국어), 고객 서비스, 배송과 관련된 기대들을 완벽하게 만족시킬 수 있도록 기업들이 중국 본토에 소재할 것을 요구한다.

언제나 고객이 우선

지난 20년간 알리바바 그룹은 중국을 비롯한 전 세계 소비자 및 판매자의 필요를 지속적으로 해결해왔다. 2013년에 알리바바는 공급망 전체의 물류 개선을 목적으로 중국 전역의 모든 물류업체 간 협력 네트

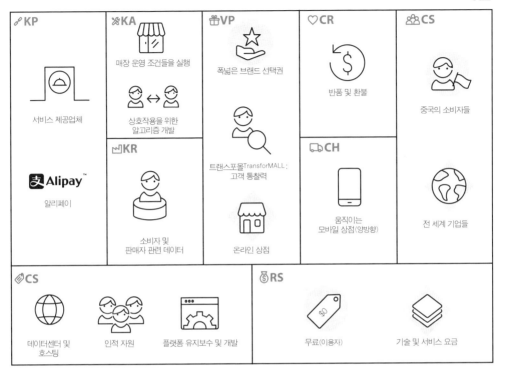

효율적 상품 거래

기업과 소비자 간 의미 있는 상호작용을 촉진시키기 위한 알고리즘 개발이 중요하다.

워크인 차이냐오를 출범시켰다. 뿐만 아니라 전국 현에 타오바오 서비스센터 1,000곳, 마을 단위로는 10만 곳을 설치해 비즈니스 실행을 위한 물리적 기반을 향상시켰다

알리바바의 명확하고 설득력 있는 미래 전자 상거래의 인프라에 대한 비전에 따라 경영진은 다양한 고객들을 위해 여러 가지 새로운 방식으로 가치를 창출해왔다. 알리바바가 기업공개에서 전무후무한 기록을 세운 것이 전혀 놀랍지 않은 이유다.

2011

티몰

알리바바 그룹은 타오바오몰을 티몰로 분사시켜 중국 브랜드들과 기업들을 중국 전역의 소비자들과 연결시키는 전문 플랫폼으로 만들었다.

2013

차이냐오Cainiao

알리바바 그룹은 구매자들에게 배송되는 시간을 획기적으로 줄이기 위해 물류회사들의 컨소시엄과 손잡고 차이냐오 네트워크를 출범시켰다.

2014

IPO

250억 달러의 자금을 조달한 알리바바 그룹은 시가총액 2,310억 달러를 기록하며 경이로운 IPO 성적을 거뒀다. 이 해 초반에 티몰 글로벌TMall Global이 출범했다.

> 타오바오 빌리지의 영향은 부의 창출 그 이상으로 확장된다.

웨슬리 우이 쿠Wesley Wu-Yi Koo, 리지 류Lizhi Liu, "전자상거래는 중국 농촌의 사회적 병폐들을 완화시킬 수 있다(E-commerce Can Ease social Ills in China's Villages)"

이 회사는 심지어 월스트리트에서조차 자신이 내세운 가치에 충실했다. 바로 고객이 우선이고, 직원이 그 다음이며, 주주가 세 번째라는 가치 말이다. 그날 무대 위에는 알리바바의 매니저들이 아닌 8명의 고객들이 서 있었다.

그날의 기업공개 이후 알비바바는 혁신 및 인수에 박차를 가하기 시작했다. 2015년에 앤트파이낸셜서비스Ant Financial Services는 소상공인에게 3분 안에 대출을 승인해주는 마이뱅크MYbank를 출범시켰다. 기존의 은행들은 위험 부담이 너무 크다는 이유로 소상공인들을 등한시한다. 지금까지 마이뱅크는 2,900억 달러를 차입해 중소기업 1,600만 개 이상의 성장에 불을 지폈다. 그 결과, 중소기업들이 성장하고, 고용이 증가하며, 경제의 다양한 참여자들이 생태계의 전체 가치를 증가시키며 함께 번영을 누리게 되었다. 알리바바 그룹의 시가총액이 두 배로 뛰어오르기까지 불과 5년밖에 걸리지 않았다.

가치를 더해 가는 생태계

생태계 비즈니스 모델은 생태계 경제에서 모든 참여자들 간의 연결을 가능하게 한다. 우리가 상상할 수 있는 모든 방식으로 가치 교환이

2015

기업가정신

알리바바 그룹은 대만과 홍콩을 위한 기업가펀드(Entrepreneurs Fund), 제1회 여성 및 기업가정신에 관한 글로벌 콘퍼런스(Global Conference on Women and Entrepreneursship) 등 기업가정신을 지원하기 위한 몇몇 활동을 주도했다.

최대의 소매 경제

알리바바 그룹의 2016년 중국 소매 플랫폼 내 총거래액(GMV)은 4,000억 달러를 상회했다. 세계 전자무역 플랫폼(Electronic World Trade Platform: eWTP)의 개념은 G20 정상회담의 정식 성명에 포함되었다.

알리바바의 생태계

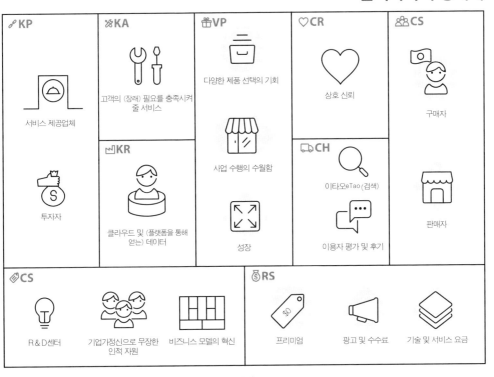

⚲ KP	⚒ KA	🎁 VP	♡ CR	🐾 CS
서비스 제공업체	고객의 (장래) 필요를 충족시켜 줄 서비스	다양한 제품 선택의 기회	상호 신뢰	구매자
투자자	KR 클라우드 및 (플랫폼을 통해 얻는) 데이터	사업 수행의 수월함 / 성장	CH 이타오eTao (검색) / 이용자 평가 및 후기	판매자

⚲ CS R&D센터 / 기업가정신으로 무장한 인적 자원 / 비즈니스 모델의 혁신

💰 RS 프리미엄 / 광고 및 수수료 / 기술 및 서비스 요금

플랫폼들의 생태계

각각의 전담 플랫폼 비즈니스 모델이 참여자들 간 연결을 촉진시킨다. 이용자들 사이에서 신뢰를 구축하고 유지하는 일이 중요하며, 파트너들이 이용자들을 위해 생태계의 가치를 추가해나갈 필요가 있다.

2018	**2019**	**미래**
신유통	변화를 위한 기술 Tech for Change	하반기 2H 전략

알리바바 그룹은 티몰에 힘입어 허마 HEMA와 오프라인 편의점을 도입했다.

알리바바 그룹은 복잡하고 긴급한 현안들을 해결하기 위해 AI와 같은 기술들을 이용한다. 창립 20주년을 맞아 회사의 6가지 핵심 가치들을 갱신했다.

"저는 미래에는 기술이 재미있어야 한다고 생각합니다. 알리바바는 우리의 미래를 위한 2H 전략을 갖고 있습니다. 바로 행복(Happiness)과 건강(Health)입니다. 기술의 도래로 사람들이 더 행복해지고 더 건강해질 수 없다면, 아무 의미도 없는 것이죠." 잭 마, 「사우스차이나모닝포스트」, 2016년 4월

일어난다. 예를 들면, Alibaba.com과 1866.com에서는 기업들 서로 간에, 타오바오에서는 소비자들 간, 그리고 티몰(국내)과 티몰 글로벌에서는 기업과 소비자 사이에서 가치 교환이 이루어진다. 각종 서비스 회사들은 생태계 내의 참여자들에게 다양한 부가 서비스를 제공한다. 특히, 알리페이는 결제를, 차이냐오는 물류를, 그리고 알리바바 클라우드는 클라우드 컴퓨팅 서비스를 담당한다.

모두가 번성하다

알리바바 그룹의 경영진은 설득력 있는 비전을 추구함으로써 인상적인 플랫폼 비즈니스 모델 생태계를 구축했다. 물론 하룻밤 사이에 벌어진 일은 아니었다. 혁신에는 시간이 걸린다. 특히 플랫폼 비즈니스 모델에서는 더더욱 그러하다.

경영진은 수요 측과 공급 측 양쪽 고객이 진정으로 필요로 하는 것이 무엇인지 알아내 검증하고, 또 양쪽 모두에게 각각 적합한 가치 제안들을 개발해야 했다. 그런 다음 계속해서 핵심적 상호작용을 유도하고 촉진시켜줄 그러한 가치 제안들을 중심으로 비즈니스 모델을 구축해야 했다. 특히, 102년 존속을 향한 알리바바 그룹의 야망이 그러한 생태계 구축에 필요한 인내심 발현에 큰 역할을 담당했다.

포부	당신의 소규모 비즈니스를 성장시키다	첫째, 고객 둘째, 직원 셋째, 주주	102년을 위한 인내	상거래의 미래
에너지	신뢰	프리미엄	이용자 교육 (구매자 및 판매자)	기업가정신으로 무장한 여러 팀들
정보	(모든 장치에서) 몇 번의 클릭만으로	이타오 검색	실용적 의견 공유	예측 분석 (수요와 공급의 연결)
운영	파트너들 (물류 및 서비스)	데이터	머신러닝(ML), AI, 로봇공학, 사물인터넷(IoT), 가치를 더해 주는 여타 기술들	투자자

이 같은 체계화된 접근법이 비즈니스 모델의 혁신을 이끌었고, 결국 장기적 가치 창출을 위한 균형 잡힌 포트폴리오를 탄생시킬 수 있었다. 그리고 알리바바의 경영진은 설득력 있는 비전을 가지고 소비자와 판매자 및 사회를 위해 점점 더 많은 가치가 창출될 수 있도록 노력하며 이 포트폴리오를 계속 확장시켜나간다.

알리바바 그룹, 2036년까지 세계 5대 경제 주체가 되는 것을 목표로 삼다.

알리바바 그룹은 상거래를 위한 기본적 인프라와 신기술로 고객의 성장을 부채질한다. 고객은 알리바바의 생태계 안에서 비즈니스를 구축해 가치를 창출할 수 있다. 그 가치는 모든 참여자들 사이에서 공유된다. 알리바바 그룹의 플랫폼 생태계는 우리가 말하고, 쓰고 읽는 것처럼 상거래의 미래를 만들어가고 있다. 알리바바가 이제 시작했을 뿐이라는 것을 기억하라. 잭 마는 2019년에 물러나며 모두에게 알리바바가 최소 102년 존속을 마음속에 그리고 있음을 상기시키기도 했다. 그러므로, 이 회사의 갈 길은 아직 멀다.

알리바바 그룹은 이미 해외에서 구체적으로는 르완다, 벨기에, 말레이시아에 eWTP를 출범시켰다. 그리고 음악, 여행, 영화, 엔터테인먼트, 헬스케어 등 다양한 가치의 영역으로 계속 확장 중이다. 알리바바 클라우드 인텔리전스 브레인Alibaba Cloud Intelligence Brain은 산업, 도시, 환경 및 헬스케어의 복잡한 비즈니스 문제와 사회적 현안들의 해결을 위해 초지능 AI 플랫폼을 제공한다. 항공 및 금융 부문을 위한 그와 유사한 '두뇌' 역시 현재 개발 중에 있다. 그리고 '변화를 위한 기술' 계획을 통해 사회 환원을 꿈꾸는 사회적 기업가들이 알리바바의 인프라, 클라우드 기술 및 그 밖의 수단들을 활용하도록 하고 있다.

알리바바 그룹이 거대한 플랫폼 생태계를 대표하고 있음은 더 말할 필요도 없다. 이 회사의 장기적 목표는 20억 명의 소비자에게 서비스를 제공하고, 1,000만 개의 중소기업에 수익을 가져다주며, 1억 개의 일자리를 창출하는 것이다. 지금의 성장률로 볼 때, 알리바바 그룹은 2036년이면 세계 5대 경제 주체로 성장해 있을 것이다.

그랩

Grab

그저 생활을 조금 더 편리하게 만드는 일에 중점을 둔 차량 호출 회사로 시작했던 그랩이 수백만 명에 이르는 소비자, 운송업자 및 판매자가 매일 이용하는 가장 소중한 앱이 돼버렸다. 이들 고객은 그랩을 이용함으로써 모두에게 이익이 되는 경제 활성화에 기여하고 있다.

현황

설립자	총 매출액
앤서니 탄Anthony Tan, 탄 후이 링Tan Hooi Ling	23억 달러 (2019년)
설립년도	
2012년, 말레이시아	
산업	**규모**
모빌리티 음식 배달 금융 엔터테인먼트	동남아시아의 첫 번째 데카콘(Decacorn: 100억 달러 이상의 기업 가치를 지닌 비상장 스타트업-옮긴이) 활동 영역: (라오스와 브루나이를 제외한) 동남아시아 및 일본

우리는 당신이 하고자 하는 모든 것, 아니 그 이상을 돕기 위해 여기 있습니다.

그랩 홈페이지

동남아시아는 오랫동안 다양한 차량 호출 서비스업체들로 복잡한 생태계에 머물러 있었다. 아무런 표시 없이 도색만 되어 있는 차량에서부터 택시, 툭툭, 기타 등등에 이르기까지 좋게 말하면 엄청나게 붐비는 상태, 나쁘게 말하면 이권을 놓고 다투는 끔찍한 각축장이라 할 수 있다. 뿐만 아니라 차량 호출 분야에 규제 없이 완전한 자본주의를 허용하는 다른 나라들에서처럼 다수의 차량 소유자(운전자)들이 정확하지 않은 경로를 이용하거나 종종 과도한 주행 요금을 청구하기까지 한다. 이 세계에서 겪게 되는 다수의 경험들이 끔찍한 것이었음은 더 이상 말할 필요가 없다.

말레이시아를 방문했다가 한 친구로부터 이러한 사정을 들은 하버드대학교 경영대학원생 앤서니 탄은 그러한 혼란을 어떻게든 해결하고 싶다고 생각하게 됐다. 탄은 우버의 차량 공유 개념을 참고하면서도 동남아시아라는 사정에 중점을 두고 사업 계획 경연대회에 출전해 2위를 차지했으며, 결국 하버드 최소 기능 제품 펀딩 상(Harvard's Minimum Viable Product Funding award)의 최종 후보에 올랐다. 거기서 받은 자금을 가지고 탄은 동남아시아 시장에 걸맞은 우버와 유사한 플랫폼 개발에 착수했다.

2012년에 탄과 그의 친구들은 차량 호출 서비스를 더 안전하게 만들고, 택시 기사에게는 더 나은 작업 환경을 조성하며, 모든 이의 생활

KP
운송회사

투자자

KA
드라이버 파트너 교육 및 지원

KR
교통 흐름 및 이용자에 관한 데이터

VP
자가용, 택시, 공유, 동승, 가족, 반려견

자신이 원하는 방식으로 수입을 증가시키세요

CR
지역사회

CH
이용후기 및 평점

앱

CS
승객

드라이버 파트너

CS
플랫폼 개발 및 유지보수

인적 자원

마케팅 및 브랜드 이미지 작업

RS
요금

타는 만큼 지불 (백분율)

주문형 오프라인 서비스

그랩은 당신이 즉시 이용할 수 있는 다양한 교통수단을 제공한다. 승객이 손쉽게 예약할 수 있으며, 투명한 요금 체계가 작동한다. 운전자가 누구의 간섭도 받지 않고 독립적으로 일할 수 있으며 그랩의 파트너가 되는 방식 역시 직접 결정한다.

을 조금 더 편하게 만들겠다는 약속과 함께 말레이시아 시장에 마이택시My Teksi 앱을 출시했다. 당시 거의 모든 택시업체들이 탄의 제안을 거절했지만, 탄이 마지막으로 접촉했던 업체들 중 딱 한 곳이 탄에게 기회를 줘보기로 결정했다. 그 회사가 보유하고 있는 택시는 30대에 불과했다. 그래도 그 기회를 통해 마이택시는 꿈 이상의 무엇이 되기 위해 필요한 추진력을 획득할 수 있었다.

모든 것을 위한 그랩

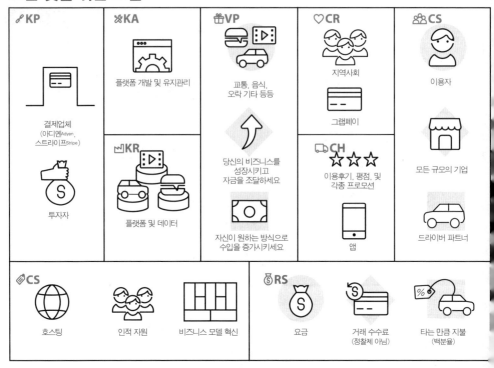

KP
결제업체
(아디옌Adyen,
스트라이프Stripe)

투자자

KA
플랫폼 개발 및 유지관리

KR
플랫폼 및 데이터

VP
교통, 음식,
오락 기타 등등

당신의 비즈니스를
성장시키고
자금을 조달하세요

자신이 원하는 방식으로
수입을 증가시키세요

CR
지역사회

그랩페이

CH
이용후기, 평점, 및
각종 프로모션

앱

CS
이용자

모든 규모의 기업

드라이버 파트너

CS
호스팅

인적 자원

비즈니스 모델 혁신

RS
요금

거래 수수료
(정찰제 아님)

타는 만큼 지불
(백분율)

핵심 상호작용

그랩은 교통, 음식, 결제, 배달, 티켓 구매, 호텔, 보상, 구독, 보험, 선물 등 사람들의 생활을 더 편하게 만들어줄 모든 것을 제공하기 위해 꾸준히 확장되고 있다. "신속한 포장부터 더 신속한 결제까지. 길거리 픽업부터 음식 배달까지. 아침 출근부터 자정 무렵의 야식에 대한 갈망까지." 여러 면에서 그랩은 미국, 유럽, 기타 아시아 국가들에서 찾아볼 수 있는 각종 생활 편의 서비스들을 동남아시아 시장에 어울리도록 재정비하고 있다.

플랫폼 생태계

그랩은 교통을 통해 더 많은 사람과 기업을 연결시키면서 전체 경제를 더 높은 수준으로 끌어올리고 있다.

약간의 성공을 경험한 마이택시는 필리핀, 태국, 싱가포르 등 새로운 국가들로 활동 반경을 넓히면서 말레이시아에서 발견한 것과 유사

뉴노멀 시대 경제 시스템의 전환

한 문제들을 해결해나갔다. 우버의 비즈니스 모델은 운전자가 자신의 휴대폰을 사용하는 것을 전제로 설계되어 있으나 탄과 그의 동료들은 상당수의 택시기사가 기본적으로 휴대폰을 구입할 여력이 없다는 사실을 발견했다. 그런 까닭에 그들은 새로이 진출한 각 나라에서 마이택시가 자리 잡을 수 있도록 기사들에게 스마트폰을 제공했다. 단, 스마트폰 비용은 기사가 마이택시 측에 매일 할부로 갚아나가도록 했다.

2014년에 마이택시는 HDT 홀딩스HDT Holdings와 제휴해 싱가포르에서 가장 큰 전기 택시 시장을 형성하면서 변곡점을 마련했다. 우버와 마찬가지로 마이택시도 혼잡 시간대에는 대중교통 수단이 부족하기 마련이라는 사실에 착안했다. 이 문제를 해결하기 위해 그들은 새로운 브랜드 서비스를 출범시켰다. 그게 바로 그랩이었다. 그랩에서는 차량 소유자라면 누구든지 승객을 목적지까지 태워다줄 수 있는 라이선스를 부여받아 파트너가 될 수 있었다.

그랩은 차량 공유, 단체 셔틀, 반려견이나 어린아이를 동반한 가족을 위한 서비스 등 사람들의 교통 필요를 충족시켜줄 다양한 서비스를 구비하고 있다. 뿐만 아니라 다음 승객을 찾아다니는 택시기사, 소유로 인한 지출을 만회하기 위해 부가 수입을 찾고 있는 차량 소유자, 지역사회에 보탬이 되고자 하는 운전자 등 다양한 운전자들의 필요도 만족시켜준다. 그랩은 모든 운전자를 지원하며 스마트폰이나 그랩 앱의 사용법도 교육시켜준다.

그랩의 확장성은 무궁무진하다. 택시, 자가용, 카풀용 차량, 오토바이, 자전거, 고급 승용차, 셔틀 차량, 자전거 택시 등 바퀴 달린 것은 무엇이든 그랩으로 빌릴 수 있다. 또한 여러 면에서 그랩은 동남아시아의 교통 서비스를 보다 포괄적이고 확장성 있게 변모시켜줄 수 있는 수단으로 여겨진다.

다른 플랫폼들과 마찬가지로 그랩도 그랩페이GrabPay, 그랩파이낸스GrabFinance 같은 결제 및 금융 서비스를 출범시켰다. 그랩은 이러한 서비스들을 통해 그랩 플랫폼에서의 거래 방식을 확장시키고, 또 중소기업들에게 자금, 각종 도구 및 통찰을 제공함으로써 그들의 목표 달성을 돕는다. 대다수 거대 플랫폼들과 달리 그랩은 지역사회 배려에 많은 시간을 할당하고 있다. 동남아시아의 기술 격차를 해소시켜줄 각종 프로그램, 청각 장애인에게 더 많은 기회를 부여해주기 위한 프로그램 등 여러 '선행을 위한 그랩(Grab for Good)' 활동을 통해 매년 지역 경제에 58억 달러를 기부할 계획이다.

이 글을 쓰고 있는 지금, 그랩은 아시아 최대 모바일 기술 기업으로서 수백만 명의 소비자를 같은 수의 운전자, 판매자 및 기업과 연결시키고 있다. 이를 위해 그랩은 접근성의 불평등, 낮은 인프라, 소득 격차 등 지역사회가 직면하고 있는 커다란 난관들의 해소를 고민하며 다면 플랫폼 비즈니스 모델을 운영한다. 동남아시아에는 다수의 차량 공유 및 차량 호출 서비스가 존재한다. 그러나 현지 특화와 지역사회 지향에 초점을 맞추는 방식은 그랩만의 독특한 특성이다. 우버 등의 다른 업체들이 새로운 지역으로 확장을 시도할 때 단순히 타 지역에서 성공했던 것과 똑같은 일련의 서비스를 제공하는 것에 그치는 반면, 그랩은 지역사회 특유의 필요를 충족시키기 위해 접근 방식과 제공할 서비스에 변화를 주었다. 그랩은 끊임없이 상품 개선 방식을 모색하는 한편, 현지의 요구를 만족시킬 수 있도록 서비스를 조정하고, 지역사회의 문제 해결을 위해 노력하며, 현지 지원 활동에도 적극 참여한다.

애플

Apple

애플은 회사의 미래를 위한 지속적 성장이 아이폰에 달려 있다고 생각하고 있을까? 그렇지 않다. 이 회사는 은밀히 세상이 이제껏 경험해본 적 없는 서비스 생태계(즉, 플랫폼 비즈니스 모델)를 구축하고 있다.

현황

설립자	총 매출액
스티브 잡스Steve Jobs, 스티브 워즈니악Steve Wozniak	2,650억 달러
설립년도	**기타 정보**
1976년, 캘리포니아 주 로스앨토스Los Altos	사상 최초로 시총 1조 달러를 돌파한 기업
산업	**규모**
전자 기술	직원 수 13만 7,000명 500여 곳의 소매 매장 13억 개 이상의 애플 기기가 사용 중인 상태

> "
> 당신은 장애물에 집중할 수 있습니다. 또는 그 장벽을 기어
> 오르거나 문제를 재정의하는 일에 집중할 수도 있습니다.
>
> **애플 CEO 팀 쿡**Tim Cook
> "

세계적으로 애플은 아이폰, 맥Macs, 아이패드iPads 등 디자인을 중시하는 고급 하드웨어를 제조하는 기업으로 알려져 있다. 애플이 이미 막강한 규모와 시장 지배력을 자랑하고 있음에도 애플 제품의 세련된 미학과 통합 경험을 갈망하는 팬층은 계속 두터워지고만 있다. 애플은 신제품 출시를 대대적으로 공개한다. 일부 1만 달러대를 호가하기도 하는 맥 프로Mac Pro 같은 전문적 데스크톱 제품들도 엄청난 박수갈채를 받았었다. 그러나 사람들이 인식하지 못하는 것이 있다. 애플의 휘황찬란한 하드웨어 그 이면에 이제 곧 이 회사가 해온 모든 것을 능가해버릴지도 모를 거대한 플랫폼 생태계가 숨어 있다는 사실 말이다.

존 스컬리John Scully가 이끌었던 초기의 애플은 델Dell과 같은 다른 PC 제조사들과 정면 승부를 벌여야 하는 처지였다. 이런 밑바닥 경쟁에서 애플 역시 다른 경쟁사들과 마찬가지로 진부한 회색 플라스틱 상자들을 생산하면서 오직 가격 하나로만 경쟁할 수밖에 없었다. 이 시기 애플의 비즈니스 모델이 생명 유지 모드였다는 것은 더 말할 필요도 없고 말이다.

애플의 공동 창업자이자 원조 CEO 스티브 잡스가 1997년에 복귀하면서 제품군의 재설계가 시작되었다. '사람들이 삶의 여러 순간에 각자의 목표를 달성할 수 있도록 돕는 일에 총력을 기울인다'가 잡스의

논리였다. 잡스는 자신의 조력자로 애플의 재능 있는 산업 디자이너 조너선 아이브Jonathan Ive를 직접 지목했다.

2000년대 초반 내내 잡스가 이끄는 애플은 줄곧 우수한 디자인의 컴퓨터 하드웨어와 애플의 운영체제 Mac OS X, 그리고 비디오, 오디오 등의 제작을 위한 부수적 소프트웨어 제품에 집중했다. 그러나 잡스가 내린 거의 모든 결정의 중심에는 인간의 경험이 분명히 자리 잡고 있었으며, 잡스와 아이브는 2001년에 첫 번째 아이팟Pod을 출시하며 컴퓨터 그 이상을 넘보기 시작했다. 이 근사한 음악 기기는 아이팟을 위한 소프트웨어 인터페이스인 아이튠즈iTunes와 긴밀히 연결된 것도 그렇고 여러모로 혁명의 시작이었다.

2003년 무렵에는 애플의 아이팟이 휴대용 뮤직플레이어 시장의 70퍼센트를 점유했을 뿐만 아니라 잡스가 아이튠즈에서 음악을 판매할 수 있도록 (곡별로) 음악 회사들과 획기적인 거래를 성사시켰다. 그것은 오늘날의 애플을 탄생시킨 음악 관련 플랫폼 비즈니스 모델로의 전환이었다. 아이튠즈를 통해 애플은 기업들과 사람들이 새로운 방식으로 거래할 수 있는 가능성의 세계를 열어주었다. 즉, 애플은 모든 거래를 수월하게 만들었다. 무엇보다도 애플은 그 고객인 개발자와 소비자 모두에게 독창적이고 계속 증대되는 가치를 전달해줄 플랫폼 생태계를 창조해낸 것이었다.

애플의 플랫폼 비즈니스 모델은 다양하지만 대부분이 콘텐츠 서비스들이다. 특히, 앱스토어App Store를 통해 앱 제작자(개발자)가 호스팅이나 마케팅을 할 수 있으며, 소비자에게 앱과 콘텐츠를 판매할 수도 있다. 앱스토어에서 특이한 점은 반드시 애플의 하드웨어를 통해서만 접속할 수 있다는 점이다. 때문에 '담장이 쳐진 정원(walled garden)'이란 말이 생겨났다.

앱스토어

2007년에 애플이 아이폰을 출시했을 때는 아이폰의 비즈니스 모델이 당시의 다른 휴대전화 비즈니스 모델과 다를 바 없어 보였었다. 미끈한 전체 화면 디스플레이로 시장에 나와 있는 다른 기기들과는 완전히 다른 모습이기는 했으나 기능 면에서는 애플이 단독으로 개발한 응용프로그램들이 사전 설치돼 있는 것이 전부였다. 그러나 애플은 2008년에 앱스토어의 첫 번째 버전을 발표했다. 아이폰을 사용하는 소비자들을 위해 개발자가 앱을 개발해 마케팅, 호스팅, 판매할 수 있도록 특별히 설계된 것이었다.

소비자는 자신의 아이폰(또는 다른 애플 기기)에 설치하고 싶은 앱을 찾기 위해 앱스토어를 이용할 수 있었다(지금도). 그럼으로써 새로운 기능을 추가할 뿐만 아니라 기기의 사용 방식을 개인화할 수 있었다. 앱스토어는 개발자에게 등록비를 부과한다. 또한, 앱이 판매될 때마다, 그리고 앱을 통해 전달되는 콘텐츠에 대해서도 수수료가 부과된다. 앱스토어가 처음 출시될 때만 해도 500여 개의 앱밖에 없었던 것이 지금은 200만 개 이상의 앱들로 증가해 있다.

긴 시간 동안 우리에게 애플은 아이튠즈 앱스토어 같은 자사의 플랫폼들로 생산성과 즐거움을 제공해주는 기업으로 익히 알려져 있었다. 그러나 오늘날 아이폰 같은 애플의 각종 기기가 전 세계 수백만 명에 달하는 사람들의 삶 속에 완전히 녹아든 현실(심지어 애플 워치는 매일 24시간 내내 사용자의 손목에서 떨어지지 않기도)을 고려해볼 때, 애플이 이번에는 건강에 초점을 맞춘 또 다른 일련의 플랫폼 비즈니스 모델을 창조해내는 작업을 시작했다고 보는 것이 '자연스러울' 것 같다. 2014년에 출시된 애플 헬스키트는 소비자의 건강 정보를 의료 전문가 및 각종

담장이 쳐진 애플의 정원

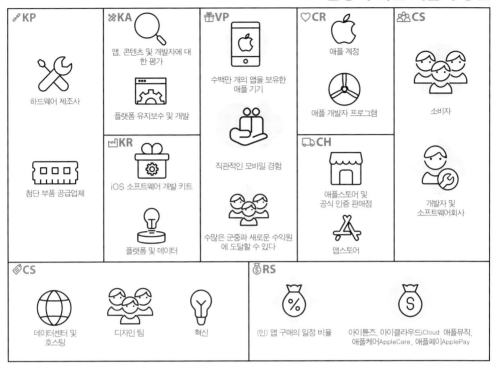

온라인 제품이나 서비스
소비자가 아이튠즈, 애플TV, 애플 아케이드Apple Arcade, 앱스토어, 애플페이 등 애플의 다양한 서비스를 통해 모든 것을 검색, 구입, 구독할 수 있다.

건강 관련 앱과 연결시킴으로써 소비자와 의사 간 가치 교환을 촉진시키기 위한 시도였다. 오늘날 신흥 강자로 떠오른 이 플랫폼의 특징은 소비자에게는 점차 더 개인화된 헬스케어 관련 제안, 추천 및 관리를, 그리고 치료를 담당하는 의사들에게는 보다 상세한 건강 정보를 제공하기 위한 목적으로 설계된다는 점이다. 병원, 의사, 연구소, 각종 기기, 모니터링 서비스, 보험사, 분석업체 등으로 구성된 생태계의 모든 참여자들로부터 애플이 가치를 포착하게 될 날도 그리 멀지 않은 것 같다.

애플 헬스키트Apple HealthKit

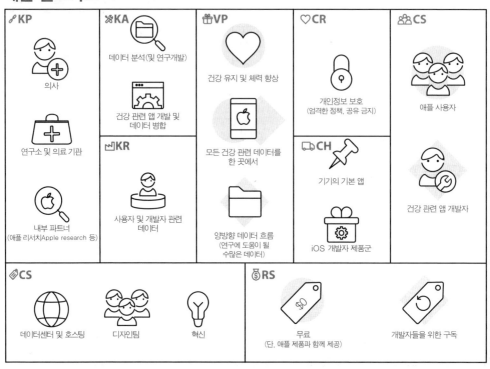

KP
의사

연구소 및 의료 기관

내부 파트너
(애플 리서치Apple research 등)

KA
데이터 분석(및 연구개발)

건강 관련 앱 개발 및
데이터 병합

KR
사용자 및 개발자 관련
데이터

VP
건강 유지 및 체력 향상

모든 건강 관련 데이터를
한 곳에서

양방향 데이터 흐름
(연구에 도움이 될
수많은 데이터)

CR
개인정보 보호
(엄격한 정책, 공유 금지)

CH
기기의 기본 앱

iOS 개발자 제품군

CS
애플 사용자

건강 관련 앱 개발자

CS
데이터센터 및 호스팅

디자인팀

혁신

RS
무료
(단, 애플 제품과 함께 제공)

개발자들을 위한 구독

핵심 상호작용!

애플의 건강 플랫폼 애플 헬스Apple Health는 아직 초기 단계임에도 불구하고 의사 등 의료 사업자와 소비자가 이 서비스를 이용하며 서로 상호작용할 수 있도록 이미 그들의 가입을 받고 있다. 사실 애플은 이미 중개자(수백만 명에 이르는 애플 워치Apple Watch 착용자들의 손목에서)로서 일부 워치 착용자들의 심장 문제를 감지했을 때 세상에 긴급 의료 서비스에 대한 주의를 환기시켰었다. 애플은 앱스토어를 통해 판매되는 앱들에게서 나오는 헬스키트 수익에 기대를 걸고 있다.

플랫폼 생태계

사용자가 애플 아이폰과 워치를 통해 자신의 건강을 관찰해 필요한 경우 의료 서비스를 요청할 수 있다.

그 밖의 사례들

빈티드Vinted는 중고 의류를 판매, 구매, 교환할 수 있는 플랫폼이다.
현재 이용자가 2,500만 명으로까지 증가한 이 플랫폼은 중고 의류를
다시 고객의 첫 번째 선택지로 만들기 위해 노력 중이다.

배송이 필요한 사람은 운송인을 만납니다.
운송인은 배송이 필요한 사람을 만납니다.
유십uShip은 평점에 의해 평가받는 믿을 만한 운송인들이 여분의 화물
공간을 활용해 돈을 벌 수 있는 시장이다. 이용자가 배송을 원하는 물품
을 등록하면 소형 차량이나 트럭 소유자 또는 여행자 등의 운송인이 해당
물품의 배달을 위해 지원한다.

저스트파크 JustPark
주차 문제는 늘 골칫거리다. 저스트파크는 자신의 주차 공간을 임대
하고 싶은 사람과 반대로 주차 공간이 필요한 사람을 연결시켜줌으로
써 이 문제를 해소시킨다.

튜로Turo는 자동차가 필요한 운전자에게 차량 소유자를 연결시켜준
다. 35만 대 이상의 차량이 등록돼 있는 세계 최대의 P2P 차량 공유
시장이다.

돈이 필요한가요?
1. 펀더스클럽FundersClub은 승인된 투자자들이 단 몇 분 만에 세계
에서 가장 유망한 스타트업에 투자할 수 있는 세계 최초의 온라인 벤처

캐피털 기업이다.

2. 렌딩클럽LendingClub은 세계 최대의 P2P 대출 플랫폼으로 대출이 필요한 이들에게 투자자를 연결시켜준다. 대출을 원하는 사람은 그 사유를 첨부하여 1,000달러 내지 4만 달러의 액수를 등록할 수 있다. 이 플랫폼을 통해 벌써 500억 달러에 이르는 대출이 이루어졌다.

페이션츠라이크미PatientsLikeMe는 동일한 만성질환이나 질병을 앓고 있는 사람들을 서로 연결시켜주는 플랫폼이다. 4,300만 가지 이상의 데이터를 확보하고 있는 페이션츠라이크미는 의료 산업이 여러 질환 및 질병 치료의 새로운 방법을 찾아낼 수 있도록 돕고 있다.

프리랜서 시장

파이버Fiverr는 프리랜서 서비스를 위한 온라인 시장이다. 플랫폼을 통해 모든 종류의 프리랜서 작업을 검색하고 게시할 수 있으며, 전 세계에 존재하는 프리랜서들에 의해 신속하게 작업을 완료할 수 있다.

트위치Twitch는 다른 사람이 게임을 즐기는 동영상을 시청할 수 있도록 설계된 플랫폼이다. 시청자들은 서로 또한 동영상 속 게이머와 실시간으로 상호작용할 수 있다. 누구나 동영상을 올릴 수 있으며 어느 정도 인기를 얻으면 돈도 벌 수 있다.

세 가지 간단한 사례 연구

간단하고, 신선하고, 빠르고, 명확하다

1 링크드인
LinkedIn

2 킥스타터
Kickstarter

3 위챗
WeChat

CEO	총 매출액	설립년도	규모
제프 와이너 Jeff Weiner	53억 달러 (2018년)	2002년, 미국	실사용자 3억 명
아지즈 하산 Aziz Hasan	46억 달러 (2009년 이후)	2009년, 미국	44만 5,000건의 프로젝트
마화텅Ma Huateng	220억 달러 (2018년)	2011년, 중국	실사용자 11억 명

링크드인: 네트워킹 혁신

> **❝** 당신의 네트워크에 속한 사람들을 도와주세
> 요. 그러면 그들이 당신을 도울 겁니다. **❞**
>
> 링크드인 공동창업자 리드 호프먼Reid Hoffman

꿈의 직장을 찾기란 결코 쉽지 않다. 딱 맞는 인재를 찾는 일도 마찬가지로 어렵다. 리드 호프먼은 고용주와 구직자 양쪽 모두가 바라는 바를 만족시키기 위해 링크드인을 설립했다. 링크드인은 현재 200여 개국에 거주하는 다양한 직종의 5억 6,000만 명이 넘는 사용자들을 서로 연결시키는 전문 네트워킹 플랫폼이다.

서로 연결돼 공동체를 형성하고자 하는 인간의 오랜 본능 덕에 링크드인은 현존하는 모든 산업의 전문가들을 손쉽게 연결시켰고, 요청이나 추천 또는 입소문을 통해 그러한 연결을 더욱 촉진시켜왔다. 전문적 연결에 이르기까지 과거라면 6단계를 거쳐야 했었던 것을 링크드인이 대체로 3단계 미만으로 줄였다. 여러 면에서 링크드인은 수세기 동안 존재해왔던 인간의 상호작용을 현대화시켰다.

가장 오래된 네트워킹 방식인 물리적 '네트워킹'에 걸리는 시간과 만남을 고려해볼 때, 링크드인은 상당히 혁신적이고 또 여러 면에서 훨씬 나은 것을 구축해냈다. 링크드인의 강점은 개인적, 전문적 및 비즈니스 브랜드를 구축할 수 있다는 점이다. 그것은 주로 플랫폼상에서 무료로 이루어지는 가상의 상호작용 및 콘텐츠 공유를 통해 달성된다. 또한, 개인 및 기업에게 보다 광범위한 접근과 상호작용이 가능한 서비스가 제공되는 프리미엄 옵션도 존재한다.

뉴노멀 시대 경제 시스템의 전환

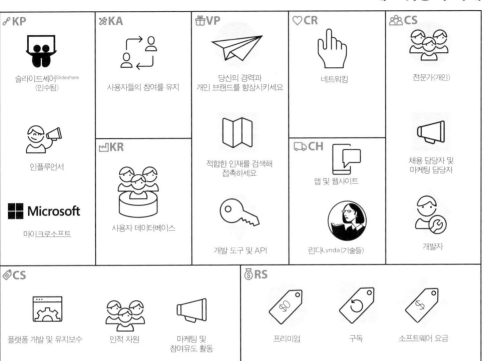

✎ KP	⚒ KA	🎁 VP	♡ CR	👥 CS
슬라이드셰어Slideshare (인수됨)	사용자들의 참여를 유지	당신의 경력과 개인 브랜드를 향상시키세요	네트워킹	전문가(개인)
인플루언서	⚡ KR	적합한 인재를 검색해 접촉하세요	🚚 CH	채용 담당자 및 마케팅 담당자
⊞ Microsoft 마이크로소프트	사용자 데이터베이스	개발 도구 및 API	앱 및 웹사이트 린다Lynda(기술들)	개발자

🔧 CS			💲 RS		
플랫폼 개발 및 유지보수	인적 자원	마케팅 및 참여유도 활동	프리미엄	구독	소프트웨어 요금

핵심 상호작용!

과거에는 주변인들에게 추천을 부탁해 꿈의 직장을 구했지만, 지금은 전 세계가 즉시 당신의 주변이 될 수 있는 세상이다. 과거에 단 한 번도 연결된 적이 없었던 사람들을 플랫폼이 얼마나 효율적으로 연결시킬 수 있는지 보여주는 완벽한 예가 바로 링크드인이다. 링크드인의 경제 그래프Economic Graph는 링크드인의 모든 데이터를 기반으로 한 세계 경제의 디지털 표현이다. 그 지도를 통해 얻은 통찰력이 새로운 방식으로 경제적 기회를 사람들에게 연결시키는 데 도움이 된다.

온라인 제품이나 서비스

링크드인은 네트워킹, 연결, 구직 기회를 무료로 제공한다. 구독을 통해 더 많은 서비스를 제공받을 수 있다. 채용 담당자와 마케팅 담당자에게는 맞춤형 솔루션이 제공된다.

구인과 구직 역시 네트워킹의 일부인 까닭에 링크드인은 전문 채용 담당자와 함께하는 비즈니스 모델로 또 다른 고객을 끌어들였다. 획기적인 점은 채용 담당자가 4억 6,700만 명에 달하는 풍부한 전문가 프로필에 접근해 적합한 인재를 쉽게 식별해 골라낼 수 있다는 것이다. 그들 중 대다수가 반드시 구직 상태가 아니어도 말이다. 다시 말해, 링크드인이 본래 구인과 구직이 아닌 네트워킹에 중점을 두고 있는 회사임을 감안하면 장래 역할과 고용에 대한 대화까지 가능하게 된 경이로운 장소가 되어버린 것이다.

2016년 12월, 마이크로소프트는 세일즈포스를 비롯한 다른 경쟁사들을 제치고 수차례 협상 끝에 링크드인을 인수했다. 당시 마이크로소프트와 세일즈포스의 관심사가 무엇이었는지는 제법 명확하다. 오늘날 링크드인은 단지 거대한 전문적 네트워크만을 대표하는 것이 아니다. 링크드인은 수백만 명의 전문가들과 무수한 기업들의 필요를 포착해 충족시키면서 현재 빠르게 성장 중인 플랫폼 비즈니스 모델에 기반을 두고 있다. 마이크로소프트 같은 B2B 소프트웨어 기업들에게는 바로 그 점이 개인 간의 새로운 상호작용과 기업용 소프트웨어 솔루션을 창조하고 발전시키기 위한 방법들을 무한정 제공받을 수 있는 장점으로 받아들여진다. 또한 더 광범위한 생태계에 존재하며 자신만의 제품 및 서비스를 통해 새로운 방식으로 가치를 창출하고 전달하길 원하는 개발자들을 제공받을 수 있다는 점도 빼놓을 수 없다. 이 모든 게 다 전문적 네트워킹 분야의 구닥다리 비즈니스 모델을 현대화시킬 필요가 있음을 인식했던 단 한 사람에게서 시작되었다는 것을 상상해보라.

킥스타터:
당신의 아이디어를 실행에 옮겨라

" 킥스타터의 경우, 회사는 저에게 보이지 않습니다. 대신 사회운동이 보입니다. 저에게는 사람들을 위해 무언가를 하고 있는 사람들이 보입니다.

트루 벤처스 True Ventures **파트너 옴 말리크**Om Malik "

기본적으로 벤처 기업의 자금 조달을 위해 수많은 사람들로 하여금 각자 약간의 돈을 투자하도록 하는 크라우드펀딩은 수백 년 전부터 있어왔다. 전쟁 채권에 의한 자금 조달(1730년대)부터 예술 기부금에 이르기까지 사람들(자금 제공자)은 그들에게 유익한 무언가(가치)가 포함돼 있다고 생각되면 남을 돕는 일에 기꺼이 나선다. 2009년에 페리 첸Perry Chen, 앤시 스트리클러Yancey Strickler, 찰스 애들러Charles Adler 세 사람도 똑같은 이유에서 킥스타터를 설립했다. 즉, 다른 사람들이 크라우드펀딩을 통해 각자의 프로젝트를 실행에 옮길 수 있도록 도와주기 위해서 말이다. '킥스타터'라는 회사명도 '프로젝트의 착수(Kick-Start)를 돕는 행위'에서 따온 것이다.

킥스타터는 플랫폼으로서 다음과 같은 일을 한다. 아이디어를 보유한 개인이나 기업이 그 아이디어에 대한 구상(예술 프로젝트, 물리적 제품, 콘텐츠, 게임 등)을 관련 자료, 동영상, 필요한 사항과 함께 Kickstarter.com에 게시한다. 프로젝트를 지지하거나 또는 제품을 소유하고 싶은 이들은 아이디어 소유자가 계속 구상을 발전시킬 수 있게 약간의 돈을 투자할 수 있다. (아이디어 소유자와 투자자를 연결해주는) 투자 플랫폼으로

훌륭한 아이디어들을 지원하다

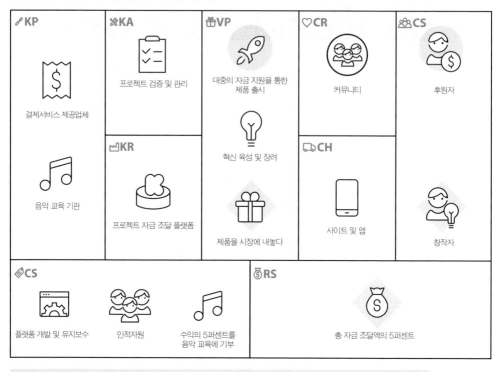

KP

결제서비스 제공업체

음악 교육 기관

KA

프로젝트 검증 및 관리

KR

프로젝트 자금 조달 플랫폼

VP

대중의 자금 지원을 통한 제품 출시

혁신 육성 및 장려

제품을 시장에 내놓다

CR

커뮤니티

CH

사이트 및 앱

CS

후원자

창작자

CS

플랫폼 개발 및 유지보수

인적자원

수익의 5퍼센트를 음악 교육에 기부

RS

총 자금 조달액의 5퍼센트

핵심 상호작용!

킥스타터는 창작자와 제작자를 직접 얼리 어답터 및 고객과 연결시킨다. 이 플랫폼이 그동안 페블Pebble(2016년 핏빗FitBit에 인수되었고, 2019년에는 알파벳Alphabet이 핏빗을 인수함) 등 수많은 회사들의 탄생과 성장에 활용돼왔고. 여러 면에서 킥스타터는 인간이 서로를 믿고 싶어하는 존재임을 입증해냈다. 특히 교환할 만한 공유 가치가 있을 때는 더더욱. 대체로 그러한 신뢰를 촉진시키려면 킥스타터 같은 기업이 필요하다.

열정을 공유하다

킥스타터는 혁신적 제품과 경험을 사랑하는 이들을 한데 모아준다. 새로운 아이디어들을 다수의 잠재적 고객들과 공유하는 과정을 통해 고객이 투자자가 된다.

서 킥스타터만의 특징은 킥스타터가 자사 플랫폼에 올라와 있는 어떠한 프로젝트에 대해서도 지분을 보유하고 있지 않다는 점이다. 대신 킥스타터는 자금을 조달받는 프로젝트에 대해 5퍼센트의 수수료를 부과한다.

킥스타터는 설립 이후부터 하나의 경이로운 현상으로 주목받아왔다. 뉴욕타임스는 이 회사를 가리켜 "사람들의 '국민 예술 기금'"이라 칭하기도 했다. 비교적 단순한 구조로 출발했던 것이 어느새 크라우드 펀딩 행위를 설명하는 일반용어(동사)가 되어버렸다. 대체로 소규모 사업가들의 프로젝트 시작을 지원한다는 점에서 인기몰이에 성공하며 킥스타터는 아메리카와 유럽, 심지어 아시아 태평양 지역의 여러 국가들로까지 급속히 확장되었다.

크라우드펀딩을 통한 투자는 오래전부터 있어왔지만, 개개인의 사적 프로젝트가 아니라 주로 기관에 대한 자금 지원에 초점이 맞춰져 있었다. 킥스타터는 그러한 기존의 틀을 깨버린 것이다. '창의적 프로젝트의 실현을 돕는다'는 사명으로 킥스타터는 정말 많은 일들을 해왔다. 그동안 수백만 명에 달하는 후원자와 창작자를 연결시켜 신뢰를 구축하고 놀라운 성과를 이루어내는 일들에 힘을 보태는 한편 제작자들에게 유용한 피드백을 제공해왔다. 그리고 킥스타터는 위대하다. 이 글을 쓰고 있는 현재 이 회사는 수익의 5퍼센트를 음악 교육을 위해 기부하기로 약속한 상태이며, 창의적 프로젝트들에 50억 달러에 육박하는 자금 조달이 이루어지도록 만들었다. 킥스타터가 얼마나 많은 연결과 가치 교환을 성사시켰는지는 더 말하지 않아도 될 것이다. 앞으로 당신도 창의적 프로젝트를 떠올리게 된다면 아마 머릿속이나 종이 위에 남겨두기보다는 킥스타터 프로젝트에 참여하게 될 것이다. 이미 18만 건에 가까운 프로젝트들이 자금 조달에 성공했으며, 또한 1,800만 명이나 되는 후원자들이 모여 있으므로 또 누가 알겠는가, 당신도 야심 찬 아이디어로 킥스타터를 통해 큰 성공을 거머쥐게 될지.

위챗:
당신의 삶을 정리하다

" 위챗이 오늘날 서구의 경쟁자들보다 우월한
사용자 경험을 제공한다는 다수의 평가가 존
재한다. 또한, 현재 다른 업체들이 위챗의 혁
신적 기능들을 똑같이 따라 하고 있다. **"**

「하버드 비즈니스 리뷰Harvard Business Review」

중국에서 왓츠앱을 대체할 목적으로 시작된 위챗은 사실 모든 기능
을 담고 있다. 그러나 비슷한 점은 채팅 기능뿐이다. 더 쉽고 더 즐거운
생활을 위한 서비스 제공이 바로 텐센트가 개발한 플랫폼 위챗의 본질
이며 전부라 할 수 있다. 현재 10억 명이 넘는 사람들이 문자 메시지부
터 소셜미디어, 결제, 진료 예약, 음식 주문에 이르기까지 거의 모든 기
능을 탑재한 위챗을 사용하고 있다. 서비스 목록은 계속 늘어나는 중이
다. 요컨대 위챗은 생활 앱이 되어버렸다.

여러 면에서 위챗 역시 알리바바처럼 하나의 플랫폼 생태계다. 그
리고 애플이나 구글 같은 기업들이 단일 기능 앱들로 가득한 앱스토
어를 만들어낸 것과는 대조적으로 위챗은 하나의 생태계 안에서 수많
은 기능들을 제공하는 앱들의 앱이다. 담장이 쳐진 애플의 정원 생태계
에 필적할 만한 것을 성공적으로 개발해냈지만 다양한 기기에 설치 가
능한 단 하나의 앱 안에 모든 기능을 담았다는 점에서 차이가 있다. 이
런 점에서 위챗은 다양한 집단의 사람들에게 초점을 맞추고 있으며, 기
업과 웹사이트, 앱 및 각종 기기를 이용자와 연결시켜주는 개방형 플랫
폼으로 설계되었다. 위챗의 플랫폼 생태계에 속한 기업들은 공식 계정

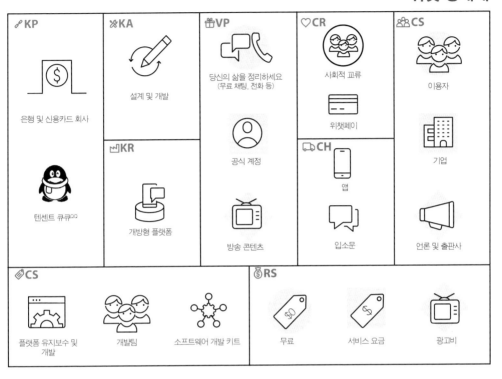

🔧 KP	✂️ KA	🎁 VP	♡ CR	👥 CS
은행 및 신용카드 회사	설계 및 개발	당신의 삶을 정리하세요 (무료 채팅, 전화 등)	사회적 교류	이용자
텐센트 큐큐^{QQ}	📉 KR 개방형 플랫폼	공식 계정 방송 콘텐츠	위챗페이 🚚 CH 앱 입소문	기업 언론 및 출판사

✍️ CS			💰 RS		
플랫폼 유지보수 및 개발	개발팀	소프트웨어 개발 키트	무료	서비스 요금	광고비

핵심 상호작용!

위챗은 완벽하게 사람들의 생활을 편리하게 만든다. 약속, 의사소통, 예약, 결제 등 온갖 잡다한 일들을 관리하는 '슈퍼앱'이라 할 수 있다. 위챗은 이용자가 또 다른 앱을 열지 않고도 원하는 일을 끝내고 다음 할 일로 넘어갈 수 있게 도와준다. 플랫폼상의 기업들은 자체 고객 인터페이스를 구축함으로써 위챗 앱을 통해 서비스를 제공할 수 있다. 그들은 독자적 백엔드Back-End 시스템을 손쉽게 위챗의 생태계에 연결시킬 수 있다.

플랫폼 생태계

위챗은 기업들에게 직접적 고객 상호작용을 위한 개발을 허용하며 단일 가치 흐름으로 이어지는 개방형 플랫폼으로 설계되었다.

을 부여받아 이용자들과 상호작용하며 실질적 서비스를 제공한다. 위챗은 기업들이 고객에게 가치 있는 기능을 쉽게 구축할 수 있도록 소프트웨어 개발 키트(Software Development Kits, SDK)를 제공해 지원한다. 뿐만 아니라 원활한 결제를 도와주는 서비스 위페이WePay는 위챗의 모든 서비스를 연결시켜 위챗이라는 앱이 고객의 생활 속으로 더 깊숙이 파고들 수 있게 만들었다.

슈퍼앱으로 익히 알려져 있긴 해도 사실 위챗이 보유한 진정한 가치는 사람들이 거의 매 순간 생활 속에서 어떻게 상호작용하고 가치를 교환하는지 꿰뚫어보고 있다는 것에 있다. 소비자와 기업 간의 모든 거래 및 상호작용이 위챗을 통해 이루어지는 까닭에 회사가 관련 정보를 활용해 새로운 상호작용과 가치 교환을 만들어내며 패러다임 전환에 더욱 박차를 가할 수 있다.

점점 커져만 가는 위챗 생태계의 크기로 보아 위챗 및 위페이가 거의 모든 상황에서 이루어지는 온갖 종류의 거래와 떼려야 뗄 수 없는 관계가 되어버렸다고 말해도 과언이 아닐 것이다. 오늘날 위챗 덕분에 중국은 위페이 플랫폼을 사용해 무엇이든 구매할 수 있는, 즉 현금 없는 국가로 전환 중에 있다.

우리의 예상대로 위챗은 중국이라는 거대 시장을 품었음에도 거기서 멈출 생각이 전혀 없다. 이 회사는 세계의 나머지 지역으로 눈을 돌려 해외 다국어 버전 앱에 점점 더 많은 기능들을 포함시키고 있다. 사람들이 쉽고 편하게 삶을 영위하기 위해 필요한 모든 기능을 담고 있는 위챗이 순식간에 세계를 사로잡으며 가장 많이 사용되는 앱 5위를 차지하게 된 이유다. 위챗은 플랫폼 생태계를 통해 모든 주체를 연결시킴으로써 우리가 살아가는 방식을 변화시키려 하고 있다.

스스로에게 질문해보기

거래를 위한 인프라가 부족하기 때문에 연결로 인한 기회가 있을 걸로 예상되는 곳은 어디인가?

알리바바는 수월한 비즈니스를 위해 판매자와 구매자를 연결시키는 단순한 웹사이트로 시작되었다. 이 회사는 고객을 최우선으로 이용자들을 쉽게 연결시키고 수요 측과 공급 측 양쪽의 요구를 충족시키는 것에 중점을 두는 다중 플랫폼 비즈니스 모델을 개발했다. 알리바바는 스스로 번영하는 경제를 이루며 끊임없이 진화하는 가치 교환의 생태계를 탄생시킨 최고의 플랫폼 구축 기업이다.

버튼 하나로 고객들을 연결시키기 위해 당신은 동원할 수 있는 자원은 무엇인가?

그랩은 우버 같은 거물들의 뒤를 이어 버튼 하나로 탈것을 구할 수 있는 서비스를 출범시켰다. 그러나 그랩이 구축한 비즈니스 모델은 고유한 필요와 요구를 지닌 사람들이 그러한 필요와 요구를 충족시켜줄 수 있는 이들과 연결될 수 있도록 도와줌으로써 지역사회에 봉사하는 것이다. 버튼 하나로 말이다. 그 결과 간단한 앱 하나로 한 경제 전체가 조직화될 수 있었다.

당신은 소비자들의 삶 속에서 어떤 연결을 간편하게 만들 수 있는가?

파이프라인 비즈니스 모델로 시작했던 애플은 다른 하드웨어 제조사들과 밑바닥 경쟁을 벌일 수밖에 없었다. 애플은 사람들과 그들의 삶을 위한 디자인 쪽으로 방향을 전환했다. 사람들이 필요로 하는 건 근사한 MP3 플레이어가 아니다. 사람들은 자신이 듣고 싶은 음악이나 기타 원하는 콘텐츠에 연결되기를 바라는 것이다. 그래서 결국 하나의 앱 생태계가 탄생하게 됐다. 애플은 그 생태계에서 다른 사람들이 만든 각종 앱으로 모바일 소비자 경험을 간소화시키고 편리하게 만들었다.

소비자들의 요구를 직접 각종 서비스와 연결시킴으로써 당신의 슈퍼앱이 사람들의 삶을 더 쉽게 만들 수 있는 방법은 무엇인가?

위챗의 시작은 가족 및 친구 간의 연락을 위한 단순한 문자 메시지 앱이었다. 지금은 10억 명이 넘는 이용자들을 거의 모든 서비스 제공자들과 매끄럽고 자연스럽게 연결시키는 슈퍼앱으로 진화했다. 위챗은 이용자의 삶이 매끄럽게 정리되도록 해준다. 사람들이 각종 잡다한 일들과 약속 관리 등에 시간을 덜 소비해도 되고 친구, 가족과 더 많은 시간을 보낼 수 있게 되었다.

사람들을 더 빠르게 모아주는 플랫폼을 가지고 당신은 어떠한 기본적 연결의 필요를 충족시킬 수 있는가?

링크드인은 전문가들을 서로 연결시켜 그들의 장래 경력 형성을 돕는다. 그 시작은 동료나 고객, 또래와의 연결을 위한 단순한 네트워킹 공간이었다. 서로와의 연결을 위해 전문가들이 대거 링크드인에 참여했으며, 지금은 개인적 브랜딩 도구로 링크드인을 사용하고 있다. 채용 담당자들은 좋은 인재를 탐색해 채용하기 위해 이 플랫폼을 찾는다.

교훈 얻기

당신의 제품 아이디어에 대한 판단과 자금 조달을 받기 위해 대중을 활용할 수 있는 방법은 무엇인가?

킥스타터는 우리가 제품 개발을 시작하는 방식을 바꿔놓았다. 과거에는 실제 고객의 수요가 존재하는지 아닌지 잘 알지 못한 채로 제품 개발이 이루어졌었다. 따라서 제품 출시가 재앙으로 이어졌던 경우가 수도 없이 많았다. 킥스타터는 그런 일이 벌어지지 않도록 막아준다. 창작자와 제작자를 잠재적 고객들에게 연결시켜주는데, 아이디어가 충분한 수의 사람들로부터 지지를 받는다면 그들은 실제 고객으로 바뀌게 된다.

과감한 플랫폼 실행 단계들

1 '왜'를 생각하라

플랫폼은 수요와 공급을 연결하도록 구축되어야 한다. 크기가 중요하다. 이른바 네트워크 효과를 발생시키며 양측 모두에게 매력적인 플랫폼이 되기 위해서는 충분한 수의 고객을 확보해야만 한다. 시장 관련성을 높이는 플랫폼 전체의 경제적 이점이 무엇인지 구체적으로 명시하라. 당신의 플랫폼이 양측에 무엇을 제공하는 것인지 정확히 정의하라. 양측의 크기를 정량화하고 어떻게 네트워크 효과를 달성할 수 있을지 탐구하라.

2 상호작용을 촉진하라

플랫폼은 참여자들 간 신뢰 확보를 위해 참여자들 간의 상호작용을 촉진시켜야 (그리고 지배해야) 한다. 전담 팀을 조직해 각각의 참여자를 위한 가치 제안에 힘써야 한다. 핵심적 상호작용이 빈번히 일어나도록 설계하라. 수요 측은 필요로 하는 것을 쉽게 탐색할 수 있도록, 공급 측은 제공하고자 하는 것을 간단명료하게 내보일 수 있도록 설계하라.

3 참여자들을 끌어들여라

궁극적으로 네트워크 효과와 규모의 경제를 이끌기 위해서는 양측의 고객 모두를 끌어들이는 것이 필수적이다. 양측의 이용자가 증가하면 증가할수록 플랫폼의 가치도 올라간다. 단골 고객들이 지인들에게 플랫폼 사용을 적극 홍보할 것이다. 새로운 이용자를 끌어들이는 수단으로 이용자 후기와 평가를 적극 활용하라. 참여자들이 플랫폼에서의 경험을 사회 관계망 서비스에서 타인과 쉽게 공유할 수 있도록 만들어라.

이 전환을 이끌어갈
고도의 전략적 선택들

4 연결을 위해 개발하라

플랫폼에 있어 지속적인 기술 개발은 아주 중요하다. 플랫폼을 구축하고 유지하는 일은 간단한 일이 아니다. 플랫폼은 다른 플랫폼들과 서비스 제공자들, 그리고 수많은 기업들과 '대화'할 수 있어야만 한다. 고객과 제3자들이 쉽게 플랫폼에 연결돼 데이터를 교환하며 플랫폼의 편의성을 더욱 확장시키거나 개선할 수 있도록 API를 개발하라.

5 올바른 지표를 추적하라

플랫폼 비즈니스에는 큰 비전과 대담한 의사결정, 또한 그 결정에 관한 엄격한 검증이 필요하다. 핵심 상호작용에 관한 지표들을 추적하라. 플랫폼의 총 이용자 수 같은 허황된 지표는 멀리하라. 중요한 건 이용자 수가 아니다. 이용자들 간의 상호작용 속에서 어떤 일이 벌어지는지가 중요하다. 바로 그것을 측정하고 감시하라!

6 상호작용에서 수익을 창출하라

플랫폼에서 이루어지는 상호작용을 통해 수익을 창출하기란 쉬운 일이 아니다. 플랫폼이 수익을 내기까지는 보통 수년이 걸린다. 수수료 부과는 잠재적 고객을 플랫폼 이용자로 끌어들이는 데 방해가 될 뿐이다. 처음에는 무료로 이용자를 끌어들이고 나중에 유료로 프리미엄 서비스를 제공함으로써 아무런 갈등 없이 가입이 이루어지도록 만들어라.

대부분의 비즈니스 모델들은 단기의 기하급수적 성장으로 시작해 장기의 선형적 성장을 이어간다. 당신의 비즈니스 모델에 가령 10퍼센트 정도의 향상을 10배의 성장으로 바꿔주는 그 어떤 비법 소스를 첨가할 수 있다면 어떨까? 이번 장에서는 바로 그에 관한 이야기를 다루려 한다.

점진적 모델에서
기하급수적 모델로

아주 미미한 개선

점진적 모델에서

기하급수적 모델로

기하급수적 전환은 비즈니스 모델의 존속 기간 동안 기하급수적 성장을 가능하게 만들기 위해 비즈니스 모델의 각 요소들 간 균형을 찾으며 '올바른' 환경을 조성하는 일에 중점을 두고 있다. 이를 위해 대부분의 기업은 인공지능 같은 기하급수적 기술에 투자해야 한다. 그러한 기술이 있어야 비즈니스 모델이 지속적으로 고객의 필요와 여타 내적, 외적 요인들에 대응할 수 있다. 그러나 기하급수적 비즈니스 모델은 단지 기술만을 중시하는 것은 아니다. 본질적으로 기하급수적 비즈니스 모델을 발전, 성장시키며 끊임없이 변화시키는 이유는 다음 한 가지 목적을 위해서다. 그 어떤 대단한 (어쩌면 풀 수 없는) 과제를 해결하기 위해서. 대다수 기업들에게는 건전한 이익률을 유지하는 일만으로도 이미 충분히 대단한 과제일 수 있으나, 기하급수적 전환에 관한 한 이익은 종종 규모에 비해 부차적 고려사항이다.

전환 사례들

대
／ 알파벳(구글)

중
／ 비욘드미트Beyond Meat
／ 스페이스XSpaceX

소
／ 스텔라 바이오테크놀로지스 Stellar Biotechnologies
／ 칸아카데미Khan Academy
／ 깃허브GitHub
／ 네타핌Netafim

기하급수적 기술이란 매우 빠른 속도로 우리 삶의 모든 측면과 주요 산업을 형성하는 기술을 말한다. (……) 우리는 바로 그러한 기하급수적 기술들이 교차하는 지점에 우리 세계의 최우선 과제들에 대한 해결책이 존재한다고 믿고 있다.

싱귤래리티대학(Singularity University)의 기하급수 입문서

기하급수적 비즈니스 모델은 두 가지 이상의 기술들을 적용해 수많은 이들을 위해 대단한 과제를 해결한다. 기하급수적 기업은 기하급수적 사고방식을 통해 산업계의 가정에 도전함으로써 커다란 문제를 제거하는 것을 목표로 삼는다.

미해결 과제들

당신이 해결하고자 하는 대단한 과제가 세계적인 것이든 아니면 오직 당신이 속한 산업에만 영향을 미치는 것이든 이것 하나는 분명하다. 만약 당신이 그것을 해결하지 않는다면, 다른 누군가가 해낼 것이란 사실 말이다. 그리고 그 일을 해내는 기업은 완전히 새로운 범주를 창조하게 될 것이며, 수많은 다른 기업들이 그 범주 안에서 살아가게 될 것이다. 당신이 이런 질문을 할지도 모르겠다. "그런데 도대체 그 대단한 과제라는 것이 뭡니까?" 기하급수적 기술들을 이용해 세계의 어마어마한 과제들을 상대하며 모두를 위한 더 나은 미래를 구축하는 글로벌 학습·혁신 커뮤니티인 싱귤래리티대학은 인간의 기본적 욕구 충족, 지속적인 삶의 질 향상, 그리고 장래적 위기 경감을 위해 해결돼야 할 세계적 12가지 대단한 과제들을 열거하고 있다. 그건 그렇고 만약 당신이 멀리 떨어져서 우주에서 당신이 속한 산업 전체를 바라본다고 해보자. 그러면 그 산업 특유의 대단한 과제들이 당신의 눈에도 들어오게 될 것이다. 예를 들자면, 정보의 장벽을 제거하는 일 같은 과제들 말이다. 그러한 대단한 과제들을 해결하기 위해서는 거의 항상 새로운 (기하급수적) 기술의 채택이 요구된다. 그러한 기술들의 도움으로 당신은 비즈니스 모델이 가치를 창출하고 전달하는 방식을 재정의할 수 있다.

전략적 질문들

당신이 해결하고자 하는 세계적 대단한 과제는 무엇인가? 누가 그 과제를 갖고 있는가? 그 과제를 대하는 방식에 있어 근본적으로 무엇이 달라야 한다고 생각하는가? 당신의 사고방식에서 기하급수적인 것은 무엇인가? 그 과제를 해결하기 위해 어째서 특정 기술들이 필요하다고 생각하는가? 당신이 필요로 하는 돌파구를 마련하기 위하여 두 가지 이상의 기하급수적 기술들을 어떻게 결합시킬 것인가? 당신의 비즈니스 모델에 올바른 기술들을 채택하기 위해 누구와 협력해야 하는가? 아니면 독자적으로 기술을 개발할 것인가? 기존의 기술들을 기반으로 구축 가능한가? 최초의 얼리 어답터들과 함께 어떤 식으로 가치 창출에 대한 실험을 시작할 것인가? 당신이 필요로 하는 새로운 기술 및 능력은 무엇인가?

점진적 모델에서 기하급수적 모델로

약간 개선된 제품

소비자 또는 기업이 고객이며 제품은 그들의 즉각적 필요를 충족시킨다. 일반적으로 점진적 모델은 이상주의적 사고에 토대를 두고 있지 않다. 따라서 이 비즈니스 모델은 대체로 체계적 필요가 아닌 즉각적 필요에 초점을 맞추고 있다. 가치 제안에서도 약간 개선된 제품에 대한 약속이 전부일 수 있다. 제품과 관련하여 고객과 얕은 관계만을 형성하는 경우가 많다(보증 또는 서비스). 시장에 제품을 공격적으로 내보낸다.

힘겨운 성장

제품과 모든 공정, 마케팅 효율성, 비용 등을 개선하고 최적화하는 것이 핵심 활동이다. 그래 봐야 모두 몇 퍼센트 포인트 향상에 그칠 뿐이다. 직원들은 기업의 다양한 부문에서의 점진적 개선에 모든 업무 시간을 할애한다. 그렇게 모든 부문에서의 점진적 개선이 매년 몇 퍼센트 포인트의 점진적 성장을 이끌 것이라는 희망을 가지고. 점진적 비즈니스 모델을 부양시키려면 인원을 상당한 정도로 늘리고 엄청난 액수의 돈을 투자하는 등 '억지 수단'을 동원하는 방법밖에 없다.

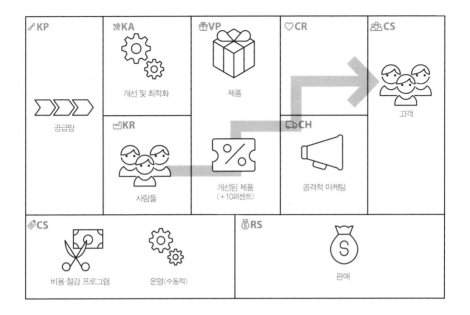

욕구 충족

가치 제안에는 큰 문제를 제거해 장기적으로 가능한 한 많은 사람들의 욕구를 해결하는 것이 들어간다. 관계는 가치를 인지하고 얻는 방법을 공유하고 가치 제안을 널리 알리는 (입소문) 팬 커뮤니티를 통해 형성된다. 이들 고객은 종종 스스로 조직을 결성하고 스스로 서비스를 제공하기도 한다.

놀라운 영향을 이끌어내다

핵심 활동은 추가적 투입이 10배 이상의 산출로 이어질 수 있도록 규모와 영향을 고려해 설계하는 것이다. 실험을 통해 고객 가치의 설계 및 전달이 추진된다. 복수의 기하급수적 기술을 결합시켜 새로운 가치를 창출해냄으로써 가치 전달이 이루어진다. 두 가지 이상의 기술들을 결합시켜 자원을 조성한다. 고객을 연결시키고, 시너지를 발생시키기하급수적 모델은 산업을 전환시키고 세상을 변화시키기 위해 설계되며, 전형적으로 수많은 사람들에게 영향을 미치는 대단한 과제를 목표로 삼고 있다. 이 모델은 일반 대중을 위해 큰 문제를 해결하는 일에 중점을 둔다. 점진적 모델의 10배 규모로.

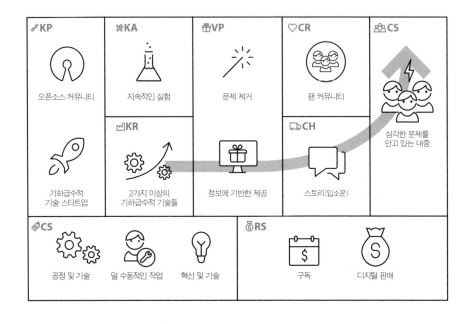

며, 성장을 촉진시키기 위해 종종 다양한 알고리즘을 사용한다. 또 다른 '미친' 기업들과 오픈소스 커뮤니티가 파트너다. 폐쇄 소스 기술들을 사용해 점점 더 빠르게 변해가는 세상과 보조를 맞춰서는 성공할 수 없기 때문이다. 또 다른 파트너로는 기하급수적 기술이 적용된 특정 응용프로그램을 만들기 위해 노력 중인 스타트업들이 있다.

패턴들

 에너지

등유처럼 환경을 오염시키는 에너지원에 의존할 필요가 없도록 만들어라. 태양광이나 그 외 훨씬 더 강력한 배터리에 의해 구동되는 새로운 운송 수단을 제공하라. 태양광, 풍력, 지열, 수력 등 지역에 따라 풍부한 자원을 이용해 에너지를 생산해낼 수 있도록 저렴하게 기술을 제공하라. 사람들이 시장에서 에너지를 쉽게 교환할 수 있도록 하라. AI로 전력망을 더 효율적으로 관리하라.

예: 알파벳, 로컬모터스 Local Motors**, 쉐이프웨이즈**Shapeways

 식품

세계 시민에게 값싸고 질 좋은 유기농 자연식품을 제공하라. 어디에서든, 심지어 도시나 척박한 환경에서도 먹을 것을 재배할 수 있으므로 모든 곳에서 이용 가능하도록 만들어라. 우리는 자원을 덜 사용하면서 이 일을 해낼 수 있으므로 지구의 자원 고갈을 감소시킬 수 있다. 로봇공학과 각종 센서들, 생명공학, AI를 결합해 식품 생산은 최적의 맞춤 환경에서 24시간 내내 이루어진다.

예: 네타핌, 비욘드미트

건강

개인과 지역사회에 건강과 복지, 그리고 정확하고 개인화된 치료를 제공하라. 로봇공학, 빅데이터, 머신러닝, 생명공학, 나노기술 등을 결합해 질병을 더 잘 이해할 수 있으며 조기 진단과 예방, 더 효과적인 치료 또한 가능하다. 익명으로 건강 관련 데이터를 공유함으로써 소비자가 데이터 기반의 헬스케어를 지원하는 파트너가 된다.

예: 스텔라 바이오테크놀로지스, 알파벳, 애플 헬스키트

물

다양한 용도로 사용될 수 있는 안전하고 풍부한 물을 제공하라. 공기에서 물을 추출하거나 화학물질과 과다한 에너지 사용 없이 바닷물을 음용수로 바꿔라(오염된 물이나 전쟁 때문에 더 이상 사망하는 일이 없도록). AI를 사용해 물의 수요와 공급을 예측하고 급수 시스템을 최적화하라. 더 적은 물 사용을 위해 로봇공학과 빅데이터를 활용하라. 3D프린팅을 활용해 기본 위생에 도움이 되는 화장실을 만들어라.

예: WE.org, 네타핌

학습

지식과 기술을 형성하는 정보 및 경험을 제공하라. 어린이들뿐만 아니라 모든 연령의 학습자에게. 평생학습이며, 대규모 온라인 공개 강좌(Massive Open Online Courses, MOOCs)로서 다양한 분야의 수준 높은 강좌와 콘텐츠가 제공된다. 상호작용 또한 가능하다. 게임화, AI, 가상현실(VR), 증강현실(AR)을 통해 학습을 안내하고 향상시킨다.

예: 칸아카데미, 듀오링고, 깃허브, 레딧Reddit

 우주

인류에게 여러 행성을 오갈 수 있는 미래를 선사하라. 행성의 모든 사람들이 인터넷으로 연결된다. 통신 및 모니터링을 위해 특수한 외골격이 제공된다. 그 외에도 삶의 질을 최대한으로 향상시켜줄 각종 응용프로그램들이 존재한다. 민간 부문과 정부가 협력해 우주를 탐험하고 전 인류의 이익을 위해 여러 정착지를 구축한다.

예: 스페이스X

스탠퍼드대학의 컴퓨터 연구실에서 소박하게 시작된 이래 구글은 세상의 정보를 정리하고 모든 사람이 그 정보를 이용할 수 있도록 만들어 많은 이들의 삶을 개선시키겠다는 사명을 품었다. 오늘날, 구글의 모회사 알파벳은 가능한 한 많은 사람들의 삶을 개선시키기 위한 탐색을 계속하며 (물론, 기하급수적으로) 수백 가지 영역으로 활동 반경을 확장시켰다.

알파벳

Alphabet

현황

설립자	CEO
세르게이 브린Sergey Brin, 래리 페이지Larry Page	순다르 피차이Sundar Pichai
설립년도	총 매출액
1998년, 캘리포니아 주 멘로파크Menlo Park	1,610억 달러 (2019년)
산업	규모
인터넷, 클라우드컴퓨팅, 컴퓨터 소프트웨어 및 하드웨어, 인공지능, 광고	50개국에 사무소 직원 수 11만 8,000명

연표 〉

1998	2001	2004
설립	에릭 슈미트Eric Schmidt	iPO
래리 페이지와 세르게이 브린이 구글을 설립했다. 이미 1996년에 스탠퍼드 대학교 웹사이트에서 구글의 최초 버전을 사용할 수 있었다.	200여 건의 인수 건 중 구글은 첫 번째로 데자Deja(현재의 구글 그룹)를 인수했다. 에릭 슈미트가 조직력과 실행력을 바탕으로 CEO에 임명되었다.	구글은 GOOG을 상장시켰고, 직원들이 구글에 가장 도움이 된다고 생각하는 일에 업무 시간의 20퍼센트를 할애하도록 장려함으로써 그들을 더욱 창의적이고 혁신적으로 만들었다.

검색 연구 중에

래리 페이지와 세르게이 브린은 스탠퍼드대학교에서 박사과정을 밟던 중에 만났다. 페이지의 논문 프로젝트 '백럽Backrub'은 웹페이지의 중요성을 판단하기 위해 URL에 연결된 모든 백링크를 확인하는 알고리즘에 관한 내용이었다. 두 사람은 지금까지 페이지랭크PageRank 알고리즘이라 알려진 것을 사용해 사용자를 위해 훨씬 더 관련성 높은 결과들을 생성하도록 검색엔진을 강화시킬 수 있음을 알아냈다.

구글은 인터넷 사용자에게 빠르고 효과적인 검색 서비스를 제공하는 디지털 원주민 기업으로 태어났다. 1998년 말까지 구글은 6,000만 개의 웹페이지 색인을 보유하게 됐다. 그것은 다른 경쟁자들에 비해 구글이 실제로 더 나은 검색 결과를 생성한다는 증거였다. 당시의 투자자들은 여전히 야후!, MSN.com, AOL.com 등 과부하가 발생하는 포털 사이트들을 웹의 미래로 믿고 있었다.

가치 창출 면에서 앞날을 예측하기란 어려운 법이다. 따라서 기하급수적 성장은 꽤 기만적이며 초기에 알아채기가 쉽지 않다. 래리와 세르게이조차 1999년 초반에 구글을 100만 달러에 Excite.com(앨터비스

272

뉴노멀 시대 경제 시스템의 전환

2005

무료 지도

네비게이션 장비 및 소프트웨어 시장을 위협하며 구글 지도Google Maps와 구글 어스Google Earth가 출시되었다. 구글은 약 5,000만 달러에 안드로이드(Android Inc.)를 인수했다.

2006

유튜브

구글은 16억 달러에 유튜브를 인수하며 광고 부문에 혁명적 무기를 추가시켰다. 이후 대대적 인수 행보를 이어갔다. 유튜브는 구글 디스플레이 네트워크Google Display Network의 일부로서 구글의 광고 역량 확장에 기여했다.

구글해 봐요!

알파벳은 2006년 3월에 스탠더드앤드푸어스 500 지수에 편입되었다. '구글'이 동사로 메리엄 웹스터 대학생용 사전(Merriam Webster Collegiate Dictionary)과 옥스퍼드 영어 사전(Oxford English Dictionary)에 등재되었다.

타AltaVista)에 팔려고 시도했다가 실패한 적이 있었다. 단순하고 사용하기 쉬운 디자인도 한몫을 하며 구글의 사용자 수는 계속 증가했다. 덕분에 브린과 페이지는 1999년에 처음으로 2,500만 달러의 벤처캐피털 자금을 조달받을 수 있었다.

2002년 무렵에는 구글이 이미 굉장한 인기를 누리고 있었다. 브린과 페이지는 야후!의 30억 달러 제안을 거절했다. 2004년에 상장된 구글은 주당 84달러로 19억 달러를 모금했다. 이후 광고 및 여타 산업 분야에서 파괴적 혁신을 이뤄냈다. 오늘날 구글의 주식 가치는 1,300달러를 호가하며, 시가총액은 1조 달러를 맴돌고 있다.

필요한 것을 발견하라, 즉시

오늘날, 사실상 누구든지 아무런 제한 없이 구글 검색(Google Search)을 통해 공개된 모든 온라인 콘텐츠에 접근할 수 있다. 심지어 도서 같은 오프라인 콘텐츠도 구글에서 검색해 구글 도서(Google Books)나 구글 학술 검색(Google Scholar)을 통해 이용 가능하다. 구글은 고급 알고리즘을 사용해 관련도에 따라 검색 결과의 순위를 정한다. 이러한 검색 서비스는 무료다. 광고주는 돈을 내고 자신의 콘텐츠를 검색 결과 상단에 내보낼 수 있다. 광고 공간 구입은 역동적이고 자동화

검색과 광고

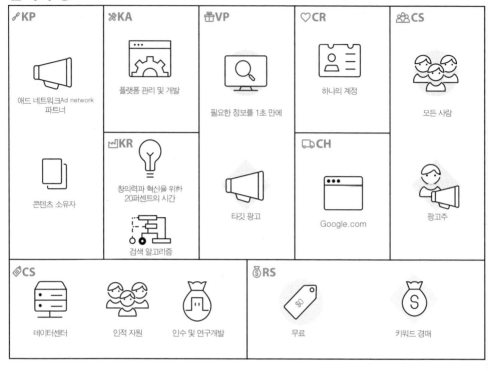

된 경매를 통해 이루어진다. 또한, 광고주는 자신의 홍보 활동이 얼마나 효과적인지에 대하여 훨씬 더 깊은 이해를 얻게 된다. 오프라인 광고와 달리 온라인에서는 클릭, 커서의 움직임 같은 모든 활동을 추적할 수 있기 때문이다.

검색과 그 이상의 것들을 무료로

누구나 필요한 정보를 얻기 위해 구글을 사용한다. 구글이 제공하는 것은 검색 서비스만이 아니다. 이메일이나 네비게이션, 클라우드 저장소, 뉴스 등 다양한 서비스를 제공한다. 이 모든 서비스가 최종 사용자에게 무료로 제공된다. 광고주는 온라인 광고를 위한 공간, 범위 및

2007	2007	2009	2010
더블클릭DoubleClick	개방형 휴대폰 동맹 Open Handset Alliance	구글벤처스 Google ventures	하드웨어

구글은 거대 온라인 광고 서비스업체 더블클릭을 31억 달러에 인수함으로써 알고리즘 기반의 광고 경매를 뛰어넘어 웹 게시자 및 광고주와의 관계를 기반으로 한 비즈니스로 사업을 확장시켰다.

'모바일 장치를 위한 최초의 진정한 완전 개방형 플랫폼' 안드로이드를 개발하기 위한 구글, HTC, 모토로라Motorola, 퀄컴Qualcomm, 삼성Samsung, 스프린트Sprint, T-모바일T-Mobile, 텍사스 인스트루먼트Texas Instruments의 컨소시엄.

창업자들, 그리고 그들의 동료들과 나란히 손잡고 산업계를 전환시키며 새로운 산업을 창출하기 위해 서비스 기반의 벤처 펀드를 시작했다.

주력 안드로이드 기기 브랜드 넥서스Nexus와 함께 하드웨어 사업에 진출했다. 구글 파이버Google Fiber로 초고속 인터넷 서비스 제공을 위한 실험에 도전했다.

가시성에 대해 비용을 지불한다. 여기서 나온 수익이 다시 구글의 방대한 서비스들의 개발에 사용된다. 구글의 IPO 서한에 언급됐던 20퍼센트 시간 룰은 실제로 독창성과 혁신을 위한 촉매제로 작용했다. 그 규칙 덕분에 구글은 가치 제안을 사용자와 광고주 모두를 위한 것(애드센스AdSense)으로 확장시킬 수 있었다.

20퍼센트 시간 룰로 인해 직원들이 업무 중에 새로운 아이디어를 고안할 수 있었고, 그것은 더 많은 이용자들에게 새로운 가치를 창출하는 신제품 개발로 이어졌다. 또한 구글은 지도, 위성사진 등의 지리적 정보를 디지털화한 정보를 구글 지도나 구글 어스 같은 앱을 통해 무료로 제공한다. 이러한 무료 제품들이 구글의 사용자 기반 및 관련성을 더욱 확장시켜놓았다.

구글의 검색 및 광고 사업은 콘텐츠 색인 생성과 웹사이트상의 온라인 광고 판매에 의존하고 있다. 2003년에 블로거Blogger를, 2005년에는 유튜브, 그리고 2007년에 더블클릭을 인수함으로써 구글은 그러한 핵심 사업을 보강했다. 오늘날 블로그가 주류 미디어가 되었고, 사람들의 미디어 소비도 전통적 콘텐츠에서 온라인 콘텐츠로 넘어갔다.

2010

구글X

구글은 사내에 비밀스런 연구개발조직을 만들었다. 구글X는 세계적 난제를 해결하며 혁신을 이루기 위해 회사의 모든 자원을 활용한다.

2011

모토로라

구글은 마이크로소프트, 애플, 오라클과의 특허전에서 안드로이드를 방어, 보호하기 위해 구글의 역사상 가장 큰 금액인 125억 달러에 모토로라를 인수했다. 2012년에는 구글 드라이브 Google Drive가 출시되었다.

엄청난 매출

2012년에 구글은 500억 달러에 이르는 기록적인 매출을 달성했다. 또한, 비영리 인큐베이터인 구글 창업가 지원 팀(Google for Entrepreneurs)을 만들어 스타트업들에게 '캠퍼스'라고 하는 공동 작업 공간을 제공하기 시작했다.

그 결과, 대기업들도 광고 전략을 수정해 주로 인터넷 기반 광고에 초점을 맞추게 되었다. 구글은 대대적 인수 전략을 통해 광고 산업의 최강자로 자리를 잡았다. 2009년에는 구글 사이트에서의 일일 검색 수가 10억 회를 초과하며 온라인 검색 시장의 65퍼센트를 점유했다. 구글 디스플레이 네트워크가 전체 인터넷 사용자의 90퍼센트를 수용하고 있는 실정이다.

미래를 위한 모험

구글벤처스(현 GV)는 구글이 학습한 혁신을 미래를 창조 중인 다른 기업들과 공유하기 위한 방법으로서 탄생되었다. 벤처기업 발굴로 구글은 생명과학, 소비자, 선도 기술에 초점을 맞춰 여러 가지 소규모 모험들을 시도해볼 수 있다. 현재, GV는 45억 달러를 주무르며 300개 기업들로 구성된 포트폴리오를 관리하고 있다. 지금까지 20번의 IPO와 100건 이상의 인수합병을 성사시켰다.

현금 흐름을 발생시키는 안정적 핵심 사업에
주력하면서도 혁신의 선두 자리를 유지한다.
위험을 감수하면서
혁신에 관한 지식과 경험을 전파한다.

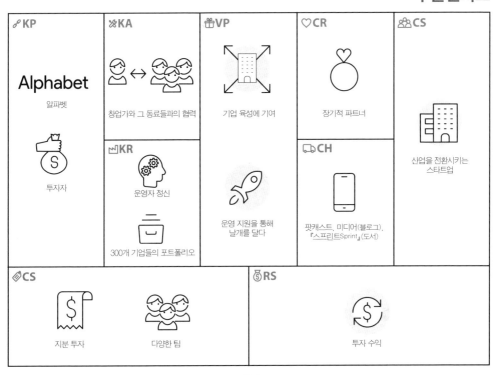

⌦ KP	※ KA	⊞ VP	♡ CR	⋈ CS
Alphabet 알파벳	창업가와 그 동료들과의 협력	기업 육성에 기여	장기적 파트너	산업을 전환시키는 스타트업
투자자	⌁ KR 운영자 정신 300개 기업들의 포트폴리오	운영 지원을 통해 날개를 달다	▭ CH 팟캐스트, 미디어(블로그), 『스프린트Sprint』(도서)	

✐ CS		⑤ RS
지분 투자	다양한 팀	투자 수익

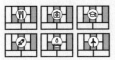

모든 패턴

GV는 기업, 생명과학, 소비자, 선도 기술에 중점을 두고 각종 기하급
수적 패턴에 의해 해결될 수 있는 여러 가지 문제들에 도전한다.

자금 조달 그 이상이 필요하다

창립 이래 구글은 여러 산업 부문에 걸쳐 방대한 전문적 식견을 쌓
아왔다. 구글은 그러한 산업 지식의 축적을 그 자신이 충분히 활용하
고 있지 못한 또 하나의 자원으로 생각했다. 그리하여 구글벤처스에 그
동안 축적해온 모든 지식을 끌어모았다. 자금, 지식, 전문적 식견 및 협
력을 제공하는 서비스 기반 벤처 모델을 채택하고 있는 구글벤처스
는 스타트업을 위한 가치를 창출해 시장에서 스타트업이 성공할 수 있

칼리코Calico

더 많은 AI

알파벳

구글은 아서 D. 레빈슨Arthur D. Levinson(애플 회장)이 이끄는 건강 및 웰빙 관련 회사 칼리코에 투자했다. 칼리코는 노화와 그 관련 질병에 관한 난제 해결에 노력하는 회사이며, '죽음을 치료하는 일'을 사명으로 삼고 있다.

구글은 5억 달러를 들여 인공지능 연구개발회사 딥마인드DeepMind를 인수했다. 또한, 가정 자동화 전문회사 네스트를 32억 달러에 인수했다.

구글은 핵심 역량을 강화하는 한편 엄청난 혁신적 개발에 대한 집중도를 높이기 위해 조직 개편을 단행했다. 순다르 피차이가 구글의 CEO에 취임했으며, 래리 페이지와 세르게이 브린은 알파벳의 CEO와 사장을 맡았다.

는 가능성을 높인다. 구글벤처스가 투자한 스타트업들로는 핏빗, 미디엄Medium, 네스트Nest, 슬랙Slack, 23앤드미23andMe, 임파서블푸드 Impossible Foods 등이 있다.

사고방식의 확장

2011년까지 구글은 기하급수적 성장 가도를 달렸다. 이 성장 시기에 AI는 아직 충분히 사용되고 (또는 연구되고) 있지 않았었다. 구글의 검색 알고리즘이 똑똑하긴 했어도 대체로 머신러닝이 아직 그 대단한 약속을 구현해내고 있지는 못 했었다. 구체적으로 명령하는 프로그래밍 없이도 기계가 예측하거나 결정을 내릴 수 있다는 약속 말이다. 생각하는 기계는 여전히 머나먼 미래의 꿈처럼 여겨지는 것이었다.

2012년에 현 구글의 모회사 알파벳 CEO 순다르 피차이는 구글 X 소속 구글 브레인Google Brain 팀의 개발자 제프 딘Jeff Dean에게서 연구 중인 프로젝트를 검토해달라는 요청을 받았다. 구글 브레인 팀은 1,000대의 컴퓨터에서 1만 6,000개의 프로세서를 연결해 10억 개의 신경망 연결을 만들어낼 수 있었다. 이 기계는 3일 연속으로 유튜브

2016

자율주행 기술 회사 웨이모가 '사람과 물건을 안전하고 쉽게 이동시킨다'는 사명을 품고 구글X에서 독립했다. 구글은 구글 어시스턴트Google Assistant를 탑재한 독자적 스마트 홈 스피커를 출시했다. AI가 각 가정으로 침투하기 시작했다.

2017

직원들이 피차이에게 드론 공격 개선을 위해 인공지능을 활용하려는 군사 계획인 메이븐 프로젝트Project Maven의 철회를 촉구했다. 2018년에 회사의 행동강령에서 '사악해지지 말자!(Don't be evil)'가 삭제되었다가 한 달 뒤 다시 추가되었다.

가장 가치 있는 브랜드

「포브스」가 2019회계년도의 가장 가치 있는 브랜드 2위로 구글을 선정했다. 안드로이드는 월 사용자 20억 명을 확보하며 가장 많이 팔리는 운영체제(OS)가 됐다(2017년). 구글이 안드로이드 기기의 트래픽을 무조건 구글 검색엔진으로 이끈 것에 대해 유럽연합(EU)이 43억 유로의 벌금을 부과했다. 그 일 년 전에도 구글은 검색 결과 상단에 자체 쇼핑 비교 서비스를 홍보한 것에 대해서 유럽연합으로부터 24억 유로의 벌금을 부과받은 바 있다.

의 고양이 동영상을 '시청'한 뒤 스스로 고양이 이미지를 생성해냈다. (구글) 역사상 처음으로 기계가 방대한 방식으로 생각하는 법을 스스로 터득해낸 것이었다. 구글 브레인은 2012년에 X에서 독립해 구글 AI가 됐고, 이 기술을 기계가 방대한 규모로 생각할 수 있게 만드는 내부 프레임워크인 디스트빌리프DistBelief로 전환시켰다. 여러 팀들이 그것을 사용해 유튜브, 안드로이드, 지도를 더 똑똑하게 만들기 시작했다.

> 획기적 아이디어가 차세대 성장 영역을 주도하는 기술 산업에서 관련성을 잃지 않으려면 조금은 불편함을 느낄 필요가 있습니다.

래리 페이지

2015년에 CEO가 된 순다르는 'AI 우선' 기업을 표방하며 지메일Gmail의 스마트 컴포즈Smart Compose, 구글 번역(Google Translate) 같은 구글 제품의 지속적 개선을 위해 구글에서 개발 중인 모든 지능을 활용하도록 만들었다. 디스트빌리프는 텐서플로우TensorFlow로 재설계되었다가 2015년에 오픈소스로 공개되었다. 현재 머신러닝으로 현실의 여러 난제들을 해결하려는 수많은 개발자, 기업, 연구자가 이 기술을 사용하고 있다. 또한, 자동차, 드론, 위성, 노트북 컴퓨터, 휴대폰 등 수백만 대의 장비들 속에 내재되어 기계가 생각하고 학습하도록 사용되고 있다.

듀플렉스Duplex　　　　　핏빗　　　　　10퍼센트 또는 10배

구글은 실제 사람이 하듯 다양한 상점에 전화를 걸어 대신 약속을 잡아 주는 AI 탑재 개인 비서 듀플렉스를 출시했다.

구글은 웨어러블 기기 시장 공략을 목표로 21억 달러에 핏빗을 인수했다. 래리 페이지와 세르게이 브린이 각각 CEO와 사장 자리에서 물러나고 순다르 피차이가 구글과 알파벳의 CEO를 맡게 됐다.

광고를 통해 수익을 10퍼센트 더 끌어올릴 것인가? 아니면 10배 더 놀라운 효과로 모든 사람의 삶을 개선시키는 일에 온힘을 쏟아부을 것인가? 미래가 어찌될지는 앞으로 지켜보면 알 것이다.

혁신 공장

구글X는 세상의 난제 해결을 위한 혁신적 신기술 개발에 초점을 맞춘 비즈니스 모델이다. 마치 공장이 제품을 생산하듯 세상에 혁신을 가져오는 것을 목표로 삼고 있다. 이를 위해 구글X의 여러 팀들은 무한한 가능성이 숨겨진 기발한 아이디어들을 다량 쏟아내고 있다.

알파벳의 모험

알파벳은 다양한 분야에서 남다른 혁신을 이루기 위해 보유한 자원을 조합하는 회사다. 이 회사는 AI 우선의 사고방식으로 핵심 제품과 서비스를 확장, 개선함으로써 사람들의 삶을 더 편리하게 만드는 한편 우리가 더 짧은 시간에 더 많은 일들을 성취할 수 있도록 인간의 역량을 끌어올리는 것을 목표로 삼고 있다.

알파벳이 광고 사업으로 벌어들인 돈은 미래를 위한 투자금으로 사용된다. GV는 산업을 전환시키거나 아예 신산업을 창출해내는 스타트업에 투자하는 벤처 펀드다. 캐피털GCapitalG는 리프트나 에어비앤비Airbnb처럼 좀 더 발전된 단계의 기업에 투자하는 사모펀드다.

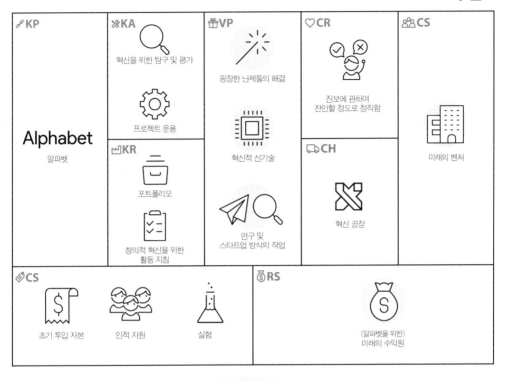

 🖉 KP Alphabet 알파벳	🔍 KA 혁신을 위한 탐구 및 평가 ⚙️ 프로젝트 운용 📈 KR 📥 포트폴리오 📋 창의적 혁신을 위한 활동 지침	🎁 VP ✨ 굉장한 난제들의 해결 ▢ 혁신적 신기술 ✈️🔍 연구 및 스타트업 방식의 작업	♡ CR 진보에 관하여 잔인할 정도로 정직함 🚚 CH ✕ 혁신 공장	👥 CS 🏢 미래의 벤처
🖉 CS 🧾 초기 투입 자본 👥 인적 자원 🧪 실험			💰 RS 💰 (알파벳을 위한) 미래의 수익원	

모든 패턴

구글X는 획기적 아이디어가 프로젝트로 전환돼 어엿한 비즈니스로서 '졸업'할 수 있도록 돕는다. 그 예로, 질병 예방과 세계 보건 문제들을 집중적으로 연구하는 베릴리Verily, 연(kites)을 통해 에너지를 생성하는 일에 집중하고 있는 마카니Makani 등이 있다.

마지막으로, 구글X는 세상의 굉장한 난제들에 도전하며 장기적 모험에 주력한다. 획기적 아이디어들이 탄생할 수 있는 환경을 조성하면 실제로 그중 몇몇이 성공할 수 있는 가능성이 증가하기 마련이다. 현실 세계의 중대한 문제들을 해결할 수 있는 기하급수적 기술들로 무장한 기업들을 세상에 내놓기 위한 구글X의 구조화된 접근법은 미래의 어마어마한 수익원 창출로 이어질 것이다.

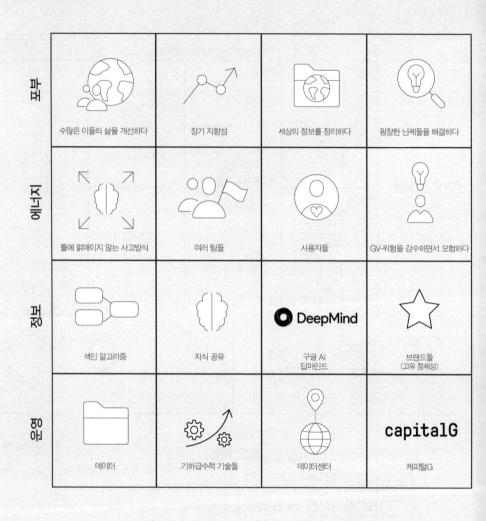

포부	수많은 이들의 삶을 개선하다	장기 지향성	세상의 정보를 정리하다	굉장한 난제들을 해결하다
에너지	틀에 얽매이지 않는 사고방식	여러 팀들	사용자들	GV-위험을 감수하면서 모험하다
정보	색인 알고리즘	지식 공유	구글 AI 딥마인드	브랜드들 (고유 정체성)
운영	데이터	기하급수적 기술들	데이터센터	캐피털G

알파벳은 광고에서 벌어들인 수익으로 미래에 많은 투자를 감행한다. 그것이 여전히 옳다고 할 수 있을까?

창업 이래 지금까지 구글의 성장을 이끌어온 것은 10배를 꿈꾸는 기하급수적 사고방식이었다. 만약 래리 페이지와 세르게이 브린이 고작 1년 만에 Excite.com 이란 스타트업을 팔아버렸다면 세상은 지금 어떤 모습일까? 과연 텐서플로우가 개발되었을까? 설사 그렇다 하더라도 그것이 오픈소스로 제공돼 AI로 움직이는 세상을 만들 수 있었을까?

구글은 세상에 이미 많은 혁신을 보여주었다. 그러나 회사가 계속 성장함에 따라 구글 역시 그 중역들(그리고 월 스트리트)이 추구하는 혁신에 버금가는 수익 달성을 위한 조직을 만드느라 고군분투했었다. 회사의 중역들은 알파벳으로 조직을 재편, 재구성함으로써 그들이 모험한 것 이상의 수익을 얻고자 희망한다.

물론, 그 어마어마한 규모와 영향력 때문에 알파벳은 이득을 위해 법률을 위반하고 권력을 남용한 것에 대해 끊임없이 조사를 받고 있다. 이제껏 벌금으로 부과 받은 금액만도 수십억 달러에 달한다. 무엇보다 심지어 직원들조차 알파벳이 한 기업으로서 행동하는 방식에 의문을 제기하고 있다.

그들의 물음은 더 이상 "구글이 무엇을 할 것인가?"가 아니다. 지금에 와서 중요해진 의문은 "알파벳이 해야 할 옳은 일이 무엇인가?"다. 수많은 사람과 조직이 알파벳의 제품과 서비스를 이용하고 있음에도 점진적 변화 그 이상을 생각하는 것이 회사의 책임인가? 어쨌든, 수익에서 10퍼센트가 더 증가한다고 해서 가치가 불어나거나 눈에 띄게 이익이 늘어난다고 볼 수는 없을 것이다. 10억 명에 달하는 사용자들이 알파벳이 그들의 개인정보를 보호하고 삶을 개선시키며 우리 시대의 시급한 난제를 해결한다고 생각해 적극적인 유료 구독 고객으로 바뀌게 된다면 어떻게 될까? 또는 알파벳이 어마어마하게 수익성이 높은 광고 비즈니스 모델에서 벗어날 수 있을 거라 생각한다면 너무 순진한 것일까?

비욘드미트

Beyond Meat

인류는 점점 더 빠른 속도로 고기를 생산하고 구매하며 먹어 치우고 있다. 이것은 부정할 수 없는 사실이다. 수요에 대응하기 위해 필요한 공간이 점점 부족해지는 것도 큰 문제이나 인류의 그러한 고기 사랑은 굉장히 다양한 체계적 문제들을 발생시킨다. 비욘드미트는 바로 그런 문제들을 해결하기 위해 설립되었다. 그리고 팬데믹을 거치면서 겪게 된 새로운 어려움들로 전 세계가 동요하는 이 시기가 이 회사에게는 기회가 될지도 모른다.

현황

설립자 이선 브라운Ethan Brown	**총 매출액** 2억 9,800만 달러 (2019년)
설립년도 2009년, 캘리포니아 주 로스앤젤레스	**기타 정보** 대학 연구를 기반으로 설립된 회사
산업 식품/육류(대체육)	**규모** 5만 8,000곳에 납품

> **"**
>
> 제 마음속에는 색다른 의문이 하나 있습니다. '동물만이 고기를 얻을 수 있는 유일한 수단일까?'라는 의문이죠.
>
> 비욘드미트 창업자 이선 브라운
>
> **"**

고기를 선호하는 식량 생산 시스템은 때로 비효율적일 수밖에 없다. 고기 한 덩어리를 생산하는 데 엄청난 양의 땅과 물, 에너지가 필요하기 때문이다. 이 시스템에서 발생되는 폐기물의 양 또한 어마어마하다. 이 심각한 문제(그리고 기회)의 해결을 위해 고민 중인 사람들 중 한 명이 바로 이선 브라운이다.

일찍이 브라운은 클린테크Cleantech에서 경력을 쌓기 시작하면서 기후 변화를 막는 일에 관심을 갖게 되었다. 그리고 연구 중에 기후 변화와 축산업 사이에 상관관계가 있음을 알게 되었다. 또한, 당연히 브라운은 대부분의 사람들(적어도 자신의 지인들)이 고기를 덜 먹는 게 좋을 거라는 생각의 소유자였다. 변화를 일으키고자 하는 그의 열망은 자신의 아이가 생기면서 더욱 강렬해졌다.

고기란 무엇이고, 또 무엇이 고기가 될 수 있는가?

브라운은 미주리대학과 메릴랜드대학의 연구자들과 공동으로 대체육 연구를 시작했다. 그는 고기의 다섯 가지 구성 성분인 단백질, 지방, 미네랄, 탄수화물 및 수분이 반드시 동물에만 들어 있는 것이 아님을 알아냈다. 그 사실은 곧 동물을 이용하지 않고도 기본적으로 고기와 유사한 대체 식품을 얼마든지 만들어낼 수 있으리라는 믿음으로 이어졌다. 2009년에 시제품 개발을 위해 두 가지 지원금을 획득한 브라운은 비욘드미트를 창업하기 위해 자신의 집을 팔았다. 동물성 고기를 식물성 고기로 대체하려는 그의 노력은 채식주의자를 위한 대안을 내놓기 위함이 아니었다. 고기가 무엇이고, 또 무엇이 고기가 될 수 있는지에 대한 세상의 이해를 근본적으로 바꿔놓기 위함이었다. 비욘드미트는 육류 애호가들을 겨냥하여 고객이 먹고 싶은 것을 먹을 수 있게끔 제품을 생산한다. 비록 그것이 항상 동물성 고기는 아닐지라도 말이다.

벤처캐피털 회사 클라이너 퍼킨스Kleiner Perkins과 빌 게이츠Bill Gates, 리어나도 디캐프리오Leonardo DiCaprio, 심지어 미국 최대 육가공업체 타이슨푸드Tyson Foods까지 후원자로 나섰으며, 비욘드미트는 실제 고기와 똑같은 대체육을 만들어내는 방법들을 공식화하는 일에 전념했다. 비욘드버거Beyond Burger가 출시되자 세상의 뜨거운 관심이 쏟아졌고, 사람들이 앞다퉈 그것을 (구입해) 먹어보고 싶어했다. 그러나 식품의 생태계는 그렇게 단순하지 않다. 미국 거대 소매업체 세이프웨이Safeway 같은 슈퍼마켓들이 비욘드버거를 채식주의자 코너에 진열하고 싶어했으나 비욘드미트는 슈퍼마켓의 채식주의자 코너는 대체로 거들떠보지도 않는 육류 애호가들을 타깃으로 하고 있었다. 비욘드미트의 이러한 신념을 이해한 홀푸드마켓Whole Foods Market은 위험을 감수하고 비욘드버거를 육류 코너에 진열했다. 그 결과 비욘드버거는 불티나게 팔려나갔다.

고기를 얻기 위한 동물 사육

전통적 육류 생산 모델은 상당히 저렴한 가격으로 가능한 한 많은 고기를 대중에게 판매하는 것을 목표로 한다. 때문에 동물을 효율적으로 키워내 도축, 가공하는 산업 시스템으로 발전해왔다. 축산 농장들은 지리적으로 수많은 지역에 산재되어 있어 도축할 수 있을 만큼 동물을 살찌우기 위해 필요한 사료는 물론 고기를 운송하려면 전 세계적 물류망이 반드시 요구된다.

육류 공장

전통적 시스템이 겉보기에 효율적으로 보이는 이유는 상품 가격에 부정적 외부 효과들이 반영되어 있지 않기 때문이다. 어마어마한 양의 토지, 에너지, 물 등 동물이 고기 덩어리로 전환될 때까지 필요한 것들 말이다. 전 세계적으로 육류 생산 과정의 윤리성이 의심받고 있다는 점은 더 언급할 필요도 없을 것이다. 산업화된 육류에 대하여 실제로 우리는 생각보다 훨씬 더 비싼 대가를 치르고 있는 셈이다.

브라운과 비욘드미트는 세계인을 먹여 살리는 더 나은 방법이 있다고 믿는다. 비욘드미트의 사명은 맛 좋은 식물성 버거, 소고기, 소시지, 다진 고기 등의 미래 단백질(The Future of Protein®)을 창조하는 것이다. 동물성 고기를 식물성 고기로 대체함으로써 전통적 육류 생산 모델의 부정적 영향과 비효율성을 해결할 수 있다.

우리의 필요를 충족시키기 위한 식물 재배

비욘드미트는 Z세대와 밀레니얼세대에게 초점을 두고 있다. 특히 이들 고객이 변화의 필요성을 절감하고 있다고 생각하기 때문이다. 그리고 스타 야구선수 카이리 어빙Kyrie Irving 같은 유명인들을 홍보대사로 삼아 고객들에게 통념을 뛰어넘는 생각과 행동을 유도하기도 한다.

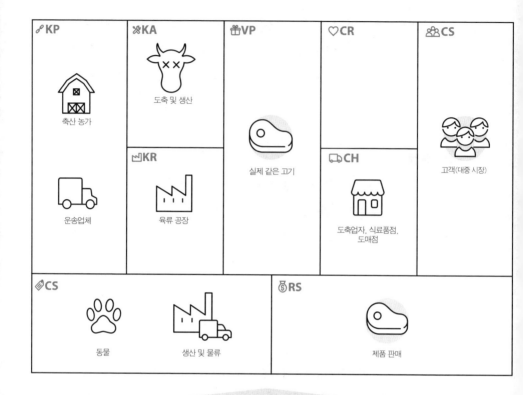

🔧 KP	⚙️ KA	🎁 VP	♡ CR	👥 CS
축산 농가	도축 및 생산	실제 같은 고기		고객(대중 시장)
운송업체	⚡ KR 육류 공장		🚚 CH 도축업자, 식료품점, 도매점	

✎ CS	🪙 RS
동물 생산 및 물류	제품 판매

점진적 비즈니스 모델

살아 있는 동물을 소비에 용이한 포장육으로 가공하는 공장들은 소비자에게 영양적 필요와 입맛 모두를 만족시키는 식품을 제공해준다. 이 방법으로 단백질을 저렴하게 생산해낼 수는 있으나 고기 한 덩어리의 생산에 필요한 투입량이 어마어마하다.

비욘드미트는 고객의 행동을 변화시키는 것이 아닌 기존에 없던 새로운 선택지를 창조함으로써 변화를 일으킬 방법을 모색한다. 여전히 대중과 가까워지기 위해서는 동물성 단백질에 비해 더 저렴한 가격을 제시할 수 있는 방법들을 찾아야만 한다. 닭고기와 소시지 같은 육류를 포함시키며 회사의 선택지를 확장시키고 있는 것도 그러한 노력의 일환이다.

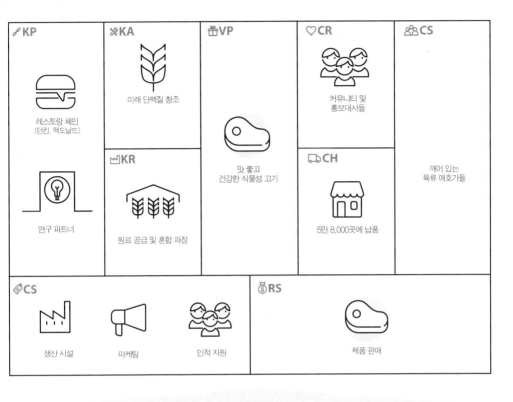

⚲ KP	⚙ KA	⚜ VP	♡ CR	🛇 CS
레스토랑 체인 (던킨, 맥도날드)	미래 단백질 창조	맛 좋고 건강한 식물성 고기	커뮤니티 및 홍보대사들	깨어 있는 육류 애호가들
연구 파트너	⌁ KR 원료 공급 및 혼합 과정		🚚 CH 5만 8,000곳에 납품	

✎ CS			💰 RS
생산 시설	마케팅	인적 자원	제품 판매

식품

비욘드미트의 제품들은 가공식품이기는 해도 질 좋은 식물성 원료들을 사용해 제조되고 있어 지구와 사람에게 더 유익하고 더 건강하다.

10배의 효과!

비욘드미트의 생산 시스템은 거의 모든 자원의 사용을 10배 이상 감소시킨다.

· 물 이용량 99퍼센트 감소
· 온실가스 배출량 90퍼센트 감소
· 토지 사용 면적 93퍼센트 감소
· 에너지 소비량 46퍼센트 감소

기하급수적 결과에 힘을 보태고자 한다면, 다음에 햄버거를 주문할 때 이런 사실을 떠올려보길.

또한, 던킨Dunkin(구 던킨도너츠), 써브웨이Subway, 맥도날드 McDonalds 같은 레스토랑 체인들을 파트너로 활용하고 있다.

스페이스X

SpaceX

만약 인류가 자급자족하는 다중 행성 생명체가 되고자 한다면, 더 저렴한 비용으로 우주에 접근할 수 있어야 한다. 일론 머스크는 이러한 야심에 이끌려 2002년에 스페이스X를 설립했다.

현황

CEO 겸 설립자	총 매출액
일론 머스크Elon Musk	25억 달러 (2019년)
설립년도	
2002년, 캘리포니아 주 호손Hawthorne	
산업	**규모**
항공우주	직원 수 8,000명 발사시설 3곳

당신에게 충분히 중요한 무언가가 있을 때는 확률상 유리하지 않더라도 결국 하게 되기 마련이죠.

스페이스X 창업자 겸 CEO 일론 머스크

페이팔PayPal이 이베이에 매각된 뒤 페이팔의 공동 창업자였던 일론 머스크는 한 가지 대단한 일을 실행에 옮기고자 했다. 그는 이미 화성 오아시스(Mars Oasis)라는 프로젝트에 손을 댄 적이 있었는데, 그것은 화성에 생명체가 살 수 있는지 알아볼 목적으로 화성에 무언가를 보내 보내 식물 재배를 실험하며 연구하기 위한 소형 온실을 설계하는 프로젝트였다. 그러나 미항공우주국NASA에 문의해본 결과 가까운 미래에 화성 탐사 계획이 없다는 답변이 돌아왔다. 좌절감을 느낀 머스크는 자신이 직접 나서기로 마음먹었다. 그리고 러시아에서 재사용 로켓을 구입하려다 실패한 뒤로는 그보다 훨씬 더 적은 금액에 우주로 갈 수 있는 방법이 없을까 고민하기 시작했다.

연구를 시작한 지 얼마 안 되어 머스크는 로켓 제조에 필요한 원자재 비용이 실제 로켓 판매가의 3퍼센트에 불과하다는 사실을 알게 됐다. 나머지는 모두 로켓의 검증과 연료 조달에 드는 비용이었다. 물론 이 시기의 거의 모든 로켓들이 일회용이었던 것을 감안하면 궁극적으로 상업적 발사는 엄청나게 비싼 시도가 될 수밖에 없었다. 이런 사실을 파악한 머스크는 우주여행에 드는 비용을 획기적으로 낮춰야겠다고 결심했다. 즉, 10배는 더 저렴하게(10퍼센트 감소가 아니다). 머스크는 기존의 방법론에 도전했다. 대부분의 공정을 거대 방위산업체에 맡기는 대신 자체적으로 해결하며 로켓 제조 방식을 완전히 재설계했다.

머스크는 페이팔 매각을 통해 (개인적으로) 벌어들인 돈을 스페이스

X 창업과 그 첫 번째 로켓 팰컨 1Falcon 1 개발을 위해 사용했다. 팰컨 1의 발사 준비는 2006년에 마무리됐다. 당연한 소리지만, 우주여행이 그렇게 쉬울 리가 없었다. 팰컨 1의 첫 번째 발사 시도는 비참한 실패로 끝나버렸다. 두 번째와 세 번째 시도 역시 실패였다. 회사는 파산 위기에 내몰렸다. 이제 스페이스X에 남은 돈으로는 단 한 번의 발사 시도가 전부였다. 2008년에 팰컨 1의 네 번째 발사가 이루어졌고, 이번에는 성공적으로 지구 궤도에 진입시켰다.

고객을 쏘아올리다

이 성공으로 머스크는 스페이스X의 첫 계약 당사자들로부터 많은 관심을 받게 됐다. 2008년에 스페이스X는 NASA와 16억 달러에 국제우주정거장(ISS)으로의 화물 운송 계약을 체결했다. 2010년에는 로켓을 지구로 다시 가져와 회수하는 일에 성공하며 발사 후 지구 궤도로부터 우주선을 성공적으로 수거할 수 있는 첫 번째 민간 기업이 되었다. 2011년에 스페이스X는 한층 더 진일보한 비전의 구현을 지원하기 위하여 재사용 가능한 발사 시스템 개발 계획을 발표했다. 2012년에는 ISS 도킹에 성공한 첫 민간 기업이 됐다. 2017년 3월에는 재사용 로켓을 다시 발사한 다음 해상 바지선 위로 착륙시키는 일도 성공해냈다.

정부의 자금 지원

전통적 우주 프로그램들

미국 정부가 주도하는 전통적 우주 프로그램들에는 어마어마한 예산이 들어간다. 예를 들어, NASA의 초대형 프로그램 우주발사시스템(SPACE Launch System)에는 매년 20억 달러나 투입된다. 셀 수 없이

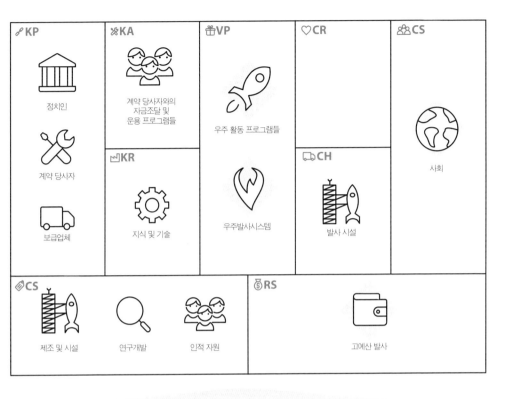

점진적 비즈니스 모델

정부의 출연으로 운용되는 이런 비즈니스 모델로는 목표 달성을 위한 새롭고 혁신적인 사고가 탄생하기 힘들다. 관련 기업들은 그들의 활동에 대해 결과와 관계없이 아무튼 자금을 지원받는다.

많은 조정·조율이 필수인 다년간 프로그램은 수많은 기업들과 관련을 맺고 있다. 이러한 프로그램들이 전체 예산의 10퍼센트를 가져가고 있으며 원래 계획에 비해 수년씩 늦게 완성되는 경우도 허다하다.

우주 탐사 분야에서 혁신을 이끌어내기 위해서는 일부 활동들에 대하여 정액으로 계약을 체결하는 새로운 방법을 도입할 필요가 있다. NASA가 국제우주정거장의 보급을 스페이스X에 외주를 맡겼다면 비용 포함 계약금으로 약 40억 달러를 쏟아부었을 것이다. 스페이스X가 팰컨 9에 투자한 4억 달러보다 10배나 많은 액수다.

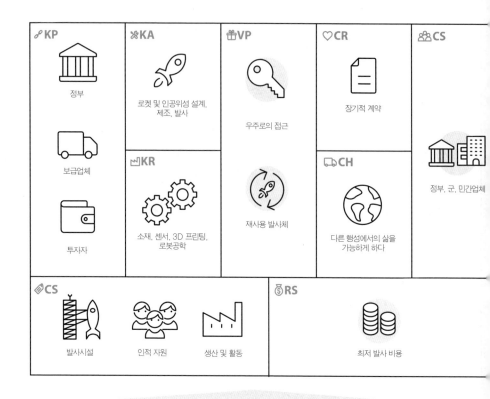

우주

화물 및 사람의 운송을 위한 인프라를 제공함으로써 여러 행성에서 삶을 가능하게 만들다.

10배의 효과!

일론 머스크와 그의 동료들은 로켓 제조를 위한 설계 과정 전부에 대해 의문을 품고 생산 공정 전체를 다시 설계했다. 자체 개발, 생산 및 실험을 통해 그들은 이전에 비해 10배 더 낮은 비용으로 로켓을 제조할 수 있는 새로운 방법들을 발견해냈다.

개방형 혁신

NASA에게 있어 스페이스X 및 여타 상업적 기업들과의 협력은 지속가능한 우주 경제를 창조하는 유일한 길이다. 우주 운송 및 획기적 우주 기술을 위한 시장은 보통 그러한 방식으로 창조되고 있다. 이 산업 전반에서 혁신을 유도하려면 새로운 사고방식과 그에 따른 기하급수적 기술들이 필요하다. 달을 태양계의 나머지 부분을 향한 발판으로 이용될 수 있는 어엿한 산업기지로 탈바꿈시키려면 그것은 선택이 아닌 필수다. 이 점진적 비즈니스 모델은 인류를 다중 행성 생명체로 바꾼다는 스페이스X의 비전을 만나 완벽하게 조정될 수 있다.

화성아, 우리가 간다!

스페이스X는 재사용 가능한 발사 시스템을 사용함으로써 우주여행 비용을 대폭 낮추는 것을 목표로 삼고 있다. 이 회사는 이미 100건 이상의 발사 계약을 체결하였으며 빠르게 성장 중이다. 또한, 스페이스X는 스타링크Starlink 사업을 위한 수백 개의 인공위성 발사를 위해 재사용 로켓을 사용하고 있다. 스타링크는 지구 전체에 광대역 인터넷을 보급할 것이다.

재사용 가능한 여객용 로켓

2019년에 스페이스X는 새로운 스타십 개발에 착수했다. 머스크는 그것으로 사람과 화물을 지구 궤도나 달, 종국에는 화성으로 보내고자 한다. 2023년으로 예정돼 있는 첫 비행에서 일본인 사업가 마에자와 유사쿠前澤友作가 그의 동료들과 함께 달 여행을 떠날 계획이다.

일론 머스크의 목표는 금세기 안에 100만 명 이상의 사람들을 화성에 데려가는 것과 화성에서의 삶을 가능하게 만드는 것이다. 스타링크의 수익이 화성에서의 도시 건설에 사용될 예정으로 2025년이면 350억 달러에 이를 것으로 추정된다. 모든 사람이 우주여행을 할 수 있는 그날을 위한 출발이 순조로워보인다.

그 밖의 사례들

웨이즈Waze는 교통 혼잡 및 공해를 줄이기 위해 커뮤니티 회원 1억 1,500만 명의 데이터를 이용한다. 운전자와 승객의 실시간 위치를 이용해 교통 흐름을 예측함으로써 교통체증을 회피하고, 가장 최선의 빠른 경로를 제공해준다.

당신이 뉴스를 통제하다
레딧Reddit은 어떤 종류의 뉴스인지를 결정함에 있어 4억 3,000만 명에 달하는 월간활성이용자를 활용한다. 그리고 그 결과를 바탕으로 당신에게 가장 흥미로운 최신 뉴스를 제공한다. 이용자가 콘텐츠를 게시하고 각각의 콘텐츠에 의견을 남기며, 또한 가장 흥미로운 콘텐츠에 투표할 수 있다.

로컬모터스Local Motors는 공동 제작과 개방형 혁신을 통해 인공지능 및 3D 프린팅 기술로 제작된 최초의 자율주행 전기셔틀버스 올리Olli를 성공적으로 출시했다.

3D 제품 제작이 가능해지다
쉐이프웨이즈Shapeways에 힘입어 이미 100만 개 이상의 기업이 신속하고 유연하게 3D 제품을 제작하고 있다. 웹사이트를 통해 손쉽게 제품의 디자인을 제출하고나면 나머지는 쉐이프웨이즈가 해결해준다. 다양한 제조 및 원자재 파트너들과의 글로벌 네트워크를 활용하여 맞춤형 제품을 제작해서 고객에게 전달한다.

괜찮은 사업 아이디어가 머릿속에 떠올랐던 적이 있는가? 그럴 땐 쿼키Quirk의 도움을 받을 수 있다. 쿼키는 이미 수많은 발명가들에게 1,100만 달러 이상을 지불하며 32만 1,000개의 제품에 생명을 불어넣었다.

지역 대출

전 세계적으로 20억 명에 가까운 사람들이 금융서비스에 접근조차 할 수 없는 형편에 처해 있다. 키바Kiva는 그들이 대출을 받을 수 있게 도와줌으로써 놀라운 일을 해낼 수 있도록 지원한다. 키바를 통해 당신도 누군가에게 최소 25달러를 빌려줌으로써 그 사람이 변화를 일으키도록 만들 수 있다. 이미 1,410만 달러가 키비를 통해 대출로 지원되어 전 세계의 지역 경제를 부양시켰다.

홈페이지?

지금 당장 워드프레스WordPress와 함께 무료로 홈페이지를 제작해보라. 워드프레스를 이용하면 특별한 기술적 지식이 없어도 자신이 원하는 대로 홈페이지 제작이 가능하다. 현재, 워드프레스는 인터넷의 35퍼센트를 차지한다.

네 가지 간단한 사례 연구

간단하고, 신선하고, 빠르고, 명확하다

1 스텔라 바이오테크놀로지스	CEO 프랭크 오크스 Frank Oakes	총 매출액 100만 달러 미만	설립년도 1999년, 캘리포니아 주 포트 와이니미 Port Hueneme	규모 계속 성장 중
2 칸아카데미	CEO 살만 칸Salman Khan	총 매출액 비영리	설립년도 2008년, 캘리포니아 주 마운틴뷰 Mountain View	규모 사용자 수 7,100만 명
3 깃허브	모회사 마이크로소프트	총 매출액 1억 6,000만 달러	설립년도 2008년, 캘리포니아 주 샌프란시스코	규모 활성 사용자 수 4,000만 명
4 네타핌	CEO 란 메이단 Ran Maidan	총 매출액 10억 달러	설립년도 1965년, 이스라엘 하체림Hatzerim	규모 4,300명

스텔라: 현대 의학

> **"** 스텔라는 천연 공급원인 동물에게 해를 끼치지 않고 구멍삿갓조개의 헤모시아닌(KLH)을 유지, 재생산할 수 있는 고유한 능력을 보유하고 있습니다. **"**
>
> CEO 프랭크 오크스

전통적 의학으로는 어떠한 질병에 대해서도 (특히, 새로운 질병은 더더욱) 효과적으로 빠르게 대처할 수 없었다. 그 결과 1990년대 말에는 의학 분야에서 패러다임 전환이 일어나 신체의 면역체계가 질병을 표적으로 삼도록 도와주는 것에 중점을 두는 치료 전략이 생겨났다. 이러한 전환으로 인해 KLH라는 특정 단백질에 대한 수요가 증가했고, 이것이 또 다른 문제를 야기했다. KLH를 얻기 위한 유일한 공급원이 거대구멍삿갓조개(Giant Keyhole Limpet)였기 때문이다. 이 해양동물은 남부 캘리포니아와 멕시코 바하 칼리포르니아Baja California의 태평양 해역에서만 서식하는 희귀 달팽이로, 과거에도 그랬고 지금도 역시 무분별한 남획과 나쁜 제조 관행으로 인해 생존을 위협받고 있다.

최첨단 기술

스텔라 바이오테크놀로지스의 비즈니스 모델은 이처럼 인간의 생명을 구하는 존귀한 바다 생명체와 그 서식지를 보호하고 성장시키는 것에 바탕을 두고 탄생했다. 스텔라는 성장 중인 질병 표적 면역요법 분야를 강화시키려는 야심을 품고 있다. 그리하여 암, 크론병, 알츠하이머병 같은 질병의 더욱더 효과적인 치료법을 찾기 위해 여러 파트너들과 함께 노력 중이다.

달팽이로 세상을 치료하다

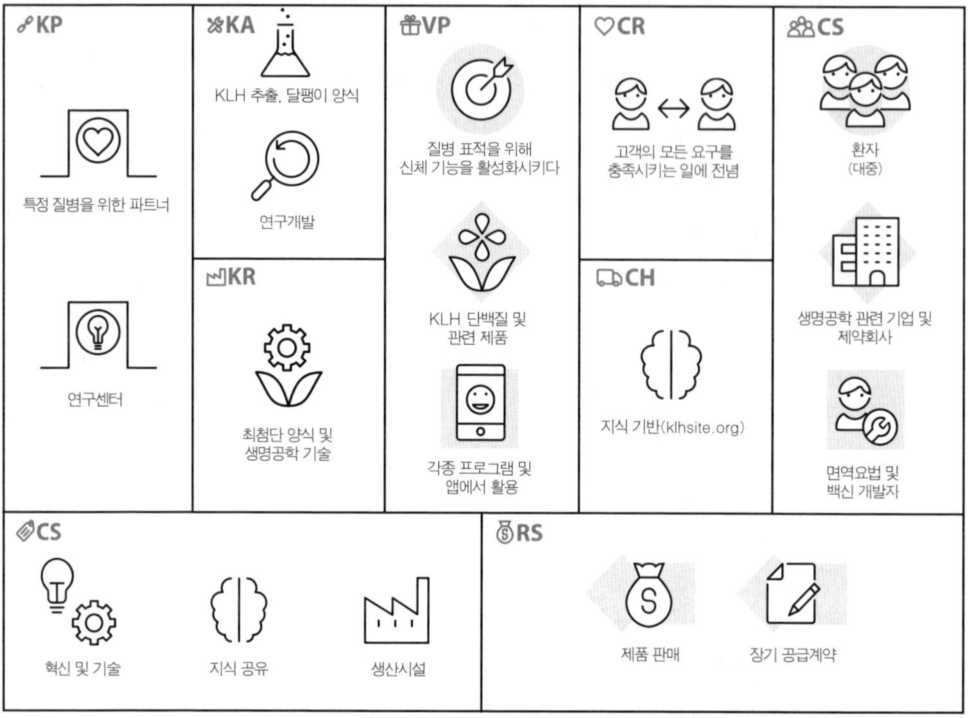
KP
특정 질병을 위한 파트너
연구센터
KA
KLH 추출, 달팽이 양식
연구개발
KR
최첨단 양식 및
생명공학 기술
VP
질병 표적을 위해
신체 기능을 활성화시키다
KLH 단백질 및
관련 제품
각종 프로그램 및
앱에서 활용
CR
고객의 모든 요구를
충족시키는 일에 전념
CH
지식 기반(klhsite.org)
CS
환자
(대중)
생명공학 관련 기업 및
제약회사
면역요법 및
백신 개발자
CS
혁신 및 기술
지식 공유
생산시설
RS
제품 판매
장기 공급계약

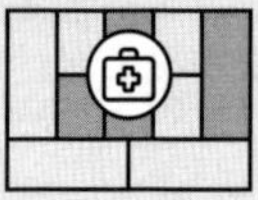

건강

양식과 생명공학에 관한 최첨단 기술을 결합해 희귀한 달팽이는 물론 인간의 미래 세대까지 보호하고 길러낸다.

10배의 효과!

추출된 KLH 단백질은 화학요법으로 인한 부작용을 피할 수 있다는 점에서 현재 사용되고 있는 항암 치료법에 비해 더 효과적이라 할 수 있다. 그러므로 이 치료법은 환자에게 훨씬 더 나은 삶은 질을 제공해준다. KLH는 비침습적이고 무독성이면서도 합성된 약물과 유사한 효과를 가져오기 때문에 훨씬 더 바람직하고 효과적이다. 이 역시 우리가 의학 분야에서 바라는 10배의 효과일 것이다.

스텔라의 생산시설은 구멍삿갓조개의 자연 서식지 바로 인근에 위치해 있다. 스텔라의 해양과학자들은 육지 양식을 통해 이 해양생물의 여러 세대를 성공적으로 번식시킬 수 있는 복잡한 방법들을 개발해냈다. 이 동물의 생명을 빼앗거나 심지어 해를 입히지 않고도 KLH 분자를 추출, 정제, 분리해낼 수 있는 길을 개척한 것이다.

보호해 성장시키다

스텔라는 이 달팽이의 자연 서식지를 보호, 보전하기 위해 투자한다. 이 회사의 혁신적 접근 방식과 기술은 이 야생 공급원 종의 개체가 격감되는 일을 성공적으로 막아주었다. 게다가 스텔라는 구멍삿갓조개의 자연 서식지를 확대시키기까지 했다. 과학자들이 중요한 면역요법 분야에 힘을 실어주려는 야심을 추구하면서 동시에 생태계를 보호할 수 있게 됐다.

암이나 알츠하이머병, 자가면역질환, 각종 염증성질환에 걸린 사람들이 계속 늘어나는 동안 전통적 의학은 그 한계에 부딪히고 있다. 건강상의 문제들은 명백히 기하급수적으로 증가하는 중이다. 암 같은 질병의 증가율은 이미 전염병 수준에 도달한 것으로 정의되기까지 했다. 그럼에도 여러 유형의 암이나 알츠하이머병에 대한 치료법은 여전히 부족하기만 하다. 면역요법으로의 패러다임 전환이 중요한 이유가 여기에 있다. 점진적 혁신으로는 증가하는 대중의 건강 문제들을 충분히 해결할 수 없다.

그러한 전염병 수준의 질병들에 맞서 스텔라는 순조롭게 자신의 길을 걸어가고 있다. 투자자들 역시 면역요법의 중요성을 잘 알고 있다. 2019년에 스텔라가 에데사 바이오테크Edesa Biotech와 합병하자 주가가 78퍼센트나 상승했었다. 서로 다른 개발 단계에 있는 7가지 새로운 백신을 준비 중인 스텔라는 달팽이로 세상을 치료할 수 있는 엄청난 잠재력을 갖췄다.

칸아카데미: 모두를 위한 교육

> " 아이를 더욱 창의적으로 만드는 마법의 공식은 없
> 습니다. 오히려, 우리 각자가 이미 갖고 있는 창의성
> 에 빛과 공간과 시간을 주는 것이 좋은 방법입니다. "
>
> **창업자 살 칸**

고등학생인 나디아는 수학에 어려움을 느끼고 있었다. 나디아의 사촌 살만 칸은 전화와 야후 두들Yahoo Doodle을 통해 그녀에게 수학을 가르쳐주기로 결심했다. 나디아의 성적이 향상되기 시작하자 입소문이 빠르게 퍼졌다. 곧 감당할 수 없을 정도로 많은 과외 수업 요청이 쏟아지자 살만은 유튜브에 동영상을 업로드해 자신의 제자들이 필요에 따라 학습할 수 있도록 만들었다. 칸아카데미의 탄생이었다.

무엇이든 학습할 수 있다

칸아카데미는 누구나 무엇이든 배울 수 있다는 투철한 신념을 갖고 있다. 홈페이지에서는 산수, 대수학, 공학, 컴퓨팅, 경제학, 역사 등의 주제를 다루는 학습용 동영상을 기초부터 고급 과정에 이르기까지 수준별로 제작해 제공한다. 학생들은 수업 10분 동안 핵심 개념을 설명하는 네온 색상의 글씨들로 채워지는 디지털 칠판을 통해 수업을 듣는다. 학생들이 자신에게 맞는 속도로 학습하고, 학습 현황판을 보며 지식의 격차라든가 발전 상황을 파악할 수 있으며, 게임적 요소에 의해 동기부여를 받기도 한다. 또한, 세계 각지에서 여러 학교들이 칸아카데미를 교육 과정의 일부로서 활용하고 있다. 칸아카데미 덕분에 교사는 제자들이 어느 부분에서 어려워하는지 파악할 수 있어 더 효과적으로 아이들을 가르칠 수 있다. 또 학습 과정에서 즉각적으로 피드백을 얻을 수 있기

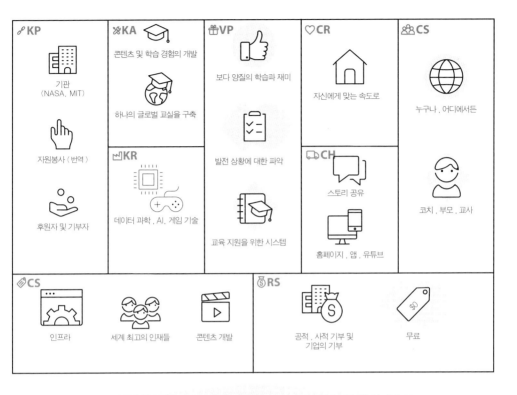

학습

무료로 게임적 요소가 가미된 맞춤형 동영상 교육에 접근할 수 있다. 누구든지 배우고자 하는 모든 것을 자신이 원하는 속도로 완벽히 학습할 수 있도록 도와준다.

10배의 효과!

2012년에 『포브스』에 실린 살 칸의 설명에 따르면 다음과 같다. 칸아카데미는 매년 700만 달러의 운영비를 사용하며 약 1,000만 명의 학생들에게 의미 있는 방식으로 다가가고 있다. 1달러로 약 1.5명의 학생이 엄청난 학습 혜택을 얻게 된다. 칸아카데미는 수많은 팬들의 지지를 받고 있으며, 그들이 36개의 언어로 학습 동영상을 번역해주고 있다. 오늘날, 190개국에서 7,100만 명이 칸아카데미의 회원으로 등록돼 있으며, 월간 활성 사용자 수는 150만 명으로 그 수는 꾸준히 증가하는 중이다. 이제 세상의 모든 아이들이 재밌고, 유쾌하며, 가치 있는 학습 경험에 접근할 수 있게 되었다.

때문에 학생들도 좋아한다. 2015년에 칸아카데미는 중요한 공식 시험들에 대한 준비 강좌를 제공하기 시작했다. 성별, 피부색, 인종 또는 고등학교 수준이나 부모의 교육 수준과 관계없이 누구나 훨씬 더 높은 점수를 얻을 수 있었다.

변화를 전파하다

2016년에 칸아카데미는 공장식 교육 모델에서 벗어나 물리적 학교인 칸랩스쿨Khan Lab School을 시작했다. 이 학교의 학생들은 기업가정신, 창의력 같은 능력의 배양에 특히 중점을 둔 완벽하고 맞춤화된 학습을 추구한다. 그들은 또한 능력을 기르기 위해 여러 집단으로 나뉘어 학습하게 된다. 무엇이 교육에 유리한지(또는 유리하지 않은지)에 관하여 그들이 실천하고 배운 모든 것은 오픈소스로 제공하며 공유된다.

글로벌 교실을 구축하다

교육에 들어가는 돈은 어마어마하다. 미국 대통령경제자문위원회(President's Council of Economic Advisers)의 보고서에 따르면, 전 세계적으로 교육에 3조 9,000억 원이 소비되고 있으며, 이는 지구 전체 GDP의 5.6퍼센트에 해당한다. 오랜 시간 동안 전통적 개혁 프로그램들은 점점 더 많은 돈을 들이면서도 오히려 퇴보적 결과들만 내놓기 일쑤였다.

칸아카데미는 교육 분야의 큰 난제를 해결하기 위해 온힘을 다하고 있다. 전 세계 어린이들은 교육을 간절히 원하고 있다. 칸아카데미는 교육 콘텐츠의 디지털화를 통해 수백만 명의 사람들에게 가까이 다가갈 수 있다. 또한, 교사들이 새로운 개념을 소개하고, 학생의 진도를 추적하며, 필요할 때 개입할 수 있도록 도와주고 있다.

인터넷 등의 기술과 빠른 속도의 각종 휴대용 기기, 데이터 과학의 결합으로 사람들이 학습하는 방식은 계속 변화할 수밖에 없다. 이것이 존 도어와 앤도어 부부(John and Ann Doerr), 빌앤멀린다게이츠재단(Bill&Melinda Gates Foundation), 리드 헤이스팅스Reed Hastings, 카를로스슬림재단(Fundación Carlos Slim) 등 여러 인사와 기관이 이 새로운 학습 모델에 기꺼이 투자하고 헌신하는 이유다.

깃허브:
개발자 커뮤니티

> **"** 깃허브에서 협업하는 개발자 커뮤니티는 언어와 시간대, 문화 등을 초월합니다.
>
> 깃허브 블로그, "2019년 깃허브에서의 다양성, 포용성, 그리고 소속감" **"**

깃허브 이전에 오픈소스 코드에 기여했던 개발자들은 엄청난 노력을 기울였다. 코딩을 시작하기 전 그들은 모든 코드를 다운로드했다. 그런 다음 부분적으로 변경해 ('패치patch'라고 하는) 변경 목록을 작성했고, 다시 코드를 유지관리하는 사람에게 이메일을 보내 변경 사항을 검토하도록 했다. 그 사람은 패치를 보낸 개발자와 아무런 관계가 없거나 전혀 모르는 사람일 수도 있었다. 코드 한 조각을 함께 만들기 위해 다량의 수작업이 필요했다.

굉장히 쉽다

깃허브는 소프트웨어의 버전 관리를 쉽고 원활하게, 또 협업이 가능하게 만들었다. 그리고 다양한 제3자 도구 및 앱을 통합해 코딩을 더 쉽고 편리하게 만들었다. 깃허브의 진정한 힘은 코드의 개선 및 혁신을 위해 서로 돕고자 하는 수백만 명의 마음에 있다. 깃허브 커뮤니티를 구성하는 4,000만 명의 회원들은 인터넷, 가정 자동화, 게임 등을 위한 놀라운 소프트웨어를 제작, 개선하기 위해 협업한다. 깃허브의 유료 가치 제안은 비공개 '깃 저장소(Git repositories)'로, 개인 및 기업이 비공개 프로젝트 작업을 위해 사용할 수 있다. 이들 고객은 호스팅을 위해 깃허브에 기꺼이 돈을 지불한다.

소프트웨어 개발의 미래

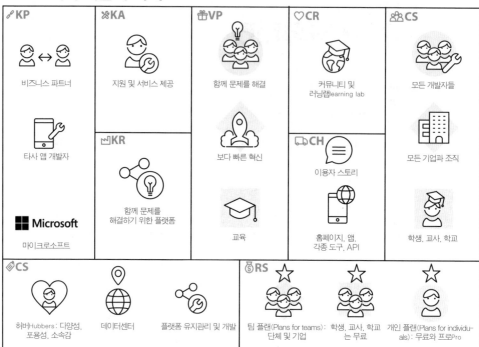

✏️ KP	✳️ KA	🎁 VP	♡ CR	👥 CS
비즈니스 파트너	지원 및 서비스 제공	함께 문제를 해결	커뮤니티 및 러닝랩learning lab	모든 개발자들
타사 앱 개발자		보다 빠른 혁신		모든 기업과 조직
Microsoft 마이크로소프트	📈 KR 함께 문제를 해결하기 위한 플랫폼	교육	🚚 CH 이용자 스토리 홈페이지, 앱, 각종 도구, API	학생, 교사, 학교

💳 CS			💰 RS		
허버Hubbers : 다양성, 포용성, 소속감	데이터센터	플랫폼 유지관리 및 개발	팀 플랜(Plans for teams): 단체 및 기업	학생, 교사, 학교는 무료	개인 플랜(Plans for individuals): 무료와 프로Pro

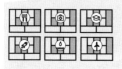

모든 패턴

알리바바부터 알파벳, 인텔에 이르기까지 거의 모든 기술 기업들이 이 공동 혁신 모델을 채택했다.

10배의 효과!

해를 거듭하며 깃허브가 호스팅하는 코드 저장소들의 수가 기하급수적으로 증가했다.

4만 6,000	100만	500만	1,000만	1억
2009년	2010년	2013년 1월	2013년 12월	2018년

점점 더 많은 사람들과 기업들이 이 공동 혁신 모델을 채택하고 있다. 이 모델을 채택한 기업들로 알리바바, 마이크로소프트, IBM, 인텔Intel 등이 있다. 2012년에 앤드리슨 호로위츠Andreesen Horowitz가 7억 5,000만 달러의 가치 평가로 시리즈 A단계에서 깃허브에 1억 달러를 투자했다. 마이크로소프트가 깃허브를 75억 달러에 인수했으니 10배의 효과를 본 셈이다.

공동의 혁신

　기능적 관점에서 깃허브는 깃 저장소의 형태로 코드 호스팅을 지원하는 온라인 그래픽 도구다. 수백만 개 프로젝트의 소스 코드에 접근함으로써 전 세계 개발자들이 서로의 아이디어에 기여하고 혁신할 수 있다. 이러한 유용성 때문에 깃허브는 세계 최대의 소스 코드 호스트로 자리 잡았다. 보다 넓은 관점에서 보면, 깃허브는 코딩 및 개발 과정을 혁신시킨 하나의 플랫폼이다. 또한, 개발자가 아주 실용적으로 자신의 능력과 포트폴리오를 전시할 수 있는 수단이기도 하다. 깃허브는 수백만 명의 개발자들이 한데 모여 공동의 혁신을 이뤄내며 소프트웨어로 가치 창출의 한계에 도전할 수 있게 만들었다. 게다가 오픈소스 개발의 세계에 보안성과 편리함, 투명성을 더해준다. 깃허브는 기업과 조직, 개발자들이 한데 모여 서로의 문제 해결에 도움을 주는 장소다. 이런 수준의 협업은 대단한 난제들이 해결되는 속도에 직접적으로 영향을 미친다. 깃허브에는 사람들이 지금 무엇을 연구하고 있는지가 반영된다. 그런 의미에서 사회 전반이 현재 관심을 갖고 있는 것이 잘 반영되어 있다고 볼 수도 있다. 당신은 깃허브에서 다음과 같은 것들을 발견할 수 있다. 암호화폐를 위한 비트코인Bitcoin, 유럽입자물리연구소(CERN)의 대형 강입자가속기(Large Hardron Collider)를 위한 입자 검출기, 스페이스 스테이션 13과 같은 게임 프로젝트, 게임 엔진 고도Godot, 오픈에덱스Open edX나 Code.org 같은 교육 프로젝트, 워드프레스나 줌라Joomla 같은 홈페이지 및 모바일 앱 구축 프로젝트, 웹 콘텐츠 저장을 위한 데이터베이스, 홈 어시스턴트, 콘텐츠 검색 엔진 일래스틱서치Elasticsearch. 깃허브는 코딩의 세계를 전 세계적 협동심의 산물이자 살아 숨 쉬는 유기체로 전환할 계획이다. 혁신의 기폭제로서 깃허브는 소프트웨어의 미래라 할 수 있다. 2018년 여름, 마이크로소프트가 75억 달러를 들여 이 회사를 인수한 것도 바로 그런 이유 때문이다.

네타핌:
지구를 먹여살리다

" 우리는 가장 척박한 토양을 가지고도 가장 좋은 땅의 수확량을 앞지를 수 있습니다. **"**

미국의 옥수수 농부 댄 루엡케스 Dan Luepkes

농사일은 아주 힘들다. 농부라면 마땅히 신경 써야 할 것들이 너무 많다. 종자의 질, 토양, 수분, 햇빛 등등. 이는 시시각각 변할 수밖에 없는 자연의 힘이 작용하고 있기 때문에 결코 쉽지 않다. 그리고 성공적 수확이 보장될 수 없는 일이기도 하다. 농부는 농사철 내내 지하수 고갈, 저수 시설 부족 등과 같은 어려움에 직면한다. 사막에서 농사짓는 일은 마치 불가능한 임무와 같다. 그러나 네타핌이 시작된 곳은 이스라엘의 네게브Negev 사막이었다. 농부가 먼저였고 혁신가는 그 다음이었기에 그들은 극한 환경에서의 농사일이 어떠한 것인지를 잘 알고 있다. 직접 어려움을 겪으면서 정밀 관개와 농업 경영, 혁신에 대해 많은 것을 배울 수 있었다. 그러한 배움 덕에 오늘날의 네타핌이 있을 수 있었다. 이 회사는 농부들이 기후 등의 불리한 여건을 극복하고 더 많은 수확을 낼 수 있도록 돕고 있다.

더 많은 식량을 재배하기 위한 점진적 방법은 더 많은 비료나 노동력, 토지를 투입하는 것이다. 기하급수적 방법은 완벽한 용량의 물과 영양분을 각 식물의 뿌리(토양이 아니다)에 직접 공급하는 것이다. 네타핌의 비전은 식량, 물, 토지의 부족과 맞서 싸울 수 있는 해결책을 제공하는 것이다. 따라서 농업 경영, 기술 및 운영에 관한 지원은 물론 최첨단 점적기에서 고도의 자동화 시스템에 이르기까지 다양한 해결책들을 제공하고 있다.

부족한 조건으로 더 많이 수확하다

🔗 KP	✳ KA	🎁 VP	♡ CR	👥 CS
부족한 조건으로 더 많이 수확하다	선구적인 점적 관개 시스템	부족한 조건으로 더 많이 수확하다	농경, 기술, 운영에 관한 전문적 지원	모든 규모의 경작자
다양한 공급업체	📉 KR	디지털 농업	🚚 CH	
데이터 기술 제공자	센서, 클라우드, 무선 및 데이터 기술	더 큰 수확, 더 적은 자원	이것은 저의 이야기입니다 (후기)	

✎ CS			💰 RS	
연구개발 및 혁신	생산 및 운영	인적 자원	서비스 요금	프로젝트 및 제품 판매

식량

점적 혁명은 저수량 농업 관개로의 패러다임 전환을 일으켰으며 영양분, 토지, 물을 낭비하지 않는 식량 생산 시스템을 이끌었다.

10배의 효과!

네타핌과 함께라면 물 한 방울도 낭비되지 않는다. 옥수수 같은 전형적 작물을 수확 시기까지 재배하려면 1헥타르(1만 제곱미터)당 들어가는 물의 양이 어마어마하다. 점적 관개를 이용하면 50퍼센트 이상 물 사용을 줄일 수 있다. 수확량도 25퍼센트 이상 증가하며 농작물은 더 건강해진다.

농부들은 더 적은 자원을 사용하면서 더 많은 식량을 재배할 수 있다. 그들이 농업을 통해 빈곤에서 벗어나 더 많은 이윤을 얻고, 더 건강한 삶을 살며 더 많은 것을 누릴 수 있다.

농부들이 서로를 도울 수 있도록 지원하다

현재, 네타핌은 디지털 농업 방식을 이끌고 있다. 넷비트NetBeat™는 자동화된 관개, 시비, 농작물 보호 서비스를 제공하는 최초의 디지털 농업 솔루션이다. 넷비트는 모듈형 플랫폼으로서 농부가 어디서든 쉽게 관개 시스템을 감시, 분석, 제어할 수 있게 해준다. 이 시스템은 50년 이상의 농경 및 수력학 지식을 지능형 동적 작물 모델(Dynamic Crop Models™)에 통합시킨 것이다. 이 디지털 시스템은 가꾸는 작물에 대한 맞춤형 관개 전략을 전송함으로써 농부가 더 나은 의사결정을 내릴 수 있도록 지원한다. 농경 현장에 관한 폭넓은 이해가 수익성 높은 의사결정으로 전환되므로 해를 거듭할수록 더 큰 수확으로 이어진다.

물은 생명이다

지구상에 존재하는 모든 것은 물을 필요로 한다. 그러나 아이러니하게도 매일 엄청난 양의 물이 낭비되고 있다. 네타핌이 사막에서 식량을 재배하기 시작한 이래 이 회사를 운영하는 농부들은 막강한 실력자들이 되어버렸다. 그토록 극한 환경에서도 식량 재배에 성공한다면, 그들의 정밀 관개는 전 세계 어느 곳에서든 성공적으로 활용될 수 있을 것이다. 사실 정밀 관개로의 전환이 절실하다. 이미 물과 경작지가 급격히 줄어들고 있기 때문에 정밀 관개만이 2050년까지 식량 생산을 두 배로 늘리는 유일한 방법일 것이다.

직접 그 사명, 비전 및 가치에서 밝히고 있듯이 네타핌의 모든 활동은 지속가능성을 목표로 한다. 지금까지 네타핌은 1,500억 개 이상의 점적기를 생산했는데, 200만 명 이상의 야심 찬 농부들이 그 점적기를 사용해 약 1,000만 헥타르의 농지에 물을 대고 있다. 네타핌의 목표는 정밀 관개 기술이 전 세계 농부들에게 가장 손쉽고 효과적인 해결책이 되도록 만드는 것이다.

스스로에게 질문해보기

당신은 어떤 부분에서 비범해질 수 있는가?

대중을 위해 대단한 문제를 해결하기 위해 어떻게 헌신할 수 있는가?

알파벳은 기하급수적 성장이 미처 알아채기 힘든 것임을 보여준다. 담당 직원들조차 자신들이 사용자, 영향력, 수익 면에서 기하급수적으로 성장할 수 있는 잠재력을 갖춘 비즈니스 모델을 가지고 작업 중이라는 사실을 전혀 인지하지 못할 수도 있다. 아무리 당신이 기하급수적 사고 방식을 가지고 있다 할지라도 당신의 비즈니스로 어떠한 영향력을 발휘하고 싶은지 확실히 아는 것은 중요하다.

당신은 생산 시스템이나 공급망에 대해 어떻게 다르게 생각하여 환경에 미치는 영향을 줄일 수 있는가?

비욘드미트는 사람들이 먹고 싶어하는 것을 먹게 한다. 고기가 꼭 동물에서만 나올 필요가 없는 것으로 드러났다. 고기의 맛과 모양만 갖춰진다면 대중은 식물성 버거라도 기꺼이 먹어준다. 식물성 식품으로 세계인을 먹여살리기 위해 필요한 식물 기반의 생산 시스템은 실질적으로 비물질화되어 있다. 그에 필요한 투입물과 설비가 동물 기반 시스템에 비하면 엄청나게 적은 규모로 환경에 미치는 영향을 10배 또는 심지어 100배까지도 감소시킬 수 있다.

기하급수적 기술을 적용해 고객의 문제들을 해결하는 법을 알아내기 위해 당신은 어떠한 실험을 수행할 수 있는가?

당신도 당신의 꿈을 추구할 수 있음을 스페이스X는 입증했다. 심지어 전 세계 모든 사람들이 당신에게 미쳤다고, 또 불가능하다고 말한다

해도 말이다. 일론 머스크는 자신의 꿈을 추구했고, 스페이스X는 결국 우주산업에서 진정한 파괴력이 무엇인지 보여주었다. 스페이스X가 철저한 실험을 통해 성취해낸 대부분의 것들이 불과 몇 년 전만 해도 불가능에 가까운 것들로 단정되었던 것들이다.

비즈니스의 긍정적 영향을 기하급수적으로 전파하기 위하여 어떠한 강력한 파트너들과 협력할 수 있는가?

스텔라 바이오테크놀로지스는 질병에 맞서기 위해 완전히 다른 접근법을 취하고 있다. 질병은 전염병과 같은 수준으로 증가해왔다. 스텔라는 지속가능한 방식으로 달팽이를 양식함으로써 우리 신체를 활성화시켜 질병과 대적하도록 만드는 정교한 단백질을 제공한다. 그러므로 달팽이를 길러내 단백질을 생산하는 일에 중점을 두고 있다. 또한, 강력한 파트너들과 협력해 특정 질병을 위한 앱과 백신을 개발함으로써 대중의 삶의 질을 향상시킨다.

당신은 무엇을 디지털로 만들어 재미있는 방식으로 지구상의 모든 이들에게 전파할 수 있는가?

칸아카데미는 모든 사람이 세계적 수준의 교육에 접근할 수 있다면 누구나 무엇이든 배울 수 있다고 믿는다. 교육은 권리다. 그러나 훌륭한 교육을 접할 수 없는 사람들이 너무 많다. 교육 콘텐츠를 디지털화하면 모든 사람이 교육에 접근할 수 있다. 학습 경험에 게임 요소를 가미하고 학생이 자신의 학습 여정을 완전히 파악할 수 있도록 하여 학습을 더욱 가치 있고 재미있게 만든다.

뉴노멀 시대 경제 시스템의 전환

교훈 얻기

당신은 무엇을 오픈소스 도메인으로 가져와 민주화시키고 협업을 통해 개선할 수 있는가?

깃허브는 협업을 놀라운 경험으로 만든다. 본래 기업은 경쟁 우위를 유지하려 노력하기 때문에 상당히 폐쇄적인 편이었다. 오늘날, 구글, 애플, 마이크로소프트, 페이스북, 바이두, 알리바바 등 모든 독점적 대기업들이 플랫폼에 오픈소스 프로젝트들을 발표하고 있다. 협업이 이루어지면 위대한 코드 개발이 더 쉬워진다.

만약 물이 남아돌아(무료) 더 이상 지구상의 어떤 인간도 물 걱정을 할 필요가 없다면 어떨까?

네타핌은 사막에서 식량을 재배할 수 있었다. 사막이라는 열악한 재배 조건에도 불구하고 물과 영양분을 낭비하지 않고 말이다. 우리는 물 부족을 겪고 있다. 네타핌은 물 한 방울조차 낭비되지 않고 완전히 사용되도록 만듦으로써 더 적은 투입으로 더 큰 수확을 거둘 수 있도록 하는 일에 헌신한다.

과감한 기하급수적
전환의 단계들

1 기하급수적 사고방식을 채택하라

당신의 비즈니스에 대하여 훨씬, 훨씬, 훨씬 더 웅대하게 생각하라. 독창적 디지털 방식으로 대단한 난제를 해결하며 대중에게 어떠한 서비스를 제공할 것인지에 대하여 생각하라. 기존의 신념과 가정이 불가능하다고 단정지어버린 이유에 도전하라. 기하급수적 사고방식이 기술을 개발하고 사용하는 법을 알아내 불가능을 가능으로 만들 것이다.

2 큰 문제에 집중하라

세상에는 여전히 해결되지 않은 여러 문제들이 존재한다. 효과적으로 해결하기 위해서는 근본적으로 다른 사고와 기술이 요구되는 대단한 난제들 말이다.

그러한 큰 문제들의 해결에 초점을 맞춰라. 싱귤래리티대학이 정의한 세계가 직면한 대단한 난제들의 목록을 찾아보고 그중에 당신이 흥미를 느끼는 그 한 문제에 집중하라.

3 디지털 방식으로 가치를 창출하라

물리적 제품 및 자산은 다루기 힘들고 규모를 늘리는 것도 쉽지 않다. 반면, 디지털 제품, 서비스 및 자산은 아주 쉽게 증식, 배포, 확대될 수 있다.

어떠한 가치 제안과 기초 자산을 어떻게 디지털화할지 탐색하라. 디지털을 통해 새로운 가치를 창출하고 전달하라.

이 전환을 이끌어갈
고도의 전략적 선택들

4 알고리즘을 개발하라

알고리즘은 고객과의 상호작용에서부터 물류 운영에 이르기까지 관련 데이터를 이해하는 데 도움이 된다.

제조, 유통 및 가치 전달의 속도를 높이기 위해 반복적 활동들을 분석해 자동화하라. 훨씬 더 많은 가치를 전달하기 위하여 그러한 활동들 간의 상호작용에 대해 학습하라.

5 색다른 파트너들을 발견하라

기하급수적 가치 창출을 위해서는 문제를 이해하고 해결할 수 있는 다각적 관점이 요구된다.

의외의 장소에서 파트너를 탐색하라. 필요한 돌파구를 찾기 위해 다양한 파트너들과 협력하라.

6 팬 커뮤니티를 구축하라

당신은 비범한 방식으로 힘든 도전을 하고 있는 중이다. 언론이 다루고 싶어하는 혁신 말이다.

추종자와 고객을 팬으로 전환하라. 고객의 문제를 해결해줌으로써 당신은 그들을 팬으로 전환할 수 있다. 추종자들의 경우 그들이 흥분해 이야기하기 좋을 만큼 놀라운 일들을 당신이 해냄으로써 그것이 가능해진다.

선형 비즈니스 모델은 결국 버려지게 될 제품들을 만드느라 자원을 고갈시키기 때문에 우리의 전통적 경제는 제한적 성장 잠재력을 가지고 있을 수밖에 없었다. 순환 비즈니스 모델은 그러한 한계를 극복하고 비즈니스의 성장과 긍정적 사회 환경 영향이 서로를 강화시켜주는 경제를 구축한다.

一〇

선형에서
순환으로

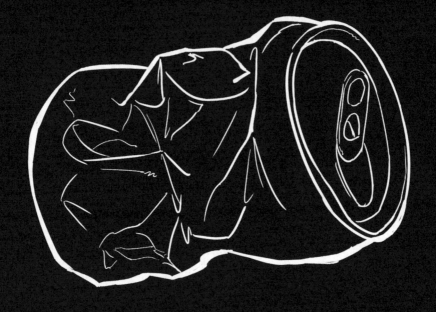

선형 ▶▶▶순환

순환 비즈니스 모델로의 전환은 자원의 순환을 목표로 하는 비즈니스 모델 전략이다. 순환 모델로의 전환에 착수한 제조 회사는 자원 사용에 투철한 책임감을 갖고 자원, 원료, 에너지, 물 등이 조금도 낭비되지 않도록 하기 위해 노력한다. 이 전략의 궁극적 목표는 건전한 수익률을 창출할 수 있는 비즈니스 모델을 완성하며 동시에 그러한 모델의 설계를 통해 환경에 대한 영향을 줄이고 사회 환경에 긍정적 영향을 미치는 것이다. 역설적이게도, 우리는 순환 기업의 매출과 규모가 성장함에 따라 그 활동 영역 전반에서 회복적 효과 또한 같이 증가하는 것을 볼 수 있다. 다른 비즈니스 모델 전략들과 달리 순환 모델로의 전환은 성장을 그러한 성취의 부정적 결과들에게서 분리시킨다.

전환 사례들

대
／ 나이키Nike
중
／ 시그니파이Signify
／ 인터페이스Interface

소
／ 엘름허스트Elmhurst
／ 파타고니아Patagonia
／ 페어폰Fairphone

자원은 유한하다

순환 기업은 생산자와 소비자의 전통적 관계 및 가치 사슬의 구조를 다시 생각한다. 환경적, 사회적 요인은 순환 비즈니스 전략의 필수 부분이다. 제대로 설계되기만 한다면 순환 비즈니스 모델은 버려질 수 있었던 원료들이 재사용되기 때문에 재화 및 서비스 생산자에게 엄청난 수익을 가져다준다.

자원은 유한하다. 성장에는 한계가 있다. 그리고 오늘날 대다수 기업들이 실천하고 있는 투명성 (및 정보 전파 속도) 덕분에 거의 모든 사람들이 사회, 경제, 환경에 부정적 영향을 끼치는 기업들에서 어떤 일이 벌어지는지 잘 알고 있다. 그러나 여기서 부정적 영향은 어떤 스캔들을 말하는 것이 아니다. 대부분의 경제는 산업혁명의 성공으로 탄생한 모델을 기반으로 구축돼 있는데, 그러한 모델은 '수취-제조-처분'이라는 패러다임에 갇혀 있는 경우가 많다. 그러므로 당신의 야심이 비즈니스의 부정적 영향을 줄이는 것이든 아니면 세상에 긍정적 흔적을 남기는 것이든 어느 쪽이든 간에 자원을 재사용함으로써 더 많은 가치를 창출할 수 있는 비즈니스 모델을 설계하는 일부터 우선 시작하는 것이 좋다. 제대로 설계된다면 순환 비즈니스 모델은 수익을 증가시키면서 동시에 사회 환경에도 긍정적 영향을 미친다.

전략적 질문들

현재의 생산-소비 시스템의 부정적 효과들에 대해 의식적으로 신경 쓰고 있는 고객은 누구인가? 스스로 행동 변화를 위해 노력하는 고객은 누구인가? 인식이 덜한 고객들을 어떻게 설득시킬 수 있는가? 사용된 제품들을 다시 회사로 되돌리기 위한 회수 경로를 어떻게 설계할 것인가? 애초에 생산 단계에서 발생하는 폐기물에 대해 어떤 설계가 필요하며, 자연에서 어떤 교훈을 얻을 수 있는가? 제품 생산이나 서비스 제공을 위한 원료, 에너지, 기타 자원의 사용에 있어 더 나은 결정을 내리기 위해 직원들에게 필요한 것은 무엇인가? 이미 이러한 전환에 성공한 기업에게서 무엇을 배우고 응용할 수 있을까?

"

순환 경제의 목표는 현재의 수취-제조-처분 방식의 추출적 산업 모델을 뛰어넘어 사회 전반에 미치는 긍정적 이익에 초점을 맞추며 성장을 재정의하는 것입니다. 그 목표에는 점차 경제 활동에서 유한한 자원의 소모를 분리해내고 시스템이 배출하는 폐기물을 설계하는 일 역시 포함되어 있습니다.

엘런맥아더 재단 Ellen MacArthur foundation

선형에서 순환으로

선형 비즈니스 모델은 자원을 취해 팔기 위한 제품으로 전환한다. 고객은 그 제품을 망가지거나 구닥다리가 될 때까지 사용하다가 버린다. 결국, 제품의 종착지는 쓰레기 매립장이다. 순환 비즈니스 모델은 최초 가치 교환 이후 자원을 효과적으로 재사용하며 원료의 전체 순환 과정을 고려함으로써 기업의 환경 영향을 감소시키고 새로운 가치 제안을 만들어낸다.

성장을 위하여 더 많이 팔다

전형적 선형 모델은 유형의 재화나 변질되는 상품을 원하는 고객들에게 판매하는 것을 대상으로 삼고 있다. 대체로 그러한 고객들은 스스로에게 다음과 같은 질문들을 하지 않는다. '이 제품이 나한테 정말 필요한 것인가?' '이 제품은 어떻게 생산된 것일까?' 고객들은 품질이 꽤 낮거나 금세 쓸모가 없어지는 제품들을 제공받는다. 이때 기업의 수익은 제품 판매로 발생된다. 더 많이 제조해 팔아야만 기업이 성장할 수 있다. 이 모델이 사회 환경에 미치는 긍정적 영향은 아주 미미하거나 거의 없다. 기업이 회사가 환경에 미치고 있는 영향과 그러한 영향을 줄이기 위한 계획을 보고하기는 하나 오직 각종 법규를 준수하고 사회적 압력을 회피하기 위한 조치일 뿐이다.

최대한으로 생산하다

선형 비즈니스 모델은 기업이 판매에 집중할 수 있도록 생산을 증가시키는 것에 초점을 둔다. 동시에 제품 개선에도 신경을 쓰는데, 신제품을 새로운 고객과 기존 고객에게 팔기 위해서다. 물론, 과거에 구입한 제품이 망

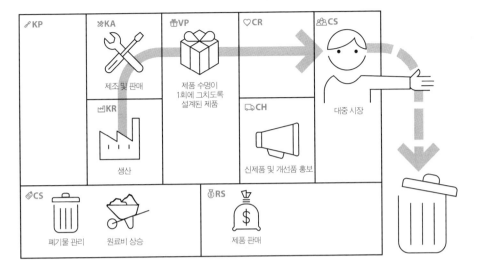

가져버렸거나 구닥다리 제품을 보유 중인 기존 고객을 말한다. 제품 생산은 값싼 노동력을 보유하고 있는 국가들에 있는 공급업체에 위탁한다. 공급업체는 건전한 이윤율을 위해 상당한 비용 절감 압박에 시달린다. 그러는 사이 곧 자원이 부족해지고 자원 획득 비용이 상승한다. 폐기물 관리 역시 중요한 비용 중 하나다. 이 비즈니스 모델은 환경오염, 과도한 에너지와 물 사용, 폐기물, 기후 변화 등 사회 환경에 많은 부정적 영향을 미친다.

재활용

순환 비즈니스 모델의 핵심 활동은 제품 사용을 촉진하고 추적하는 것뿐만 아니라 더 이상 제품을 사용하지 않는 고객들로부터 제품을 회수하는 것이다(제품을 324쪽 그림에 표시된 고리 안으로 되돌리기 위하여). 순환을 지향하는 기업은 끊임없이 '우리가 이 제품을 더 순환적으로 만들 수 있을까?'라고 질문하며, (소유가 아니라) 사용되기 위한 제품, 더 나아가 훨씬 더 오래 사용될 수 있고 쉽게 재사용되거나 원재료로 다시 분해될 수 있는 제품을 시장에 내놓기 위해 선행 노력을 기울인다. 또한, 다양한 출처에서 나온 폐기물을 원료로 사용할 수 있는 방법을 찾기

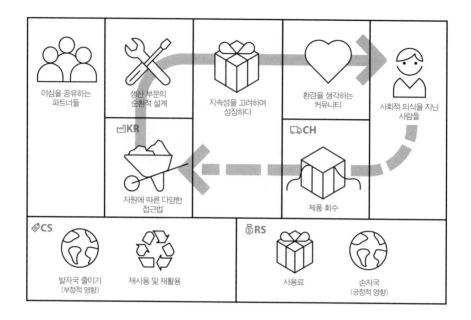

위해 고민한다. 돌파구를 마련하고 목표를 달성하며 영향력을 발휘하기 위해서는 순환이라는 야심을 공유하는 파트너들이 필요하다. 지식 획득 및 공유, 그리고 새로운 생산 기술 도입에 비용이 들어간다. 원료비와 폐기물 처리 비용은 감소한다.

의식 있는 소비

오래 지속될 수 있도록 설계된 제품 또는 고품질의 견고한 제품을 기반으로 한 서비스가 이 모델의 가치 제안이다. 고객은 제품이나 서비스를 사용함으로써 더 좋은 세상을 위해 기여하게 된다. 고객들 역시 환경과 기후 변화에 많은 관심을 갖고 있는 이들이다. 그들은 스스로 행동을 바꾸려고 노력하며, 개인적으로 또는 하나의 기업으로서 독자적 지속가능성 목표를 설정해놓고 있다. 고객들이 실질적 변화를 주도하려는 기업의 사명에 공감하며 연대의식을 느낀다. 고객이 사용을 끝낸 제품을 처분하는 쓰레기통이 일종의 수집함으로 대체된다. 기업은 사용된 제품을 다시 시스템 안으로 되돌릴 수 있는 회수 경로를 만들기 위해 노력한다.

패턴들

 소유하지 말고 사용하라 ①

제품이 최대한으로 활용되도록 만들기 위해 기업이 고객에게 제품을 빌려준다. 기업은 오랜 기간 수많은 고객들에게 서비스를 제공하며 제품을 소유하고 관리한다. 제품은 긍정적인 고객 경험을 보장하기 위해 반복적 사용을 염두에 두고 디자인된다. 고객은 자신이 원하는 제품을, 원하는 기능과 함께, 또 자신이 원할 때 (또는 필요로 할 때) 제공받는다. 제품 소유에 수반되는 번거로움 없이.

예: **나이키 어드벤처클럽**Nike Adventure Club, **시그니파이**, **스트리트뱅크**Streetbank

 함께 사용하라 ②

기업이 자산을 소유하고 있는 고객과 그 자산을 빌리고자 하는 고객을 서로 연결해주는 플랫폼을 제공한다. 기업은 고객들이 서로를 쉽게 발견해 자산을 공유할 수 있게 해주며, 또 합의한 이용 시간 경과 후에 자산이 반납되도록 설계한다. 또한, 자산 소유자와 사용자의 기대를 모두 만족시킬 수 있도록 노력한다. 고객들이 플랫폼에서 서로에 대해 평가한다.

예: **에렌토**Erento, **스냅카**SnappCar, **스트리트뱅크**, **와프 잇**Warp It

더
오래
사용하라

이 비즈니스 모델은 최고의 품질을 목표로 삼고 있는 기업을 위한 것이다. 제품을 좋은 상태로 유지하기 위한 수리 지침이나 서비스가 제공된다. 제품은 회수되어 세탁 및 수리를 거쳐 중고품으로 판매될 수도 있다. '업사이클링Upcycling'은 제품을 회수해 업그레이드를 거쳐 더 높은 가격에 판매하는 것을 말한다. '리메이킹Remaking'은 제품을 회수해 분해하고 필요한 경우 새로운 구성요소와 함께 다시 조립해 새 제품으로 판매하는 것을 말한다.

예: 나이키 어드벤처클럽, 파타고니아, 와프 잇, 스트리트뱅크, 페어폰

부산물을
활용하라

기업이 고객을 위한 제품을 생산한다. 그 제품의 생산 과정에서 발생한 부산물은 또 다른 생산 과정을 위한 투입물로 사용되거나 또는 그 자체로 하나의 상품이 된다. 첫 번째 생산 과정에서 발생된 에너지나 원료 폐기물, 이산화탄소 등이 그러한 부산물이다. 부산물은 2차 수익원이 되어 두 번째 고객층의 완전히 다른 필요를 충족시켜준다.

예: 블랙베어컴퍼니Black Bear Company, 엘름허스트

다시
사용하라

기업이 고객을 위한 제품을 생산한다. 그리고 이 제품을 고객에게서 회수하거나 고객이 반납한다. 제품이 다시 부품이나 원료로 분해돼 동일한 제품의 생산에 사용된다. 고객의 제품 반납을 장려하기 위해 보상이 주어질 수도 있다.

예: 나이키 그라인드 Nike Grind, **인터페이스, 제록스**Xerox, **파타고니아**

 ## 다른
곳에서
다시
사용하라

기업이 고객을 위한 제품을 생산한 다음 나중에 회수해 부품이나 원료로 다시 분해한다. 그 부품이나 원료는 완전히 다른 제품에 이용되거나 심지어 전혀 다른 가치사슬에 속한 생산 공정의 투입물(원료)로 활용될 수도 있다.

예: 나이키 그라인드, 나이키 어드벤처클럽, 인터페이스, 클로즈더루프 Close the Loop

한 코치와 그가 지도하는 운동선수가 기량 상승을 위한 탐구를 어떻게 세계 최대의 유명 스포츠 브랜드로 승화시켰는지 소개한다. 이제 그 탐구는 탄소 제로와 폐기물 제로를 추구하는 비즈니스 모델로의 전환을 목표로 삼고 있다.

나이키

Nike

현황

설립자	총 매출액
빌 바우어만Bill Bowerman, 필 나이트Phil Knight	391억 달러 (2019년)
설립년도	
블루리본 스포츠Blue Ribbon Sports라는 상호로 1964년에 설립	
산업	**규모**
스포츠용품 및 의류	45개국에 매장 700곳 직원 수 7만 3,000명

1964	1971	1978	1984
블루리본 스포츠	스우시Swoosh	승리	마이클 조던Michael Jordan

빌 바우어만과 필 나이트가 설립한 회사로 1971년 5월 30일에 공식적으로 나이키(Nike, Inc.)로 변경되었다.

그 유명한 스우시는 캐럴린 데이비스 Carolyn Davis가 35달러를 받고 디자인한 것이다. 나중에 나이키 주식 500주를 더 받았다. 필이 "음, 전 그 것이 마음에 들진 않지만 점점 좋아지겠죠, 뭐."라고 한 말이 유명하다.

공식적으로 회사명을 '승리'를 뜻하는 나이키로 변경했다. 1980년에 기업공개에 나섰다. 당시 미국에서 시장 점유율 약 50퍼센트를 차지하고 있었다.

마이클 조던과 후원 계약을 체결했다. 그 결과 1985년 말까지 1억 달러의 수익을 거뒀다.

저는 늘 기업이 선량한 시민이어야 한다고 믿어 왔습니다.

공동 창업자 겸 전 나이키 회장 필 나이트

기량 상승을 위한 탐구 중에

나이키의 유래는 잘 알려져 있다. 빌 바우어만과 필 나이트가 1964년에 설립한 블루리본 스포츠라는 운동화 회사가 나이키의 시작이며, 지금은 세계 최대의 유명 스포츠 브랜드가 되어 있다.

대부분의 사람들이 나이키가 순환 경제의 선두 주자이기도 하다는 사실은 잘 모른다. 나이키가 비교적 단순한 선형 비즈니스 모델에서 일련의 순환 비즈니스 모델로 전환되기까지의 이야기는 단지 흥미롭기만 한 것이 아니다. 놀라울 만큼 혁신적이고 고객 중심적인 순환 비즈니스 모델로 발전하기 위하여 나이키가 자신의 핵심 (한때 선형적이었던) 요소들로부터 어떻게 벗어났는지를 생각해보면 굉장히 획기적이라 할 만한 일이다.

창업 초기부터 나이키의 제품들은 최고의 성능을

그냥 해봐!

나이키의 '그냥 해봐!' 캠페인이 시작되었다. 이 캠페인은 큰 성공을 거두고 점점 더 많은 사람들이 브랜드에 공감하게 됐다. 결국 '그냥 해봐'가 나이키의 슬로건으로 자리 잡게 되었다.

노동 착취 업체

나이키가 노동 착취 업체들과 계약을 맺고 아동 노동을 착취한다는 비판이 쏟아졌다. 이를 계기로 나이키는 제조 파트너들 및 여러 공정에 대한 관리감독의 점검에 나섰다.

혁신에 전념하다

나이키의 중역들은 위장 선전이 아닌 기업의 사회적 책임(Corporate Social Responsibility, CSR)을 중요시한다. CSR을 혁신의 촉매제로 보고 있는 그들은 지속가능성이 주도하는 성장 기회들 속에서 CSR를 이용해 빠르게 선두자리를 쟁취하고자 한다.

나이키, 그냥 해봐!

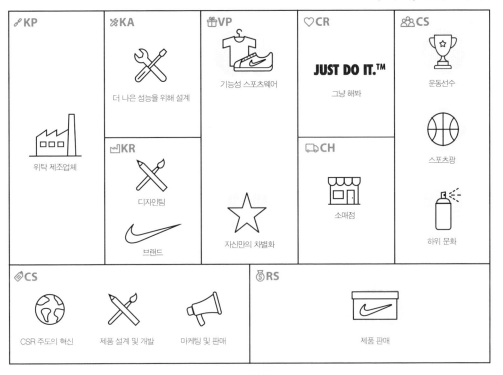

선형 비즈니스 모델

나이키의 초창기 비즈니스 모델은 선형 설계 및 생산 모델이었다. 즉, 원재료를 사용해 훌륭한 제품을 만들어내지만 결국 그 제품은 고객에 의해 버려지고 만다.

1993	2004	2007
나이키 그라인드	환경을 생각한 제품	기후 친화적
신발은 버려져선 안 된다. 나이키는 Reuse-A-Shoe™ 프로그램과 나이키 그라인드를 시작으로 선형 모델의 탈피에 나섰다.	나이키가 컨시더드 부트Considered Boot를 출시했다. 환경 영향을 고려하여 설계 및 제조된 새로운 제품 라인의 첫 번째 신발이다.	클린에어 쿨플래닛Clean Air, Cool Planet이 나이키를 가장 기후 친화적인 기업 3위로 선정했다. 클라이미트 카운츠Climate Counts로부터 우수 기업으로 인정받았다.

목표로 디자인되고 있다. 필 나이트는 다음과 같이 말한 바 있다. "우리는 나이키가 세계 최고의 스포츠 운동용품 회사가 되길 원했죠. 일단 말해 놓고 나면 집중하게 되죠. 나이키는 윙팁Wing Tips의 제조사나 다음번 롤링 스톤스Rolling Stones 세계 공연의 후원사로 끝나지 않을 겁니다." 이후 당연히 이 회사는 기량 상승을 도와줄 새로운 소재와 공정을 지속적으로 추구하며 발명해왔다.

물론, 나이키가 성장할 수 있었던 건 더 좋은 소재 때문만은 아니다. 마이클 조던 (미국 농구의 스타 선수) 같은 운동선수와 전미 농구협회(NBA), 전미 미식축구협회(NFL) 같은 스포츠협회 등을 후원함으로써 나이키는 '그냥 해봐!(Just Do It!™)'라는 자세로 대중의 공감을 이끌어냈고, 그것이 브랜드와 제품의 대대적 성공으로 이어졌다.

한계를 뛰어넘다

나이키를 오늘날의 강자로 성장시킨 비즈니스 모델의 비결은 바로 나이키의 '그냥 해봐!' 정신 및 그와 관련된 일련의 가치 제안들이었다. 나이키의 기본 제품 역시 (선수용) 운동화에서 모든 스포츠에 맞게 디자인된 전체 의류 라인은 물론 일상복으로까지 확대되어왔다. 이 모든 성장을 뒷받침해준 원동력은 내부의 뛰어난 디자인 및 개발 팀들이다. 그

2008

에어 조던 XX3

나이키가 에어 조던 XX3Air Jordan XX3를 출시했다. 회사의 환경 고려 정신에 따라 설계된 제품이었다. 온전히 폐기물만으로 만들어진 신발인 트래시 토크Trash Talk 역시 출시되었으며, 스티브 내시Steve Nash가 홍보를 맡았다. 트래시 토크 신발은 환경에 대한 인식을 더욱 확산시키려는 목적에서 만들어진 신발이다.

무한한 잠재력

나이키에서는 어떤 것도 버려지지 않는다. 이 회사의 원료 및 폐기물은 고도의 기능을 목표로 설계되기 때문에 첫 사용 이후로도 무한한 잠재력을 갖고 있다.

> 모든 이들에게 호소한다는 것은 엄청난 책임을 수반한다. 쓰레기가 없도록 설계하라!

들은 끊임없이 나이키 브랜드를 새로운 경지로 끌어올렸으며 많은 해외 제조업체들과 공고한 협력관계를 구축하고 있다.

1990년대에는 해외 제조업체들의 관행에 대한 나이키의 관리감독 부족이 문제가 되어 엄청난 곤경을 겪기도 했다. 나이키의 몇몇 위탁 제조업체들이 신발 조립 공정을 위해 아동의 노동력을 착취하고 있다는 사실이 드러났기 때문이다.

공급망에 대한 통제력 강화를 위해 나이키는 협력 공장의 수를 줄였다. 회사의 공급망 재편 과정에서 나이키의 직원들은 제조 과정의 혼란을 해소시켜줄 완전히 새로운 기회가 존재한다는 사실에 눈을 떴다. 이때부터 나이키는 쓰레기 없는 세상을 꿈꾸기 시작했다.

이러한 야망을 지원하기 위해 나이키는 새로운 가치 창출 수단을 탐색했다. 1993년에 스티브 포터Steve Potter라는 직원이 Reuse-A-Shoe를 제안했다. 그것은 소비자로부터 낡은 신발을 수거해 고기능성 원료를 분리해내는 운동화 재활용 프로그램이었다. 이 프로그램은 결국 완전히 새로운 비즈니스 모델인 나이키 그라인드로 변신했다.

나이키의 중역들은 디자이너들에게 훌륭한 기능을 갖추면서도 환경에 대한 영향을 줄일 수 있는 제품 설계를 요구했다. 그리하여 나이키의 디자이너들은 환경에 영향을 적게 미칠 수 있는 원료 선택을 위한 새로운 방안을 생각해내게 되었다. 그러한 원료들 중 일부는 나이키 그라인드로부터 공급받았다.

신발에서 시작해 목적에 이르기까지

나이키의 목적은 스포츠의 힘을 통해 사람, 지구, 사회를 위해 지속 가능한 더 나은 미래를 창조하는 일에 헌신하는 것이다. 지구가 없다면, 스포츠를 할 수 없다. 이 목적을 바라보며 나이키의 직원들은 항상 지속 가능성을 염두에 두고 제품을 설계한다.

동시에 나이키 그라인드는 수많은 핵심적 요소들을 구축한다. 즉, 선량한 시민이 되기 위해 헌신하는 리더십, 신발 재활용을 위한 수거함을 갖춘 소매 매장, 디자이너들의 문제 해결식 사고방식이 그것이다.

폐기물은 쓰레기가 아니다

나이키는 고객의 기량을 끌어올릴 수 있는 신발과 의류를 내놓기 위해 많은 노력을 기울인다. 그것은 최고의 소재에 의해서만 달성될 수 있다. 나이키의 고기능성 소재들은 수명이 끝나면 다시 재활용되어야 한다. 나이키 그라인드의 비즈니스 모델이 그것을 가능하게 만든다. 나이키는 미국, 캐나다, 스페인, 이탈리아 내 수백 곳의 매장을 통해 모든 브랜드의 신발을 회수한다. 이들 신발은 원래 성분으로 분해되어 신발, 의류 등 다양한 나이키 그라인드 제품들을 위해 사용된다.

나이키 그라인드, 폐기물을 제품으로 바꾸다

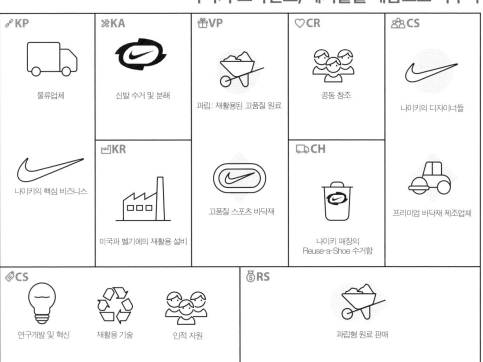

KP
물류업체

KA
신발 수거 및 분해

VP
과립: 재활용된 고품질 원료

CR
공동 창조

CS
나이키의 디자이너들

나이키의 핵심 비즈니스

KR
미국과 벨기에의 재활용 설비

고품질 스포츠 바닥재

CH
나이키 매장의
Reuse-a-Shoe 수거함

프리미엄 바닥재 제조업체

CS
연구개발 및 혁신
재활용 기술
인적 자원

RS
과립형 원료 판매

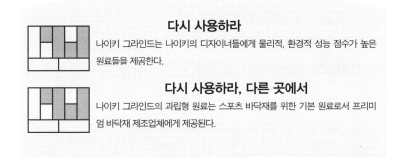

다시 사용하라
나이키 그라인드는 나이키의 디자이너들에게 물리적, 환경적 성능 점수가 높은 원료들을 제공한다.

다시 사용하라, 다른 곳에서
나이키 그라인드의 과립형 원료는 스포츠 바닥재를 위한 기본 원료로서 프리미엄 바닥재 제조업체에게 제공된다.

2011

환경을 생각한 디자인

환경을 생각한 디자인이 표준이 되었
다. 전 디자이너들이 이 개념을 받아들
여 폐기물을 줄이고 원료의 재활용도
를 높였다.

2012

NFL

나이키가 NFL의 공식 유니폼 공급업
체로 선정되었다.

2015

NBA

나이키가 NBA의 공식 유니폼 공급업
체로 선정되었다. 신발 및 의류에 대한
수요가 증가했다.

"

우리에게는 디자인에
있어 완벽한 해결책을
생각해내야 할 책임이
있습니다. 어떻게 원료
를 구하고 제품을 만들
어 사용되게 할지, 또
다시 회수해 어떻게 그
것을 재탄생시킬지 말
입니다.

**나이키 최고디자인책임자
존 호크**John Hoke

"

그냥 다르게 디자인하라

순환을 위해 새로운 원료만이 중요한 건 아니다.
완전히 새로운 고객 경험과 상호작용을 창출할 수 있
는 새로운 비즈니스 모델을 설계하는 것 역시 중요하
다. 이를 위해 나이키 어드벤처클럽은 부모와 아동을
위해 설계된 다단계 구독 서비스를 마련했다.

선형 비즈니스 모델에서는 기업들이 지적 재산을
보호하며 디자인 및 제작에 관한 지식의 보안을 유지
한다. 나이키가 순환 설계에 대하여 학습한 지식은 다
른 디자이너들과 기업들에게 영감을 주어 함께 동참
하도록 유도하기 위해 공유되어왔다. 같은 목적에서
나이키는 회사의 홈페이지에 '순환성, 디자인의 미래
를 이끌다'라는 백서를 게시했다. 해당 백서는 지구에
긍정적 영향을 미치는 제품을 재고하고 재설계하기
위한 10가지 실천 원칙들을 제시했다.

2016

엘런맥아더

엘런맥아더 재단의 글로벌 파트너가
된 나이키는 마침내 자신이 하고 있는
일에 대해 소통하며 진정한 순환 경제
를 향한 활동을 더욱 가속화할 수 있는
경로를 확보했다.

사고방식의 전환

제품 디자인 책임자 데버라 카스텔
Deborah Castel은 다음과 같이 말한
바 있다. "새로운 비즈니스 모델은 특
히 순환성과 지속가능성을 중심으로
제품의 디자인이 진화한 것일 뿐입니
다."

나이키 어드벤처클럽, 신발 구독 모델

사용하라, 소유하지 말고

부모들 입장에서 구독은 편리하고 유의
미한 서비스다. 완벽한 착용감의 신발
을 바로 문 앞까지 배송해준다.

더 오래 사용하라

아직 상태가 괜찮은 신발들은 도
움이 필요한 아동에게 기부된다.

다시 사용하라, 다른 곳에서

회수된 신발은 나이키 그라인드를 통
해 분해되어 경기장 바닥재를 위해 사
용된다.

2018

개방형 혁신

나이키는 순환 혁신을 향한 도전(Circular Innovation Challenge)을 도입했다. 나이키 그라인드를 통해 가치 창출을 확장하며 신발류의 재활용을 촉진하기 위한 개방형 혁신이다.

2019

그라인드와 어드벤처클럽

나이키 그라인드와 함께 자원의 재활용을 시도한 지 26년을 맞이해 이를 기념하는 한편 아동이 보다 활기찬 삶을 살도록 장려하기 위해 신발 구독 모델인 어드벤처클럽을 출범시켰다.

미래

무브 투 제로 Move to Zero

무브 투 제로는 스포츠의 미래 보호에 기여하기 위하여 나이키가 다시한 번 강조한 기업 목적으로서 탄소제로 및 폐기물 제로를 향한 여정을 의미한다. 2025년까지 100퍼센트 재생에너지 사용이 목표다.

지식을 공유하는 것 외에도 나이키는 다른 행위자들에게도 혁신을 부추기며 그들 또한 더 나은 미래를 설계하는 운동에 동참하도록 유도해왔다. 2018년에 시작된 나이키의 혁신을 향한 도전(innovation challenge)은 디자이너, 개발자, 과학자, 제작자 등에게 순환적 미래를 창조하고자 하는 나이키의 사명에 동참해달라고 요청하는 것이었다. 나이키는 구체적으로 다음과 같은 질문을 던졌다. 첫째, 나이키 그라인드의 원료를 사용해 우리는 어떤 식으로 신제품을 디자인할 것인가? 둘째, 보다 진전된 신발 재활용을 위하여 우리는 어떠한 신기술을 개발할 것인가?

끝은 시작일 뿐이다

나이키 그라인드는 신발이 쓰레기 매립장으로 가지 않도록 함으로써 스포츠(놀이)의 미래를 보호한다. 나이키 어드벤처클럽은 일 년에 두 번 낡은 신발을 회수하기 위해 미리 선납된 포장백을 고객에게 보낸다. 낡은 신발은 나이키 그라인드를 통해 재활용된다. 신발 상태가 아직 괜찮은 경우에는 리퍼브 과정을 거쳐 도움이 필요한 가정에 기부된다.

쓰레기가 없도록 설계하라

반세기 동안 동일한 비즈니스 모델을 성공적으로 실행해온 기업이

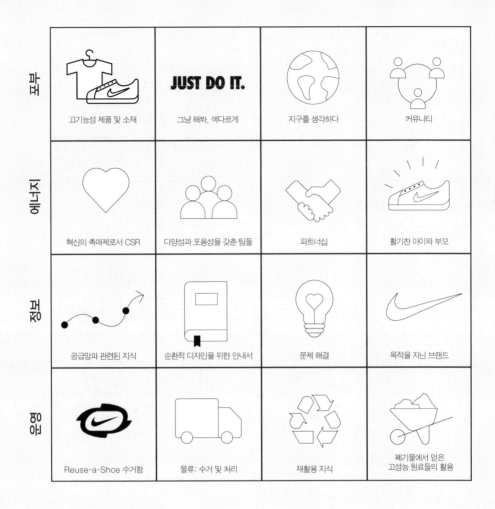

포부	고기능성 제품 및 소재	그냥 해봐, 색다르게	지구를 생각하다	커뮤니티
에너지	혁신의 촉매제로서 CSR	다양성과 포용성을 갖춘 팀들	파트너십	활기찬 아이와 부모
정보	공급망과 관련된 지식	순환적 디자인을 위한 안내서	문제 해결	목적을 지닌 브랜드
운영	Reuse-a-Shoe 수거함	물류: 수거 및 처리	재활용 지식	폐기물에서 얻은 고성능 원료들의 활용

새로운 비즈니스 모델로 전환하기란 쉬운 일이 아니다. 그러나 나이키 그라인드와 어드벤처클럽의 비즈니스 모델을 살펴보았을 때 분명히 알 수 있는 것은 나이키가 지금의 강자 나이키를 만들어냈던 비즈니스 모델의 핵심 요소들 중 많은 것들을 아직도 사용 중이라는 사실이다.

나이키 그라인드는 기업의 사회적 책임에 따라 혁신을 부채질하며 디자이너들이 고객에게는 최고의 성능을, 환경에는 긍정적 영향을 전달할 수 있는 원료를 사용하도록 요구해야 한다는 사고방식에 의해 운영된다. 어드벤처클럽은 나이키라는 유명 브랜드와 다양한 신발 제품군, 나이키 그라인드를 결합시켜 아동과 그 부모는 물론 그들이 살고 있는 지역 공동체에게 완전히 새롭고 독창적인 순환적 구독 모델을 제공하고 있다. 이러한 새로운 비즈니스 모델들은 새로운 가치 창출을 위해 이용될 수 있는 파트너십, 디자인 관행, 회수 경로 등과 같은 새로운 요소들을 조직 내에 주입시킨다.

나이키의 고객 서비스에는 결승선이 없다.

나이키 그라인드가 완전히 검증된 비즈니스 모델이긴 하나 전 세계 700개 매장 중 292곳에서만 신발 수거가 이루어지고 있는 것으로 보아 이 모델은 여전히 확장의 여지를 충분히 가지고 있다(게다가 재활용될 나이키 신발도 얼마든지 존재한다). 동시에 이 회사는 올바른 비즈니스 모델이기만 하면 사람들이 기꺼이 신발을 모아 반납한다는 사실을 어드벤처클럽으로 입증하기 시작했다.

나이키 어드벤처클럽은 성장 초기 단계에 있는 비즈니스 모델로 시장에서 성장에 필요한 견인력을 확보해야 한다. 이 모델은 임무를 바탕으로 설계된 것으로 첫째, 모험적 요소의 증가, 둘째, 커뮤니티의 확장, 셋째 폐기물의 감소라는 세 가지 목표를 달성해야 한다. 또한, 고객이 손쉽게 낡은 신발을 재활용할 수 있는 미래를 만들어가는 일에 초점을 맞추고 있다. 이 비즈니스 모델은 고객이 원할 때 원하는 것을 얻을 수 있도록, 그리고 사용이 끝난 제품을 쉽게 나이키에 되돌려보낼 수 있도록 나이키가 물류에(전방과 후방 모두에) 더욱 전념할 것을 요구한다.

나이키는 그 어느 때보다도 순환으로의 전환에 전념하고 있다. 다른 기업들에게 다르게 생각하고 스스로 일단 시도하는 방법을 알리기 위하여 '순환성, 디자인의 미래를 이끌다'(http://www.nikecirculardesign.com에서 다운로드 가능)라는 순환적 디자인을 위한 안내서까지 개발했다. 이 회사는 기후 변화가 스포츠 기록에 미치는 부정적 영향을 알림으로써 기후 행동을 취해야 하는 명확한 근거를 제시한다. 최고 실력의 운동선수들 역시 이런 나이키를 후원하고 지지를 보낸다.

나이키는 오랜 기간에 걸쳐 회사의 핵심 요소들과 새로운 요소들을 채택하며 새로운 순환 비즈니스 모델을 창조해왔다. 또한, 운동선수들이 더 나은 기량을 발휘할 수 있도록 디자인하며 늘 그들과 함께하며 후원을 아끼지 않았다. 이제는 그들 운동선수들이 나서서 한 차원 더 높은 수준에서 성능 향상을 도모하는 나이키를 응원하고 있다. 모두의 기량 향상을 말하는 것이 아니다. 지구를 지켜나가는 일을 말하는 것이다. 모두가 지구에서의 삶을 즐길 수 있도록.

인터페이스

Interface

전통적 제조회사인 인터페이스의 창업자는 자신의 기업이 엄청나게 환경을 파괴하고 있음을 깨달은 후에 사고방식에 근본적 변화를 일으켰다. 그는 환경에 대한 영향을 제로로 만드는 것을 목표로 직원들과 함께 최선을 다해 회사를 완전히 바꾸어놓겠다고 결심했다.

현황

설립자	총 매출액
레이 C. 앤더슨Ray C. Anderson	12억 달러 (2018년)
설립년도	**기타 정보**
1973년, 조지아 주 라그레인지LaGrange	1997년 이래 세계 지속가능성 선도기업 3위를 꾸준히 유지 중
산업	**규모**
카펫타일 및 바닥재	직원 수 4,000명 전 세계에 걸쳐 40곳의 사무소와 전시장 보유

교훈 1, 꿈을 크게 가질 것. 바꾸고 싶다면, 아직 당신이 성공 방법을 모르는 목표를 설정하라.

세상을 바꾸기 위해 당신의 비즈니스를 변화시키기 위한 인터페이스 안내서

인터페이스는 레이 앤더슨이 대중에게 훌륭한 디자인의 모듈형 카펫이란 개념을 소개하고자 설립한 회사였다. 바닥이 있는 곳에서 생활하는 모든 이가 인터페이스의 고객이었으며, 이 회사는 바닥에 설치하는 카펫 및 카펫 디자인을 판매했다. 기존의 카펫을 대체하도록 설계된 맞춤형 카펫은 인터페이스의 비즈니스 모델을 엄청난 성공으로 이끌었다. 수십 년간 이 회사는 정부의 규제 범위 내에서 엄청난 양의 유독성 물질을 사용하는 전통적 제조 방식을 고수하며 행복한 성장기를 누렸었다.

지속가능성은 어떠한가?

인터페이스가 순조롭게 성장을 이어가던 1990년대 초반, 한 고객이 지속가능성이 인터페이스의 전략에 어떤 식으로 영향을 미치고 있는지 질문한 적이 있었다. 앤더슨이나 직원들 누구도 "저희는 규정을 준수하고 있습니다."라는 답변 외에 아무런 설명도 할 수 없었다. 그러나 앤더슨은 그의 산업 뒤에 감춰진 수치에 대해 모르지 않았다. 즉, 미국에서만도 매년 40억 파운드(약 180만 톤)에 달하는 카펫이 쓰레기 매립장으로 향하고 있다는 사실 말이다. 이 질문이 계기가 되어 앤더슨은 단순히 '규정 준수'만으로는 사회와 그의 회사가 엄청나게 많은 자원을 소모시킬 수밖에 없음을 깨닫게 됐다.

인터페이스는 1994년부터 세상에 영감을 주는 여정을 시작했다. 이 회사가 고안해낸 미션 제로Missions Zero®는 2020년까지 환경에 미치는 부정적 영향을 제로로 만드는 것을 목표로 비즈니스의 전환을 추구하는 대담한 사명이었다.

그로부터 25년이 흘러 인터페이스는 지속가능성을 추구하는 디자이너, 제작자, 스토리텔러에 기반한 목적 지향적 바닥재 기업으로 변모하는 데 성공함으로써 마침내 그 사명을 달성하고야 말았다. 인터페이스는 공급망과 제품 및 비즈니스 모델을 전환함과 동시에 기업 활동으로 인한 환경 영향을 대단히 감소시켰다. 인터페이스는 에코메트릭스 EcoMetrics 지표를 의사소통의 도구로 이용했다(누구나 이해하고 기억하며 그에 따라 행동할 수 있도록).

대담하고 공격적으로

인터페이스는 매일매일의 대담한 선택과 최선의 노력에 의해 지속가능성을 이끄는 진정한 선도기업으로 우뚝 섰다. 이 회사는 2019년에 미션 제로를 달성했다. 미션 제로를 위해서는 업무의 다양한 틀과 공유목표 및 내부 주도 프로그램들이 요구되었는데, 모두 비즈니스에 관한 총체적, 체계적 접근법들이었다. 그러나 미션 제로는 무엇보다도 회사의 이야기를 다시 쓰는 것이었다. 전혀 다른 새로운 미래를 명확히 그리며 이야기하는 것 말이다. 그에 따라 쓰레기 매립장으로 보내는 폐기물 제로, 화석 연료 에너지 사용 제로, 온실가스 배출 제로, 물 사용량의 획기적 감소 등 여러 부문에 걸쳐 공격적 목표들이 설정되었다. 인터페이스는 이후 에코메트릭스를 이용해 직원들과 세상에 발전 상황을 보고하였다.

지구의 자원을 고갈시키다

인터페이스는 지구로부터 원료를 취하고 독창적 맞춤형 디자인 기술을 비롯해 공장, 공급망 노하우 등 회사의 핵심 자원들을 활용함으로써 일반 소비자에서 기업에 이르기까지 바닥을 가진 거의 모든 이들을 위해 가치를 (포착하고) 전달할 수 있었다. 이러한 수취-제조-처분 방식의 전통적 비즈니스 모델을 통해 인터페이스는 세계 최대의 모듈형 카펫 제조사로 성장하였다.

미션제로

인터페이스는 순환 비즈니스 모델 설계의 중요성을 잘 알고 있었다. 인터페이스는 비즈니스 모델 전환을 위하여 투입물을 변경하는 것은 물론 재활용 원료 사용을 위한 기술 및 시스템을 확보했다. 효과적으로 재사용, 재활용될 수 있는 원료를 사용하는 것 또한 그러한 전환의 일부다. 무엇보다 재활용 원료를 수많은 카펫의 소재로 활용하고 있다. 오늘날 인터페이스의 카펫 제조에 사용되는 원료 중 60퍼센트가 재활용 또는 친환경 소재다. 물론, 이 모든 과정들이 순조롭게 진행되었던 것만은 아니었다. 인터페이스는 페어워크스FairWorks™ 활동에 입각해 신제품으로 인도의 장인 수공업자들이 친환경 잔디와 대나무를 사용해 직조한 바닥 타일을 출시했었다. 시장 검증을 거치고 고객들의 초기 반응이 열렬했음에도 불구하고 판매 실적은 실망스럽기만 했다. 독특한 소재로 만들어진 탓에 고객들이 유지관리에 어려움을 느꼈고 나일론 소재의 카펫타일에 비해 기능이 떨어질 거라 생각했기 때문이었다.

인터페이스가 판매하는 디자인들은 실내 공간을 일과 생활이 즐겁고 활기찬 공간으로 탈바꿈시킨다. 폐기물 사용으로 절감된 비용은 회사를 재설계하고 전환시키기 위한 연구개발 및 혁신에 투자되었다.

지구의 자원을 고갈시키다

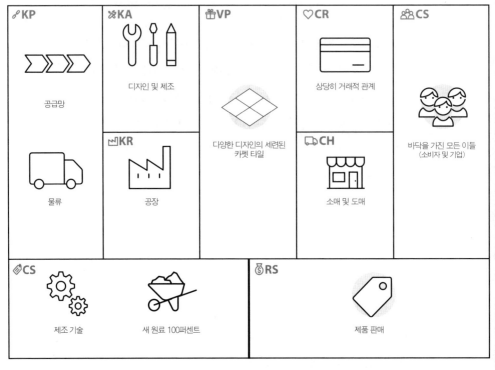

🔑 KP	✂ KA	🎁 VP	♡ CR	👥 CS
공급망	디자인 및 제조		상당히 거래적 관계	
물류	〽 KR 공장	다양한 디자인의 세련된 카펫 타일	🚚 CH 소매 및 도매	바닥을 가진 모든 이들 (소비자 및 기업)

✎ CS		💲 RS
제조 기술	새 원료 100퍼센트	제품 판매

선형 비즈니스 모델

석유에서 얻은 유독성 원료에 의존하는 생산 모델로 그러한 원료들을 사용 후 버려지는 카펫타일로
전환하는 과정에서 많은 에너지를 소모한다.

되살리다

인터페이스의 새로운 사명은 '기후 되살리기(Take Back the
Climate)' 활동을 주도하는 것이다. 그 일환으로 인터페이스는 탄소 배
출을 줄이기 위한 제품 개발에 힘쓴다. 이 회사는 다른 기업들 역시 이
러한 방향으로 각각의 비즈니스 모델을 전환할 수 있도록 돕기 위해 각
종 도구 및 틀을 제공하고 있다.

모든 것을 재설계하다

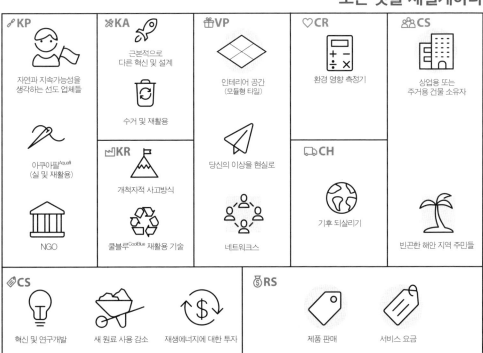

KP
자연과 지속가능성을 생각하는 선도 업체들

아쿠아필Aquafil (실 및 재활용)

NGO

KA
근본적으로 다른 혁신 및 설계

수거 및 재활용

KR
개척자적 사고방식

쿨블루CoolBlue 재활용 기술

VP
인테리어 공간 (모듈형 타일)

당신의 이상을 현실로

네트워크스

CR
환경 영향 측정기

CH
기후 되살리기

CS
상업용 또는 주거용 건물 소유자

빈곤한 해안 지역 주민들

CS
혁신 및 연구개발   새 원료 사용 감소   재생에너지에 대한 투자

RS
제품 판매   서비스 요금

부정적 효과 (발자국)

인터페이스는 자사의 바닥재에 98퍼센트까지 재활용 또는 유기 소재가 사용되도록 전환하며 현재까지 1,300만 파운드(약 5,800톤) 상당의 폐카펫이 쓰레기 매립장으로 향하는 것을 막았다. 2019년 인터페이스의 탄소 배출량은 0이다.

긍정적 효과 (손자국)

인터페이스의 순환 비즈니스 모델은 더 행복한 사람들과 더 건강한 지구를 만든다. 인터페이스는 31만 7,000파운드(약 143톤)에 달하는 폐그물의 수거 및 재활용에 기여했으며, 100퍼센트 재생에너지 사용 기업으로의 전환에 성공했다.

다시 사용하라

리엔트리ReEntry: 고객으로부터 인터페이스의 제품을 회수해 재활용함으로써 새 제품으로 탈바꿈시킨다.

다시 사용하라, 다른 곳에서

네트워크스NetWorks: 지역 주민들을 고용해 버려진 그물을 수거한 다음 새 카펫을 위한 재료로 사용한다.

시그니파이

Signify

시그니파이는 더 밝은 삶과 더 나은 세상을 위해 빛의 놀라운 잠재력의 해방을 꿈꾼다. 그리고 빛을 의미를 연결하고 전달할 수 있는 지능적 언어로 만들고 싶어한다. 이 회사는 다양한 종류의 조명 제품과 서비스를 제공한다.

현황

CEO 에릭 론돌라트Eric Rondolat	**총 매출액** 62억 유로 (2019년)
설립년도 1891년, 네덜란드 에인트호번Eindhoven	**기타 정보** 2018년에 필립스라이팅Philips Lighting에서 시그니파이로 사명 변경
산업 조명	**규모** 70여 개국 직원 수 2만 9,000명

제가 관심 있는 건 제품이 아니라 오직 성능입니다. 전구 말고 빛 말입니다.

건축가 **토마스 라우**Thomas Rau

탄소 필라멘트 전구와 함께 사업을 시작한 필립스는 1891년 이래 줄곧 기술 혁신을 이끄는 개척자적 선도기업이었다. 이 회사는 전기면 도기에서 비디오 녹화 장치, 휴대용 카세트, 레이저 디스크, CD, 칩 제조 장비(현재는 ASML), 반도체(현재는 NXP), 의료기기에 이르기까지 수백 아니 수천 가지 제품을 발명해왔다.

전구를 생산하는 대다수 기업들과 마찬가지로 기술 중심의 선형 비즈니스 모델을 채택하고 있던 필립스는 지속적으로 구제품을 신제품으로 대체해가며 성공적 비즈니스를 이끌었다. 그것이 기술 집약적인 비즈니스 모델이라는 것은 더 말할 필요가 없다. 물론, 품질로 유명한 회사인 만큼 필립스는 자사의 선형 비즈니스 모델을 질 낮은 제품을 개발하는 수단으로 여기지 않았다. 오히려 그 반대였다. 이 회사는 더욱 향상된 새로운 조명 솔루션 개발을 위해 수십억 유로를 투자했다. 1970년대에 에너지 위기가 닥쳤을 때 필립스연구소(Philips Research)는 에너지 절약 램프를 발명했다. 2005년에는 에너지 절약 LED 조명을 출시했다. 그리고 2010년 무렵, 필립스 휴Philips Hue를 선보이며 소비자와 기업을 위해 조명의 지능화를 꾀하기 시작했다.

2011년의 일이다. 건축가 토마스 라우는 암스테르담에 있는 자신의 새 사무실에 어차피 교체가 필요하고 나중에 처분하게 될 비싼 조명

기기들을 설치하고 싶지 않았다. 그는 필립스를 찾아가 다음과 같이 설명했다. "들어보세요, 매년 저는 사무실에서 엄청난 시간을 불을 켜고 일해요. 램프든 전기든 뭐가 됐든, 전 그런 것들에는 신경도 안 써요. 제가 관심 있는 건 제품이 아니라 오직 성능입니다. 저는 빛을 사고 싶은 겁니다. 다른 건 필요 없어요." 고객 중심의 경영 철학을 가지고 있던 필립스는 라우와 협력해 태양빛 사용을 극대화시킨 최소한의 조명 계획을 창조해냈다. 그에 더해 필립스의 기술자들은 통합 센서 및 조절 시스템을 설치해 건물 전체의 조명과 에너지 사용을 최적화시켰다.

토마스 라우와 함께한 실험을 통해 영감을 얻게 된 필립스는 그것

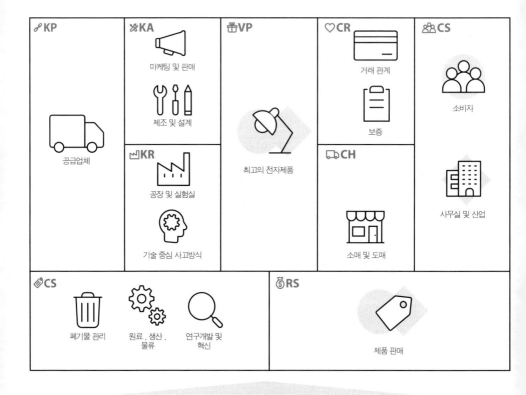

선형 모델

사용이 끝난 고급 제품들이 쓰레기 매립장에 버려짐으로써 금이나 기타 귀중한 금속 물질들이 점점 더 희소해지고 비싸진다.

을 새로운 가치 제안 및 관련 비즈니스 모델로 발전시켰다. 그 결과, 새로운 가치 제안을 제공하기 위한 순환형 조명(Circular Lighting)이 개발되었다. 이를 통해 고객은 자신이 사용하는 만큼만 비용을 지불하면 되므로 즉각적 절감 효과를 체감할 수 있으며, 또한 각자의 지속가능성 목표를 (더 빠르게) 성취할 수 있다. 그리고 여기서 결국 중요한 것은 상업용 조명이 필요한 대다수 고객들이 진정으로 바라고 필요로 하는 것은 빛이라는 사실이다.

이 비즈니스 모델하에서 시그니파이는 완벽한 조명 성능을 제공해야 할 책임을 지며, 따라서 건물을 밝히기 위해 설치된 모든 장비에 대한 소유권 역시 시그니파이에게 있다. 그렇기 때문에 시그니파이는 우수한 품질의 조명 개발에 힘쓰는 한편(고객의 장소에 설치된 조명 교체를 위해 과도한 인력이 낭비되지 않도록), 고객에게 완전한 정보와 혜택, 새로운 서비스를 제공하기 위해 데이터를 수집하고 있다.

기술을 주도하다

필립스의 선형 모델은 기술을 중심으로 구성되어 줄곧 혁신적 제품들을 내놓으며 오랜 기간 성공적으로 운영되었다. 필립스는 100년이 넘는 시간 동안 더욱 향상된 새로운 조명 솔루션의 연구개발을 위해 상당한 양의 자원을 투자했다. 예를 들어, 1970년대에 에너지 위기가 찾아왔을 때는 필립스연구소가 에너지 절약 램프를 발명해내기도 했다.

과도하게 소모되는 에너지
전 세계 전력의 15퍼센트가 가정이나 상점, 산업용 건물과 공장, 사무실, 도시 등을 밝히는 데 사용되고 있다. 주로 전통적 조명 시스템을 통해서. 수명이 다한 조명 장치는 버려진다. 전통적 조명 장치는 엄청난 양의 에너지와 물자를 소모한다.

창사 이래 필립스는 조명의 진화를 선도해왔다. 내놓는 신제품마다 최고의 성능으로 에너지 소비 면에서 이전 제품을 앞지를 수 있도록 디자인해왔다. 2005년에는 에너지 절약 LED 조명을 출시했다. LED 조명은 실제 마이크로칩 안에 빛을 내재시킴으로써 에너지 효율 및 지능 면에서 획기적인 발명이다. 칩에 기반한 조명은 다방면에서 새로운 가치를 창출하고 전달할 수 있다. 2012년에는 소비자를 위한 지능형 조명(필립스 휴)이 애플스토어에서 독점 출시되었다.

서비스를 통한 가치 창출

고객이 제품이나 설비 또는 유지관리에 대해서가 아닌 오직 자신이 필요한 것에 대해서만 돈을 낸다는 점에서 서비스로서의 조명은 고객의 목표 달성을 돕는다. 전체 공급망 내 수많은 업체들이 시그니파이를 파트너사로 삼고 있다. 이 회사는 또한 접근성과 자원이 부족한 지역 공동체에 빛을 제공한다.

조명 혁명

오늘날, 시그니파이의 순환 비즈니스 모델은 제품을 통한 기술 추구에 초점을 맞추고 있지 않다. 그 대신 무한 혁신을 반복하며 고객을 이롭게 할 재활용 및 재생 기술에 가치를 두고 있다. 시그니파이의 목적은 더 밝은 삶과 더 나은 세상을 위해 빛의 놀라운 잠재력을 해방시키는 것이며, 이 회사는 인간이 필요로 하는 바로 그 순간에 빛을 제공받

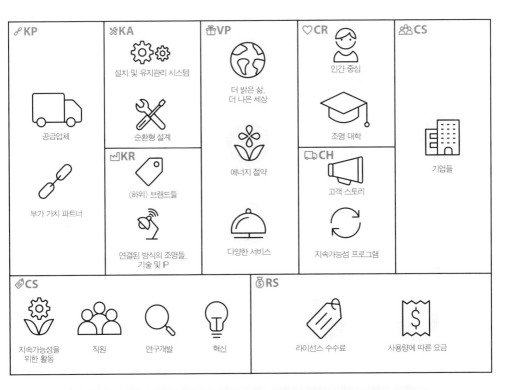

부정적 효과 (발자국)

지금까지 시그니파이는 자사 공급망의 95퍼센트를 지속가능한 업체들로 전환하는 데 성공했으며, 제조 과정에서 발생된 폐기물의 82퍼센트를 재활용하고 있다. 2020년 말까지 탄소중립을 실현하고 필요한 에너지의 89퍼센트를 재사용 가능한 공급원에서 확보할 계획이다.

긍정적 효과 (손자국)

시그니파이가 제공하는 조명 서비스로 사람들은 보고, 느끼고, 더 능률적으로 활동한다. 즉, 시그니파이는 오락과 생산성 및 성장의 측면에서 촉매제 역할을 수행해왔다. 2020년 말까지 매출액의 80퍼센트를 순환 모델에 의한 수익을 통해 달성할 계획이었다.

사용하라, 소유하지 말고

고객에게 항상 최선의 성능 유지를 약속한다. 서비스의 내용에 업그레이드, 개선 및 혁신이 포함된다.

을 수 있도록 조명을 더욱 지능적으로 만드는 일에 온힘을 다하고 있다. 조명산업의 새로운 100년을 이끌기 위하여 순환 비즈니스 모델의 개발은 반드시 필요한 일이었다.

그 밖의 사례들

타이어에서 에너지까지!
블랙베어Black Bear는 수명이 다해 쓰레기 매립장으로 가게 될 타이어에서 카본 블랙을 회수한다. 또한, 그 과정에서 발생하는 고열가스를 이용해 그린 에너지를 생성한다.

에렌토Erento는 2003년부터 사람들이 이동식 주택, 스포츠카, 이벤트 기술, 각종 연장 등 상상 가능한 모든 것들을 온라인에서 최대한 쉽게 빌릴 수 있도록 만들었다.

미사용 자동차
스냅카Snappcar는 고객 간 차량 공유를 활성화시킨다. 차량 소유자가 해당 차량을 이용하지 않는 시간에 자신의 차량을 사용료를 받고 임대할 수 있다. 2022년까지 유럽 내에서 자동차 수를 500만 대 감소시키는 것이 스냅카의 목표다. 자동차 수가 줄어들면 삶의 공간이 증가하고 이산화탄소는 줄어든다.

완벽히 좋은 상태의 물건들이 너무 많이 버려지고 있다. 와프 잇Warp It은 기업들이 소비와 낭비, 환경에 미치는 영향을 줄일 수 있도록 그들의 장비, 자산 및 각종 '물품'을 순환시킬 수 있는 네트워크를 제공한다.

클로즈더루프Close the Loop는 오래된 프린터 카트리지와 연질 플라스틱을 기존의 아스팔트 도로에 비해 65퍼센트 더 오래 지속되는 도로로 탈바꿈시킨다.

도로 1킬로미터당 비닐봉지 53만 개, 유리병 16만 8,000개, 프린터 카트리지 1만 2,500개가 사용된다.

그토록 많은 폐기물들이 쓰레기 매립장에 묻히는 대신 새 생명을 부여받는 것이다.

스트리트뱅크Streetbank는 다음을 지원한다.

1. 물건 보내기 – 더 이상 필요하지 않은 물건의 처분을 위해 당신에게 고마워할 이웃을 찾아라.
2. 물건 공유하기 – 대부분의 시간 동안 사용되지 않고 놀고 있는 사다리, 드릴 같은 용품들이 최대한 활용될 수 있도록 하라.
3. 기술 공유하기 – DIY, 외국어, 정원 가꾸기 실력 등으로 이웃을 도와라.

제록스Xerox는 프린터가 아닌 계약형 인쇄 서비스를 판매한다. 프린터는 사용 중 낭비를 줄이고 나중에 재생산에 이용될 수 있도록 설계된다.

네덜란드 회사 다이쿠DyeCoo는 물이 필요 없으며 자체 염료 외에 어떠한 화학약품도 사용하지 않는 직물 염색 공정을 개발해냈다.

세 가지 간단한 사례 연구

간단하고, 신선하고, 빠르고, 명확하다

		CEO	총 매출액	설립년도	규모
1	**파타고니아** Patagonia	CEO 더그 프리먼 Doug Freeman	10억 유로	1973년, 캘리포니아 주 벤투라Ventura	직원 수 1,000명
2	**엘름허스트** Elmhurst	CEO 헨리 슈워츠 Henry Schwartz	2,600만 달러	1925년, 뉴욕 주 뉴욕	직원 수 105명
3	**페어폰** Fairphone	CEO 에바 하우언스 Eva Gouwens	1,400만 달러 (2017년)	2010년, 네덜란드 암스테르담	휴대폰 10만 개 이상 판매

파타고니아:
최고의 제품을 만들다

> **"** 우리는 위험을 감수하며 생물망의 안정, 온전
> 함, 아름다움을 보호하고 회복시키기 위하여
> 행동합니다. **"**
>
> **파타고니아 홈페이지의 사명 선언문**

　'아웃도어 의류를 홍보, 판매하는 미국 의류회사' 파타고니아의 사
명은 사업 관행, 투자 및 스토리 전반에 걸쳐 지속가능성과 순환성을 촉
진시키는 것이다. 노스페이스The North Face, 스마트울SmartWool, 이
글크릭Eagle Creek 같은 유명 브랜드를 소유한 최대 아웃도어 의류업
체 VF코퍼레이션(VF Corp.)보다 규모가 작은 편이나 100퍼센트 재
생·재활용 원료로의 전환, 매년 2만 파운드(약 9톤)에 가까운 장비의
재활용, 약 4만 벌의 의류 수선을 목표로 삼고 있다. 그러기 위해 파타
고니아는 북미에서 가장 큰 의류 수선 공장을 운영하고 있다.

　고객이 필요한 것만을 구입하길 희망하는 파타고니아는 견고한 제
품을 만들고 경우에 따라 수선, 재판매, 재활용할 것을 약속한다. 그리
고 고객이 구입한 의류가 새것이든 오래 간직된 것이든 재활용함에 이
르기까지 똑같이 관리한다는 것 역시 이 회사의 약속에 포함된다. 파타
고니아는 오리건 주 포틀랜드 매장을 통해 중고 의류 판매 검증, 제품
수선 및 재활용을 비스니스 모델의 필수 요소로 만들었다.

　파타고니아는 오직 아웃도어 장비 비즈니스 모델의 전환에만 초

우리의 고향 지구를 지키다

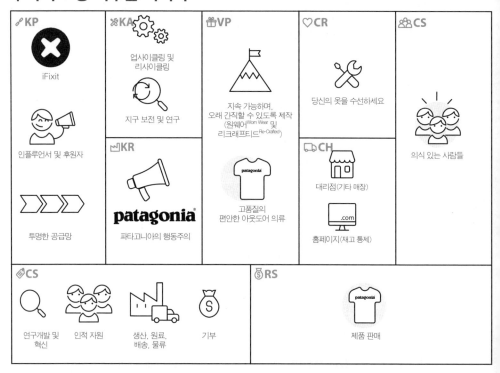

부정적 효과 (발자국)

파타고니아는 미국에서 100퍼센트 재생에너지 전기를 사용한다. 전 세계적으로는 76퍼센트다. 파타고니아 제품 중 69퍼센트가 재생 원료를 사용하고 있으며, 2025년까지 100퍼센트 재활용 또는 재생 원료 사용으로 전환할 계획이다.

긍정적 효과 (손자국)

파타고니아는 자연을 보호 · 보전하고 청소년 기후 활동가들을 지원하기 위한 풀뿌리 프로젝트에 1억 500만 달러 이상을 기부해왔다. 또한, 전 세계에 걸쳐 재식림 프로젝트 같은 탄소 포집 프로젝트에도 투자한다.

더 오래 사용하라

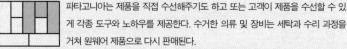

파타고니아는 제품을 직접 수선해주기도 하고 또는 고객이 제품을 수선할 수 있게 각종 도구와 노하우를 제공한다. 수거한 의류 및 장비는 세탁과 수리 과정을 거쳐 원웨어 제품으로 다시 판매된다.

다시 사용하라

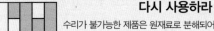

수리가 불가능한 제품은 원재료로 분해되어 리크래프티드 제품군의 신제품 제작에 사용된다.

점을 맞추고 있지는 않다. 농업, 어업 및 축산업이 생태계에 미치는 영향을 고려하며 고품질 제품을 제조, 판매하는 파타고니아 프로비전스 Patagonia Provisions 사업부를 통해 "앞으로 의류 사업을 능가할 수도 있는 또 다른 비즈니스를 꿈꾸고" 있다. 2015년에 파타고니아의 환경 업무를 관장하는 릭 리지웨이Rick Ridgeway 부사장은 '뉴요커New Yorker'와의 인터뷰를 통해 파타고니아 프로비전스는 "가장 큰 문제들이 있는 곳에 존재하며, 가장 큰 해결책도 바로 그곳에 있습니다."라고 설명했다. 파타고니아는 성장할수록 더 큰 영향력을 발휘하게 될 것이다.

탄소 포지티브(Carbon Positive) 미래

파타고니아는 자사의 비즈니스가 초래하는 부정적 효과에 대해 잘 알고 있다. 그리하여 지구를 살리기 위해 '탄소 포지티브'라는 비전을 추구한다. 즉, 회사의 성장을 추구하면서도 회사가 대기 중에 배출하는 것보다 더 많은 양의 탄소를 감소시키는 것 말이다. 또한, 이 회사는 틴셰드벤처스Tin Shed Ventures를 통해 재생 관련 비즈니스 모델을 보유한 스타트업들에 투자하고 있다. 모두 자사의 의류와 파타고니아 프로비전스의 식품을 위한 원료 공급원으로서의 재생 유기농업이라는 커다란 야망에 딱 들어맞는 활동들이다. 파타고니아는 다양한 인증을 통하여 건강한 표층토의 생성을 촉진한다. 또한, 비즈니스 모델의 순환성을 높여가며 미래에 인류가 살아갈 곳을 지키는 일에 기여하고 있다.

엘름허스트:
젖소에서 견과류로

" 채식주의 제품들에 대한 인식과 수요가 꾸준
히 증가함에 따라 저희는 식물성 대체식품들
이 주류가 된다고 보고 있습니다. **"**

엘름허스트 CEO 헨리 슈워츠

산업적 식품 생산 시스템은 문제가 많으며 물, 토지, 동물, 항생제 등 식품의 제조에 너무 많은 투입물을 필요로 한다. 동시에 이 시스템은 병든 동물, 환경오염, 삼림 벌채, 생태계 파괴 같은 수많은 부정적 결과들을 초래한다. 무엇보다도 우리가 경험하는 세계적 유행병들 중 일부는 대개 이토록 문제 많은 시스템의 결과이기도 하다. 대부분의 소비자들이 이러한 사정을 다 인식하고 있는 것은 아니지만, 한 가지만은 분명하다. 사람들이 견과류 우유 같은 식물성 대체식품으로 대거 옮겨가고 있다는 사실이다.

유통기한 만료

고객이 진정으로 원하고 필요로 하는 것이 무엇인지 직접 체험을 통해 알고 있다는 사실은 당신이 비즈니스 모델을 전환해야 할 가장 큰 이유가 된다. 아무리 당신의 회사가 일주일에 560만 쿼트(약 529만 리터)를 넘는 양의 우유를 생산하며 뉴욕시에 있는 1,400개의 공립학교와 8,300개 이상의 식료품점에 우유를 공급하고 있다고 할지라도.

1925년 이래 줄곧 우유를 생산, 판매해온 엘름허스트의 창업자 헨리 슈워츠는 2017년에 젖소 우유에서 견과류 우유로 엘름허스트의 비즈니스 모델을 전환하기로 결심했다. 식물성 대체식품 시장으로 완전히 옮겨간 엘름허스트는 (비즈니스 모델과 지구를 위해) 보다 지속가능한

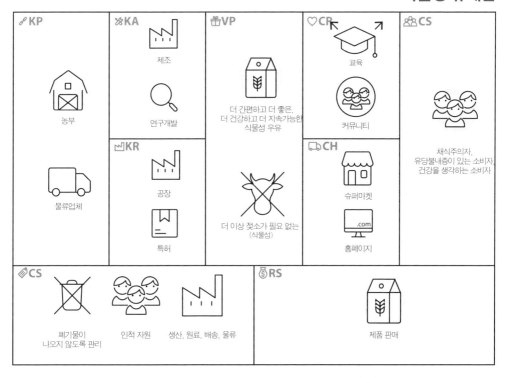

부정적 효과 (발자국)

견과류나 곡물은 모든 부분이 온전히 사용되기 때문에 폐기물이 발생하지 않는다. 특히 땅콩은 재배 시 극히 적은 양의 물을 필요로 하므로 지속 가능성에 유리하다.

긍정적 효과 (손자국)

우유의 원료로 다양한 견과류와 곡물을 사용함으로써 농업 발달에 기여한다. 한 가지 작물만이 아닌 복수의 작물 재배로 이어지기 때문이다.

부산물을 사용하라

하이드로릴리스 공법은 견과류의 전 부분을 사용해 지속가능하고 건강한 우유를 생산한다.

방식으로 우유를 생산하는 한편, 다른 기업들은 할 수 없는 방식으로 소비자의 필요를 충족시키기 시작했다. 오늘날 엘름허스트는 미국에서 가장 급속히 성장 중인 식물성 '유제품' 기업이 되었다.

폐기물 제로

식물에서 우유를 생산하는 일은 젖소에게서 우유를 생산하는 일과 완전히 다르다. 아이러니하게도 견과류를 이용한 식물성 우유 생산은 동물성 우유 생산에 비해 탄소 발자국을 덜 남긴다. 견과류, 곡물, 씨앗은 모든 부분이 제조 공정에 사용되기 때문에 폐기물을 발생시키지 않는다. 식품공학 박사 셰릴 미첼Cheryl Mitchell 박사가 발명한 하이드로릴리스HydroRelease™ 공법 덕분에 그것이 가능해졌으며, 제조 과정에서 첨가제가 전혀 들어가지 않아 결과적으로 깔끔하고 자연스러운 우유를 얻을 수 있다.

더 건강한 식품

지난 10년간 동물성 우유보다 식물성 대체우유를 선호하는 소비자들이 빠르게 증가해왔다. 그리고 여전히 동물성 우유가 우유 판매량의 다수를 차지하고 있기는 해도 식물성 유제품 산업은 매년 10퍼센트 이상씩 꾸준히 성장하고 있는 반면에 사실상 낙농업은 쇠퇴 일로에 있다 할 수 있다. 젖소의 수가 부족한 것은 아니다. 소비자가 식물성 대체식품을 원하기 때문이다.

식품의 미래

슈워츠는 미래가 식물을 기반으로 형성된다고 믿는다. 엘름허스트의 목표는 우유를 사용하지 않는 대체우유를 다른 경쟁 상품인 우유보다 더 좋은 식품으로 만들어가는 것이다. 그렇게 함으로써 엘름허스트는 모든 가정에 지속가능하고 건강한 선택지를 제공한다. 장차 엘름허스트는 씨앗과 콩과식물로 만든 또 다른 식물성 제품들로까지 비즈니스를 확장해나갈 계획이다.

페어폰:
공정에 대한 인식

페어폰은 단순한 스마트폰 회사가 아니다. 이 회사의 첫 번째 목표는
전자산업을 위한 자원 채굴로 인해 콩고민주공화국에서 벌어지는 분쟁
들에 대중의 인식을 끌어올리는 것이다. 바스 판 아벨은 그러한 인식을
단순히 정신적 운동만이 아닌 물리적 운동으로 만들고 싶었다. 그리하여
발명된 것이 최초의 지속가능한 모듈형 스마트폰인 페어폰이었다.

이야기가 제품으로

페어폰은 소비자들을 그들이 사용하는 제품과 (재)연결시켜줌으로
써 결과적으로 그들을 제품 뒤에 숨겨진 공급망과 연결시키는, 이야기
전달 장치로서 설계된다. 이 회사는 2015년에 유럽에서 가장 빠르게
성장 중인 스타트업으로 선정되어 테크5Tech5 상을 수상한 바 있다.
페어폰이 하고자 하는 이야기는 2개월 반 만에 고객 1만 7,418명에게
전달되었다. 페어폰은 더 윤리적이고 신뢰할 수 있으며 지속가능한 전
자제품을 만들어내기 위한 노력의 일환으로 수리가 쉬운 조립형 스마
트폰을 설계함으로써 사업 활동을 시작했다. 보통 스마트폰이 고작 2
년의 사용 기간을 염두에 두고 설계되고 있는 것과는 대조적으로 페어
폰은 5년의 사용 기간을 보장하기 위해 노력한다. 자주 파손되거나 (화
면) 업그레이드가 필요한 (카메라) 부품은 사용자가 온라인에서 직접 주

이야기가 담긴 휴대폰

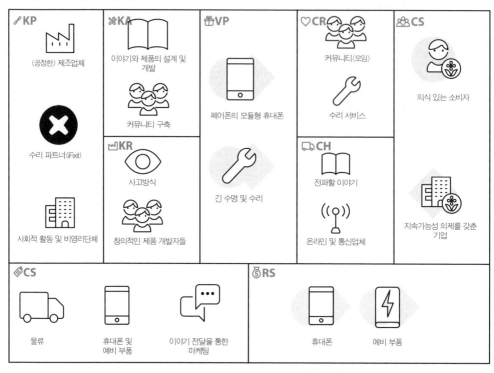

부정적 효과 (발자국)

페어폰은 적어도 5년 동안 쓸 수 있는 휴대폰을 만든다. 그럼으로써 전자 폐기물 감소에 기여한다. 또한, 오래된 휴대폰을 재활용하며 회수한 플라스틱을 가구로 변신시킨다.

긍정적 효과 (손자국)

페어폰은 전자 폐기물 재활용, 도시 광산업, 공정 무역 인증 금, 분쟁 없는 자원 채굴을 장려한다. 모두 노동자의 복지를 향상시키고 경제 발전을 촉진하기 위한 것들이다.

더 오래 사용하라

더 오래 사용할 수 있다는 점에 초점을 맞춰 수리와 업그레이드가 쉬운 모듈형으로 휴대폰을 설계한다.

문해 교체할 수 있다. 현재, 페어폰은 iFixit과 협력해 고객을 위한 수리 지침을 오픈소스로 제공하며 휴대폰의 더 오랜 사용이라는 페어폰의 비전을 구현해나가고 있다.

페어폰은 전자산업을 바꾸기 위한 여정 중에 있다. 그리고 이 여정의 핵심은 커뮤니티다. 이 회사는 사람을 우선으로 생각하고 지속가능한 방식으로 휴대폰을 제조하는 제조사들에서 시작해 의견 표명을 위해 휴대폰을 구입해 사용하는 소비자들과 기업들로 끝나는 전체 공급망에 걸쳐 하나의 커뮤니티를 구축해왔다. 다양한 사회적 활동들과 비영리단체들 또한 그러한 커뮤니티의 일부로서 대중의 인식을 불러일으키며 이야기를 세상에 전파하고 있다.

페어폰의 주 고객은 지속가능성과 공정성을 적극적으로 옹호하는 전 세계 소비자와 기업이다. 그들은 오랫동안 한 휴대폰을 사용한다. 또한, 그들은 산업을 변화시키고, 공정에 대한 이야기를 전파하며, 대중의 인식을 제고해 소비자의 행동을 변화시키기 위해 그 휴대폰을 사용하는 것이기도 하다.

새로운 표준

페어폰에게 중요한 건 휴대폰이 아니다. 페어폰은 소비자와 생산자에게 새로운 표준을 설정하는 일에 가치를 두고 있다. 언젠가는 페어폰이 이야기 전달을 멈출 수 있는 날이 오길 바란다. 모든 생산자가 100퍼센트 윤리적인 전자제품만을 제조하며 소비자들이 5년 동안 쭉 하나의 휴대폰만 사용하고 있을 바로 그날이.

스스로에게 질문해보기

지속가능한 미래를 향한 공헌에 있어 당신의 책임은 무엇인가?

나이키는 모든 사람들이 하고 있는 것을 그대로 따라 하는 것 그 이상의 행동이 필요하다는 것을 보여준다. 기업의 사회적 책임이란 용어는 오래전부터 존재해왔으나 아직도 별 의미 없이 또는 어떠한 비즈니스적 의미도 실리지 않은 채 남발되는 일이 많다. 나이키의 중역들은 완전한 폐기물 제로 설계와 경쟁 우위 확보를 목표로 삼아 혁신을 부채질하고 제품의 디자인 및 생산 방식을 재고하기 위해 그 용어를 사용했다.

당신의 산업에서 어떻게 자원을 순환시키고 발자국을 제로로 만들까?

인터페이스의 생산 시스템은 모든 법률규정을 준수함에도 불구하고 거대하고 파괴적인 발자국을 남겼다. 그런데, 이 사실은 순환 경제의 가속화를 위해 규제당국이 더 많은 일을 할 필요가 있다는 것을 의미한다. 기후 변화를 되돌린다는 새로운 사명을 갖고 있는 지금의 인터페이스는 환경에 부정적 영향을 전혀 미치지 않으며 온실가스 배출을 막기 위해 노력하는 기업으로 변모해 있다. 모든 산업은 자원을 추출하는 산업에서 자원을 재생시키는 산업으로 전환될 수 있다. 당신의 제품 아이디어에 대한 판단과 자금 조달을 받기 위해 대중을 활용할 수 있는 방법은 무엇인가?

당신이 제품 판매를 멈추고 기능을 제공하는 서비스를 시작한다면 어떨까?

시그니파이는 새로운 제안을 만들어냈다. 우리는 모든 기업이나 기관이 기술적 설비와 시스템 및 수많은 제품을 소유한 채 전구를 갈아끼우기 위해 많은 비용을 들여 시설 기술자를 고용하던 세상을 살아왔다. 시그니파이는 훨씬 더 나은 제안을 한다. 즉, 시그니파이는 고객을 위해 하드웨어와 소프트웨어 모두를 직접 관리함으로써 고객의 낮과 밤을 밝혀준다.

교훈 얻기

당신의 비즈니스에서 더 이상 의미가 없어 제거돼야 할 요소는 무엇인가?

엘름허스트는 자사의 비즈니스에서 동물을 완전히 제거하고 견과류로 대체시켰다. 식습관이 변하고 있다. 점점 더 많은 사람들이 더 나은 품질의 자연식품을 원하며 더욱 식물성에 가까운 식단으로 옮겨가고 있다. 엘름허스트는 젖소에서 나온 우유가 소비자 관련성을 상실했음을 인지하고 과감하게 스스로의 비즈니스 모델을 버리는 어려운 결단을 내렸다.

당신의 제품이 영원히 사용되도록 만들기 위해 무엇을 바꿔야 할까?

파타고니아는 소비자에게 지구의 자원을 고갈시키는 일을 멈춰달라고 촉구한다. 패스트 패션은 지구 자원을 고갈시킨다. 의류 생산은 굉장히 자원 집약적임에도 의류는 버려지는 품목으로서 판매되고 사용된다. 파타고니아는 소비자에게 새옷이 정말 필요한 것인지에 대해 고민해줄 것을 요구한다. 또한, 자사의 제품이 오래도록 사용될 수 있도록 만들기 위해 최고 품질의 제품과 무료 수선 서비스를 제공한다. 파타고니아는 소비자들이 소비가 아닌 사용 중심의 사고방식을 갖게 되길 바란다.

사람과 지구 모두의 공정성을 위해 당신의 공급망에서 바뀌어야 할 것은 무엇인가?

페어폰은 사람들에게 전자산업의 안 좋은 평판을 알리는 한편 안으로부터 변화를 주도하는 휴대폰을 제공한다. 그것은 사람과 지구에 대한 존중과 함께 조달된 재료로 만들어졌으며 모듈형 방식으로 설계되어 있는 휴대폰이다. 당신도 변화에 동참해 당신의 휴대폰을 고작 1년 반 만에 버리지 말고 5년 동안 쭉 사용해주길.

과감한 플랫폼
실행 단계들

1 새로운 사고방식을 받아들여라

전통적 생산 시스템은 잊어라. 순환적이라 함은 완벽히 새로운 방식으로 생산하기 위하여 흔치 않은 조합을 찾아내는 것이다. 과정을 재설계하고 폐기물을 해결하기 위한 새로운 재료와 영감을 발견하기 위해 자연으로 눈을 돌려라. 이미 자신의 기업에서 순환성을 실천하고 있는 타 분야 전문가들과 교류하라.

2 목표를 구체적으로 표현하라

당신이 추구하는 근본적 변화에 대해 명확해져야 한다. 성취하고자 하는 순환적 비전을 명확한 수치로 표현하라.
비전 성취에 필요한 대담한 단계들을 정의하고 구체적 행동 계획들로 세분화하라. 발전 상황을 측정할 수 있는 순환성 지표를 반드시 사용할 것.

3 고객에 대한 집중력을 유지하라

순환적 비즈니스 또한 비즈니스일 뿐이다. 즉, 고객의 높은 기대치에 부응할 수 있어야 한다는 말이다.
순환성을 위한 노력을 고객을 위한 가치와 연결시켜라. 보다 순환적인 기업이 되었을 때 고객이 어떤 이익을 얻게 될지를 정의하라. 그 이익에 대해 고객이 기꺼이 돈을 지불할 용의가 있는지 검증하라.

이 전환을 이끌어갈
고도의 전략적 선택들

4 **순환 능력을 개발하라**

순환 경제에서 지속가능하고 회복력 강하며 오래갈 가치를 창출해낼 새로운 방법들을 탐구하려면 설계만 한 것이 없다. 당신을 둘러싼 세계를 재설계한다는 자신감도 얻을 수 있다. 직원들에게 백지 상태로 돌아가 순환적 설계 능력을 습득할 것을 요구하라. 당신의 비즈니스 모델에서 폐기물과 오염 물질이 배출되지 않도록 설계하라. 재생력과 회복력이 강한 비즈니스 모델을 설계하라.

5 **협력하라**

올바른 파트너들과의 협력은 중요하다. 비전을 공유하고 비즈니스 모델의 발전에 의미 있는 보탬이 되어줄 파트너들을 탐색하라. 함께 협력할 수 있는 기업의 목록을 작성하고 왜 그 기업이어야만 하는지 직원들과 토론하라. 해당 기업이 당신의 사업에 어떠한 가치를 추가해주는지 확인하라. 반대의 경우도 마찬가지다.

6 **발전을 기념하라**

언론은 순환 경제가 무엇인지 보여줄 수 있는 생생한 이야깃거리를 찾고 있다. 당신이 성취하고자 하는 것, 그리고 그 목표를 위해 무엇을 하고 있는지를 이야기로 만들어 소개하라. 당신의 이야기를 전파하고 비즈니스를 성장시키기 위해 언론과 협력하라. 당신의 비즈니스가 사회, 경제, 환경에 미치는 긍정적 영향들을 명확히 밝혀라.

가치 전환이 이루어지는 곳!

전환이란

이 책을 처음부터
꾸준히 읽어 여기까
지 도달했다면, 산업
에 관계없이 모든 유
형의 기업들이 비즈

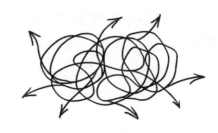

니스 모델의 전환을 시도해왔다는 사실을 확실히 알게 되었을 것이다.
그리고 모든 경우에 비즈니스 모델 전환은 의식적으로 새로운 가치를
창출, 전달, 포착하고자 하는 기업에 의해 주도되었다는 사실도 말이다.

마찬가지로, 변화는 직선적인 것이 아니므로 비즈니스 모델의 전환
은 항상 기술의 가속화와 사람들의 유동적인 필요 및 기대를 고려해야
만 한다. 또한, 기술을 적절히 활용함으로써 기업은 고객, 직원, 이해관
계자 사이의 새로운 연결을 창조해낼 수 있으며, 그에 힘입어 새로운 비
즈니스 모델로의 전환에 성공할 수 있다.

여섯 가지 전환 방식

알다시피, 이 책에 소개된 수많은 사례들이 공통으로 다루고 있는
것은 바로 기술이다. 기술은 비즈니스 모델 전환을 시도 중인 기업이 비
즈니스 모델의 여러 요소들을 긴밀하게 연결시키고 각각의 과정을 간
소화시킬 수 있도록 도와준다. 그럼으로써 기업은 고객을 위하여 가치
의 창출, 전달 및 교환을 더 효율적이고 더 쉽게 만들 수가 있다. 예를
들어, 서비스로의 전환에서 BMW는 모바일 기술을 사용해 주문형 모

빌리티 서비스를 창조해낼 수 있었다. 그리고 분명히, 뉴욕 타임스의 경우 같은 디지털로의 전환은 사람들을 연결시키는 기술에 대한 투자 없이는 성공할 수 없었을 것이다. 사실상, 이 책의 사례 연구에서

소개된 어떠한 기업도 신기술을 이용하지 않았더라면 그토록 놀랄 만한 비즈니스 모델의 전환을 이루어내지 못했을 것이다.

나만의 전환을 이루어내라

물론, 기술만으로 비즈니스 모델을 전환시킬 수는 없다. 이 책에 설명한 모든 전환은 과감한 단계들을 필요로 한다. 가치를 창출, 전달, 포착하기 위해 새로운 방식들을 탐색하고 발전시켜나가는 단계들은 물론 비즈니스 모델의 전환을 완성시키기 위해서는 훨씬 더 과감한 단계들이 요구된다. 결국, 성공적인 비즈니스 모델의 전환을 향한 여정은 불확실성과 실패로 얼룩져 있는 경우가 허나하다. 이 책이 수많은 독자들이 좇을 수 있는 북극성을 만들어내 그들의 길을 환하게 밝혀줄 수 있기를 바라마지 않는다.

나만의 비즈니스 모델 전환을 이끄는 법

전환이란 어디에 (미래) 가치가 존재하는지를 묻는 것이다

앞서 언급한 (또한 사례 연구를 통해 입증된) 바와 같이 비즈니스 모델의 전환은 전환을 시도하는 주체에게 새로운 가치를 찾도록 요구한다. 그것은 현재의 비즈니스 모델 실행과 구별되는 별도의 일련의 활동들이다. 현재의 비즈니스 모델이 누구나 알고 있는 것들에 의존하고 있는 반면, 새로운 가치를 찾기 위한 활동은 오늘날 현재의 비즈니스 모델로는 해결되지 못한 상태에 있는 것으로서 고객과 당신의 기업 모두에게 해결할 가치가 있는 문제에 집중해야 한다. 그러한 가치는 인접한 관련 시장에 있을 수도 있지만, 완전히 새로운 시장에 존재할 수도 있다.

새로운 가치를 찾는 일은 인내와 겸손이 요구되는 불확실한 노력일지도 모른다. 무엇보다도 수많은 관찰과 의문, 경청을 필요로 한다. 고객을 위해 과연 해결할 가치가 있는 문제인가? 진정으로 고객이 필요로 하는 것인가? 고객을 끌어당기는 바람직한 솔루션 또는 가치 제안이란 무엇인가? 그 가치 제안을 성공적으로 전달할 수 있는가? 모든 유동적 요소들을 잘 정리함으로써 가치를 반복적으로 전달할 수 있는가?

더블 루프 프로세스

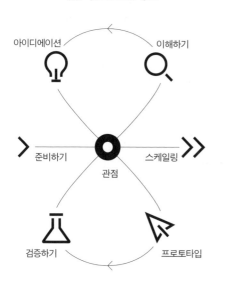

아이디에이션　　이해하기

준비하기　　관점　　스케일링

검증하기　　프로토타입

거액의 돈과 자원을 쏟아붓는 빅뱅식 접근법에 의해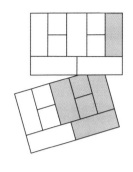
서만 새로운 가치 찾기에 성공할 수 있는 것은 아니다. 오
히려, 비즈니스 모델의 혁신은 우리의 이전 도서 『디자
인씽킹, 비즈니스를 혁신하다』에 소개된 바 있는 왼쪽의
'더블 루프 프로세스Double Loop Process'를 사용해 구
조적이고 체계적인 방식으로 이루어져야 한다.

비즈니스 모델 포트폴리오를 관리하라

무엇보다 비즈니스 모델의 전환과 더불어 이 책이 강조하는 것은
기업은 더 이상 한 가지 고정된 비즈니스 모델을 고수하며 오래도록 살
아남길 기대해서는 안 된다는 것이다. 사실상, 기업은 복합적 변화를 추
구하며 다양한 비즈니스 모델들로 구성된 포트폴리오를 개발해야 한
다. 그러한 포트폴리오는 더 이상 가치를 제공하지 못하는 오래된 비즈
니스 모델은 버리고 미래가치를 창출, 전달, 포착하기 위한 방법들을 찾
기 위한 길과 같다.

비즈니스 모델 포트폴리오를 갖춘 기업은 현재 비즈니스 모델들의
건전성을 평가하고 혁신을 이룰 수 있는 분야에서 활동을 개시하며 더
욱 더 건전한 비즈니스 모델에 대한 투자 결정을 내릴 수도 있다. 그렇
긴 하나 대부분의 기업들이 동시에 복수의 비즈니스 모델을 실행하고
있는 경우가 다반사다. 그러나 어떠한 비즈니스 모델에 언제 투자할 것
인지에 대한 전략적 선택을 가능하게 하는 비즈니스 모델에 대한 평가
와 투자 과정은 자주 생략되곤 한다.

발견하다

**1단계
고객과 문제를 찾아라**

이 단계의 목표는 해결할 가치가 있는 문제를 발견하는 것이다. 그리고 문제를 갖고 있으면서 잠재적 고객인 사람들을 발견하는 것이 더 중요하다. 어떤 식으로 수행하든, 측정되어야 할 가장 중요한 지표는 진정으로 해결 가치 있는 문제를 가지고 있는 잠재 고객의 수다.

설계하다

**2단계
솔루션을 탐색하라**

이 단계의 목표는 독특하고 설득력 있는 방식으로 고객의 문제를 해결해주는 가치 제안을 반복적으로 설계하는 것이다. 주로 제공 대상을 보고 만질 수 있는 간단한 시제품으로 만들어 정해진 시간 동안 객관적 실험을 진행함으로써 수행한다. 가장 중요한 지표는 당신의 혁신적 솔루션에 대해 돈을 지불하고 사용하길 원하는 고객들이다.

성장시키다

**3단계
가치 창출을 검증하라**

이 단계의 목표는 새로운 비즈니스 모델의 오른쪽 구성요소들(및 그것들 간의 상호연관성)을 검증하는 것이다. 제품 또는 서비스에 관심을 갖고 실제로 구입하는 고객이 많아질수록 제품–시장 적합성 달성에 더욱 가까워진다. 당신의 제안이 무엇인지에 따라 이 이정표 달성에 수년이 소요되는 경우도 흔하다.

실용화하다

**4단계
가치 전달을 검증하라**

이 단계의 목표는 새로운 비즈니스 모델의 왼쪽 구성요소들을 검증하는 것이다. 이미 자원, 파트너, 활동, 비용 구조를 갖추고 있다 해도 이 단계에서는 당신의 비용 효율적 실용화 능력을 검증하기 위하여 그러한 요소들을 구조화하는 것이 중요하다. 이 단계가 끝나면 비즈니스 모델의 검증이 완료된다.

비즈니스 모델
성장 곡선

문제 검증　　문제–솔루션 적합성　문제–시장 적합성　　확

지속적 혁신

비즈니스 모델 성장 곡선은 복수의 비즈니스 모델 및 비즈니스 모델 전환을 한꺼번에 시각화해 관리하는 데 아주 좋은 방법이다. 이 곡선은 7가지 단계로 구분된 역동적 도식으로 각각의 단계가 비즈니스 모델의 성숙도를 나타내고 있어 다음 단계에 대한 예측이 가능하다.

비즈니스 모델 성장 곡선은 또한 다면적이어서 한 번에 여러 가지 사항들을 표면화시켜 준다. 첫째, 비즈니스 모델 성장 곡선은 시간이 지남에 따라 비즈니스 모델이 예전처럼 가치 포착 능력을 잃기 시작하는

뉴노멀 시대 경제 시스템의 전환

증폭시키다

5단계
기계를 이용해
모델을 확장시켜라

이 단계는 기업의 거대한 기계가 검증된 비즈니스 모델을 실행하는 단계다. 검색 단계들을 거치는 동안 비즈니스 모델이 세밀하게 조정되는 반면, 이 단계에서는 시장 수요를 충분히 충족시킬 수 있게 증폭, 확장될 준비를 한다. 마케팅, 판매, 생산의 증가를 의미하기도 한다.

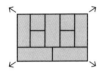

지속시키다

6단계
동력을 유지하라

새로운 비즈니스 모델이 실행 단계로 이동함에 따라서 현재 실행 중인 비즈니스 모델도 최대한의 잠재력을 발휘할 수 있을 때까지 계속 성장할 수 있도록 관리되어야 한다.

버리다

7단계
재사용 및 재활용하라

어느 시점에 이르면 모든 비즈니스 모델이 중단되거나 버려지기 마련이다. 다만, 완전히 버리는 것은 아니다. 이 단계에서 고객들이 제품 또는 서비스의 중단 계획을 인지할 수 있어야 한다. 또한, 기업은 기존의 비즈니스 모델의 구성요소들을 가능한 경우 새로운 비즈니스 모델에 활용할 수 있는 방법을 찾도록 해야 한다.

준비   **시장 포화**   **시장 교란**

모습을 보여준다. 이것은 기업의 초점과 마찬가지로 시장 역학과도 관련이 있다. 둘째, 이 곡선은 비즈니스 모델의 성숙도에 따라 기업이 집중해야 할 것을 나타내도록 되어 있는 여러 단계들을 그리고 있다. 각 단계에서 비즈니스 모델 캔버스는 '배우기'와 마찬가지로 기업이 어디에 초점을 두어야 하는지를 나타낸다. 셋째, 각 단계에는 '문제-솔루션 적합성'과 같이 더 큰 규모의 일련의 활동들이 집중해야 할 것을 알려주는 이정표가 있다. 이와 같은 성숙도 곡선을 이용하면 기업이 지속적 혁신의 일환으로 언제 어디에 자원을 투자할지에 대한 결정을 내리는 데 도움이 될 수 있다.

Example:
알리바바의
비즈니스 모델 포트폴리오

이 책의 사례 연구에서 관찰된 것처럼 대부분의 기업들은 다른 비즈니스 모델들을 동시에 실행 중인 상태에서 새로운 비즈니스 모델을 개발한다. 어떤 경우에는 기업이 자체적 필요에 의해 또는

검색

| 발견하다 | 설계하다 | 성장시키다 | 실용화 |

시장 변화에 따른 반응으로 새로운 비즈니스 모델을 개발하기도 한다. 예를 들어, BMW는 도시화와 소유에서 접근으로의 트렌드 변화로 생긴 고객의 행동 변화를 감지하고 모빌리티 비즈니스 모델을 출범시켰다.

이 책에 소개된 몇몇 기업들은 초창기부터 비즈니스 모델 포트폴리오를 개발하기 시작했다. 알리바바는 창립한 지 불과 4년 만에 구매자와 판매자라는 서로 다른 집단을 연결시키는 타오바오 비즈니스 모델을 출범시켰다.

알리바바는 에이맵AMap, 티몰 지니TMall Genie(음성 비서), 시안위Xianyu(중고품 거래) 등 배양 및 검증 중인 수많은 아이디어들을 보유하고 있다.

| 문제 검증 | 문제-솔루션 적합성 | 문제-시장 | 적합성 |

알리바바는 짧은 존속기간 (지금까지) 동안 플랫폼 비즈니스 모델을 연달아 개발해냈다. 플랫폼 비즈니스 모델은 수요 측과 공급 측 모두에 관련된 가치 제안을 갖추고 있어 다면적이라는 점에서 그 개발이 굉장히 힘든 일임은 세상이 다 아는 사실이다. 알리바바는 몇 번이고 그 일을 해냈다. 심지어 하나의 가치 창출 생태계 안에서 자사의 모든 비즈니스 모델들을 연결시키면서 말이다. 그리고 그 생태계는 결국 알리바바만의 경제를 이루었다. 그것은 전부 알리바바가 계획적인 포트폴리오 관리 전략을 가지고 지속적 혁신에 전념한 결과다.

실행

증폭시키다　　　　**지속시키다**　　　　　　　　**버리다**

타오바오는 중국 전역에서 서로 간의 거래를 원하는 프로슈머들의 익히 알려진 고객 요구를 기반으로 2003년에 시작되었다. 여기서 기억해야 할 것은 이베이 역시 이러한 요구를 충족시키기 위해 노력 중이었다는 사실이다. 타오바오는 중국인이 원하는 거래 방식을 철저히 반영한 가치 제안 개발에 집중함으로써 4년 정도 만에 성숙기를 맞이하며 이베이가 어쩔 수 없이 중국을 포기하도록 만들었다.

Alibaba.com™

Alibaba.com의 단계 이동 속도는 상당히 빨랐다. 3년 만에 긍정적 현금 흐름을 만들어냈다. 초창기부터 전 세계를 상대로 비즈니스를 실행하고자 하는 중국 중소 제조업체들의 엄청난 욕구가 있다는 것이 분명했다. 양측의 고객 문제는 이미 검증되었으며, 반복적 접근 방식을 통해 양방향 모두를 위한 가치 제안들을 개선할 수 있다.

天猫 TMALL.COM　　淘宝网 Taobao.com

1866.com과 티몰은 이 단계에 위치한다.

준비　　　　　**시장 포화**　　　　　　　**시장 교란**

트렌드

비즈니스 모델 전환이 쉽지는 않지만 (미래) 고객들이 원하고 필요로 하는 것을 이해하고자 노력한다면 미래를 설계할 수 있다. Trendwatching.com에서 우리의 친구들이 당신이 다음… 그리고 지금을 설계하기 위해 반드시 봐둬야 한다고 여기는 몇몇 트렌드들을 여기에 소개한다.

그린에 대한 압력

사람들의 환경에 대한 인식은 그 전환점을 맞이했다. 어느 한 기업의 활동(파타고니아, 나이키, 비욘드 미트 참조)으로서의 친환경 소비가 B2C 및 B2B 기업 모두에서 주류가 되고 있다. 무엇보다 회사의 문화와 사업 운영 속에 환경, 사회, 거버넌스 정책을 포함시키고 있는 기업들은 이런 방향으로 발전하지 못한 전통적 기업들에게 성공적 대안으로 비춰질 것이다.

브랜드 아바타

나는 나를 사랑해

인간은 사회적 동물이며, 서로 연결되고 싶어할 뿐만 아니라 자신의 취향을 드러내는 브랜드와도 연결되길 원한다. B2C든 B2B든 사람들은 홈페이지, 게임, 앱, 로

봇, 가상 비서 (즉, AI와의 대화) 등의 디지털 경로를 통해 새로운 방식으로 각종 브랜드와 관계를 맺고 싶어한다. 또한, 관련성 유지를 위해 브랜드들은 복수의 경로에 존재해야만 한다. 심지어 미디어에도 말이다. 그래야 각각의 경로에서 고객들이 그들의 관계를 떠올릴 수 있으니까.

시민 미디어

코로나19가 무언가를 증명했다고 한다면, 그것은 커뮤니티에 대한 우리의 욕구가 물리적 연결을 초월한다는 사실이다. 그리고 소셜 미디어는 일종의 유토피아를 약속했지만 유해한데다 그다지 매력적이지도 않은 것으로 드러났다. 시

민 미디어는 사람들을 다른 이들과 연결시켜 (주로 가상으로) 통찰력, 이야기, 관점 등을 공유할 수 있게 만드는 신뢰할 만한 틈새 커뮤니티의 형성을 촉진한다. 온라인 회의 또는 가상의 만남 공간, 이 중 무엇을 통하여 성취하든 당신이 촉진한 커뮤니티들은 오랫동안 지속될 고객 관계들을 만들어낼 것이다.

가변적 설계

고객이 브랜드와의 관련성을 느낄 수 있도록 해야 함에도 불구하고 이 트렌드는 디지털 기술을 활용해 고객에게 독특하고 개인화된 경험을 생성

해주는 것과 관련 있다. 게다가 새로운 현실에 대응하기 위해 지속적으로 업데이트되기까지 한다. 디지털, 물리적 경험 모두에 해당된다(예, 아이폰은 애플과 타 업체 또는 개인, 앱, 개발자에 의해 개인화된다). 결과적으로 이 트렌드는 다른 서비스를 위해 개인화를 제공하는 새로운 서비스형 관련성(Relevance-as-a-Service) 비즈니스 모델로 연결될 수도 있다.

번아웃

연결과 마찬가지로 웰빙 역시 인간의 기본적 욕구다. 디지털 기술은 늘 인간을 더욱 능률적으로 만들어 자신만의 시간을 확보해준다고 약속하고 있지만, 실제로 우리는 항상 인터넷에 접속된 환경에서 일하고 있다. 코로나19가 야기한 패러다임 전환으로 어떠한 산업에 종사하든 모든 사람들이 일도 하면서 자신의 웰빙에도 다시 집중하게 되었다. 고객 경험을 중시하듯 똑같이 직원의 경험도 중시하는 기업은 사람 공장이 아닌 장기적 파트너로서 기억될 것이다.

“

우리는 미래를 예측할 수 없지만, 발명할 수는 있다.

데니스 가보르 Dennis Gabor

”

전환을 위한
올바른 생태계 조성

기업이 그 성장 중에 비즈니스 모델 전환을 시도하며 비즈니스 모델 포트폴리오를 관리하려면 기업 내부에 변화에 필요한 모든 기능들은 물론 시간 및 자원을 투자하기 위한 전략들을 지원하는 혁신 생태계를 개발할 필요가 있다. 이 생태계는 상호 연관된 여섯 가지 기초 요소들로 구성된다.

야망

비즈니스 모델 전환을 위해서는 대담한 야망과 자신이 만들고자 하는 미래에 대한 명확한 비전이 필요하다. 명확한 비전은 기업 내에서 구성원을 결집시키는 구호가 되기도 한다. 그러므로 탐험과 혁신의 여정을 시작하기에 앞서 먼저 각 팀의 전략적 선택 및 일상적 과제를 정하는 한편 명확한 비전을 개발해 함께 비즈니스를 발전시켜나갈 사람들에게 영감을 주고, 동기를 부여하며, 활기를 주어야 한다.

팀

거의 모든 기업에는 다양한 팀들이 존재하며 각기 서로 다른 비즈니스 기능을 담당하고 있다. 잘 정의된 혁신 생태계에는 구체적으로 네 가지 유형의 팀이 필요하다. 첫 번째는 현재 비즈니스의 운영을 책임지는 팀이다. 이 팀은 현재의 비즈니스 모델 안에서 점진적으로 혁신하며 사업 수행 및 최적화를 담당한다. 대체로 이 팀이 단기적으로 수익을 발생시키며 전통적 핵심 성과 지표들(이익, 매출, 마진)에 대해 책임을 진다.

두 번째 팀은 새로운 비즈니스의 성장을 담당한다. 이 팀은 주로 인접 분야의 혁신에 중점을 두고 있는 차세대 비즈니스 모델을 꾸준히 연구하며 혁신과 검증에 힘쓴다. 신사업 팀은 혁신 메트릭스(견인력) 사용을 담당하며 중기적으로 수익을 발생시킨다.

세 번째 팀은 새로운 비즈니스의 탐색을 담당한다. 이 팀은 근본적으로 완전히 새로운 비즈니스 모델을 연구하며 실험과 전환을 도모하고, 혁신 메트릭스(가치 창출에 대해 검증된 학습) 사용을 담당하며 장기적으로 수익을 발생시킬 수 있는 잠재력을 지닌다.

마지막은 경영관리팀 또는 이사회로, 고객 관련성을 상실했거나 더이상 아무런 기여도 하지 못하는 낡은 비즈니스 모델의 청산 시기를 결정하는 문제를 포함해 전체 비즈니스 포트폴리오 관리를 담당한다.

프로세스

『디자인씽킹, 비즈니스를 혁신하다』에서 우리는 더블 루프 프로세스를 설명한 바 있다. 이것은 기업의 누구라도 새로운 가치를 발견, 창출, 전달, 포착할 수 있도록 하기 위해 설계된 것으로 지속적으로 학습을 지원하는 체계적 반복적 프로세스다. 기업이 이 프로세스가 아닌 다른 프로세스를 사용한다고 해도 중요한 것은 새로운 가치를 찾고 있을 때 기업이 기대하는 것이 무엇인지를 요약하고 있는 시스템의 존재다.

메트릭스

비즈니스 모델의 혁신 및 검증을 위한 각각의 여정에는 메트릭스가 설정되어 있어야 한다. 모르는 것을 개선시킬 수는 없다. 올바른 메트릭스는 혁신 담당 팀이 자신이 얼마나 성공적인지 또는 무엇을 개선해야 할지 이해하는 데 도움이 된다. 또한, 메트릭스는 체계적으로 혁신 과정에서 위험을 제거하기 위해 사용될 수도 있다.

능력과 사고방식

한마디로 말해 사람들은 비즈니스 모델의 전환을 창조해내는 것이다. 혁신을 위해서는 리더와 혁신가 모두에게 올바른 능력과 사고방식이 요구된다. 또한, 기업의 비즈니스 모델의 각 성숙 단계마다 성공을 위해 요구되는 능력들이 모두 다르다. 많은 기업들이 숙련된 직원들을 채용하고 있는 것은 맞으나 또 수많은 기업들이 탐구, 시제품화 및 검증을 위해 요구되는 기업가적 사고방식과 능력을 갖춘 사람들의 부재로 곤란을 겪고 있는 것도 사실이다. 새롭고 혁신의 잠재력을 지닌 비즈니스에 투자가 이루어지는 성숙도 곡선의 왼편에서는 기업에 진정한 사업가, 모험가, 선지자, 인류학자, 그로스 해커growth hacker, 개발자, 디자이너 등이 필요하다. 물론, 여기서 필요한 능력들은 모두 도전을 두려워하지 않는 사람이라면 누구나 충분히 배워 습득할 수 있는 것들이다.

자원과 자금 조달

혁신 프로젝트들은 액셀러레이터부터 공동 혁신, 벤처 펀드에 이르기까지 굉장히 다양한 방식들에 의해 조직될 수 있다. 비즈니스 리더는 새로운 비즈니스 모델에 생명을 불어넣는 일에 헌신과 책임을 다해야 한다. 혁신에는 사람, 돈, 시간 등에서 적시에 적절한 투자를 이끌어낼 수 있는 리더십이 필요하다. 기업은 계량식 투자 접근법을 채택함으로써 자사의 혁신 포트폴리오를 투자 펀드로서 관리할 수 있다. 제대로 작동되려면 비즈니스 모델 포트폴리오 관리를 담당할 노련한 투자 위원회가 적은 규모라도 필요할 것이다. 또한, 이러한 투자 위원회는 책임자 수준의 헌신을 보여주어야 하며 혁신 예산에 대한 책임을 지게 된다.

당신은
무엇을 전환할 것인가?

당신이 속한 기업(그리고 모든 기업)의 미래는 창조되기를 기다리고 있다. 그리고 그 미래는 새로운 비즈니스 모델과 비즈니스 모델 전환을 거쳐 찾아온다. 통솔력을 발휘하며 가치를 창출, 전달, 포착하기 위한, 그리고 장기적으로 고객을 기쁘게 만들어줄 새로운 메커니즘을 계획적으로 창조, 재조합, 재탄생시킬 수 있느냐의 여부는 전부 당신, 당신의 팀, 당신의 리더십, 그리고 당신이 속한 기업의 문화에 달려 있다.

비록 이 책이 이제까지 일어난 모든 비즈니스 모델 전환을 다루고 있지는 않지만, 여기서 소개된 사례 연구들이 비즈니스 모델과 관련된 미래가 어디로 향하고 있는지, 또 어디서 미래가치를 찾을 수 있을지에 대한 힌트를 제공해준다는 것만은 분명하다. 또한, 이 책에 등장한 기업들 모두가 앞으로 10년 뒤에도 우리 곁에 남아 있을 것이라고 장담할 수는 없지만, 이들은 앞으로도 충분히 훨씬 더 새로운 방식으로 가치를 창출해낼 수 있는 기업들이다.

이 책을 다 읽은 독자들도 올바른 도구와 기술, 사고방식을 갖추기만 하면 이들 기업과 똑같은 일을 해낼 수 있을 거라고 믿어 의심치 않는다. 결국, 우리가 겪고 있는 변화의 속도가 점점 더 빨라지고 있다는 사실을 이해하고 있는 것만으로도 전투에서 절반의 성공을 거둔 것이나 마찬가지다. 당신이 그러한 인식을 무기로, 또 이 책의 사례들을 양식 삼아 당신만의 전환을 성공시키며 고객들과 이해관계자들을 위해 더 많은 가치로 가득한 미래를 창조해나아가길 바라마지 않는다.

참고자료

F

G

H

O

P

R

S

T

U

W

X

BUSINESS MODEL SHIFTS:
Six Ways to Create New Value for Customers